普通高等教育"十二五"规划教材

会 计 精 品 系 列

商业银行会计

（第三版）

王允平　李晓梅／主编

U0753752

立信会计 出版社

LIXIN ACCOUNTING PUBLISHING HOUSE

图书在版编目(CIP)数据

商业银行会计 / 王允平,李晓梅主编.—3 版.—上海:
立信会计出版社,2013.8
普通高等教育"十二五"规划教材.会计精品系列
ISBN 978-7-5429-4011-7

Ⅰ.①商… Ⅱ.①王…②李… Ⅲ.①商业银行—银
行会计—高等职业教育—教材 Ⅳ.①F830.42

中国版本图书馆 CIP 数据核字(2013)第 204562 号

责任编辑　方士华
封面设计　周崇文

商业银行会计(第三版)

出版发行	立信会计出版社			
地　　址	上海市中山西路 2230 号	邮政编码	200235	
电　　话	(021)64411389	传　　真	(021)64411325	
网　　址	www.lixinaph.com	电子邮箱	lxaph@sh163.net	
网上书店	www.shlx.net	电　　话	(021)64411071	
经　　销	各地新华书店			
印　　刷	常熟市梅李印刷有限公司			
开　　本	787 毫米×960 毫米	1/16		
印　　张	22.5			
字　　数	380 千字			
版　　次	2013 年 8 月第 3 版			
印　　次	2018 年 7 月第 3 次			
印　　数	6 201—7 300			
书　　号	ISBN 978-7-5429-4011-7/F			
定　　价	45.00 元			

如有印订差错,请与本社联系调换

第 三 版 前 言

　　《商业银行会计》第二版出版以来,随着各商业银行系统内网络数据集中工作的完成,电子联行做法已取消。各行系统内采用资金汇划系统,系统外资金收付采用人民银行社会支付清算的大额实时支付系统和小额批量支付系统。为此,我们对《商业银行会计》第七章"联行往来的核算与管理"重新进行编写和补充,改为"商业银行系统内往来的核算与管理"以适应当前银行系统内往来业务核算的实际情况。另外,我们对第九章"外汇业务的核算与管理"也重新进行编写和补充。

　　由于编者水平有限,书中还难免有错误和疏漏,敬请广大读者指正。

编　　者

2013 年 8 月于北京

第 二 版 前 言

商业银行会计是我国金融企业会计的重要内容。为了适应高等财经院校专业教学和商业银行在职人员学习的需要,我们根据 2006 年财政部公布的《企业会计准则》的基本准则以及相关的《金融工具确认和计量》、《金融资产转移》、《金融工具列报》等具体准则,对 2002 年 8 月出版的《商业银行会计》一书进行了修改。本书重点介绍商业银行会计运行的原理、方法及主要业务的会计核算与管理,其内容包括:银行会计概述,银行会计基本核算方法,商业银行存款业务的核算与管理,商业银行贷款业务的核算与管理,社会支付结算业务的核算与管理,现金出纳业务的核算与管理,联行往来的核算与管理,金融机构往来的核算与管理,外汇业务的核算与管理,商业银行所有者权益的核算与管理,商业银行收入,成本费用及利润的核算与管理,商业银行年终决算及财务报表、商业银行财务分析,商业银行或有事项的处理。因金融企业有的对外投资、固定资产、无形资产和其他资产、资产减值等基本业务的核算,与一般企业基本相同,为避免重复和占用篇幅,我们删去了这部分内容。随着金融企业会计法规的不断完善,本书还将继续修订,使之更加完善。

本书由王允平、李晓梅主编。第一章、第二章、第七章、第八章由王允平编写;第三章、第六章、第十章、第十三章由王尔康编写;第十二章由王允平、王尔康编写;第四章由关新红编写;第五章由李晓梅编写;第九章、第十一章、第十四章由南琪编写。

由于编者水平有限,错谬之处敬请读者批评指正。

王允平　李晓梅

2007 年 6 月于中央财经大学会计学院

目　录

银行会计概述

第一节 我国金融体制改革和金融企业会计组成

　　银行会计是会计学的分支,是一种特殊行业的专门会计,它是根据会计学的基本原理和基本方法,针对银行业务的工作特点而制定的特种会计,适用于银行系统的会计核算和经营管理。银行会计是伴随着银行的出现而产生的,随着银行业务的发展而发展。银行的产生和发展,是与商品经济的发展紧密联系的,它是经营货币和信用业务的特殊机构,在市场经济环境下,充当信用中介和支付中介,为社会经济发展服务。银行还通过吸收存款和融资活动,调节资金流向,优化资源配置,促进社会生产力的发展。现代的银行发展很快,在市场经济发展过程中按它们各自在经济上的功能划分,可分为中央银行、商业银行、和其他专业银行三种类型。中央银行,即一个国家的政府银行,它是一个国家金融体系的中心机构,在银行体系中处于领导地位。它是在商业银行的基础上,经过长期发展逐步形成的,是"银行的银行"。商业银行,是以办理工商企业存款和融资放款为主要业务的银行,在社会经济生活中,其数量之多,业务渗透面之广,是银行体系中的主要环节。专业性银行,是集中办理或经营指定范围内的业务和提供专门性金融服务的机构,不像商业银行那样经营综合的无所不包的业务。主要有:投资银行、储蓄银行、外汇银行、开发银行、进出口银行、不动产抵押银行、贴现银行等。

　　我国的银行自中华人民共和国成立以来,至 20 世纪 70 年代末、80 年代初,一直是实行单一的国家银行体系,全国上下只有中国人民银行一家办理各项银行业务,虽然在这个体系中还包括中国银行,中国农业银行、中国人民建设银行、中国人民保险公司和城市、农村信用合作社等其他金融机构,但基本上是人民银行一统天下,人民银行分支机构遍布全国各地,统揽一切信用业务,中国人民银行成为全国的信贷中心、结算中心和现金出纳中心。此时我国的银行会计就是中国人民银行会计,比较单一。1979年以后我国在金融领域内进行了以下一系列改革:1979年国务院决定将中国银行作为外汇专业银行从人民银行中独立出来;恢复中国农业银行,专门负责办理农村信贷业务;人民银行保留工商信贷业务,同时还行使中央银行发行货币和金融管理的职能;中国人民建设银行开始经营信贷业务成为名副其实的银行。1983年9月根据国务院的规定中国人民银行专门行使中央银行的职能,主要从事货币发行,制定和贯彻国家货币政策,管理全国金融活动的宏观控制和管理工作,不再兼办工商企业的存贷款业务。1984年1月1日中国工商银行成立,专门办理城镇工商信贷和储蓄业务。1986年国务院决定重新组建交通银行,于1987年4月正式对外营业。1987年中信实业银行成立,为适应我国经济体制改革和发展特区经济的需要,我国在特区和一些经济发达地区纷纷成立了区域性的股份制银行,如广东发展银行、招商银行、福建兴业银行、上海浦东发展银行、华夏银行等。经过几年来我国金融体制改革的不断深化和发展,现行金融体系的格局是由:中央银行(即中国人民银行)、政策性银行、商业银行和其他金融机构组成。经过多年的努力,建立了以商业金融为主体,银行、证券、保险业齐全,多种金融机构分工竞争的金融体系。

中央银行(即中国人民银行)是国家的政府银行。从性质上看,它是国家管理金融的机关,在国务院的领导下,制定和实施货币政策,对于金融业实施监督管理。其职责是:依法制定和执行货币政策;发行人民币,管理人民币流通;审批、监管金融机构;监督管理金融市场;发布有关金融监督管理和业务的命令及规章;持有、管理、经营国家外汇储备和黄金储备;经理国库;维护社会支付、清算系统的正常运行;负责金融业的统计、调查、分析和预测;作为国家的中央银行,从事有关国际金融界活动等。中央银行仍然具有银行的特征,不能完全等同于一般的国家机关。根据《中华人民共和国中国人民银行法》的规定,它还要为政府和各商业银行服务,办理一些金融业务的活动,比如办理货币发行、经理国家金库、办理商业银行和金融机构的缴存存款准备金并向商业银行提供贷款业务、为在中国人民银行开立账户的金融机构办理再贴现、在公开市场上买卖国债和其他政府债券以及外汇等,这些中央银行业务所引起的中央银行资金增减变化及其结果,由中央银行会计进行核算、反映和监督。

政策性银行是指为政府特定的经济政策、产业政策服务的金融机构。它是按照政府产业导向意图发放贷款,从事有关金融业务。在经营业务活动中,不以盈利为目的,更注重社会效益,保持财务上的收支平衡。这是政策性银行的主要特征之一。政策性银行的资金增减变化及其结果,由政策性银行会计进行核算、反映和监督。

商业银行是从事资金商业性买卖的金融法人。它按照市场导向和地域经济的需求,开展工商业存放款、短期信贷、办理可用支票提取的活期存款业务,提供缴款和支付的媒介,以及其他各种金融业务服务。我国商业银行在社会主义市场经济中,应该是自主经营、独立核算、自担风险、自负盈亏、自我约束、自我发展的具有法人地位和权利的金融企业,以利润为经营目标,以流动性、安全性、效益性为经营原则。为此商业银行是纯粹的金融企业。商业银行会计是金融企业会计的重要组成部分。金融企业会计是以商业银行和非银行金融机构的经济活动的核算和管理为中心,对其资产、负债、所有者权益、收入、费用、成本、利润及其分配进行核算、反映和监督。由于我国新金融体制的建立,使银行会计范围和内涵发生了很大的变化,目前我国金融会计的分类情况如图表 1-1 所示。

图表 1-1

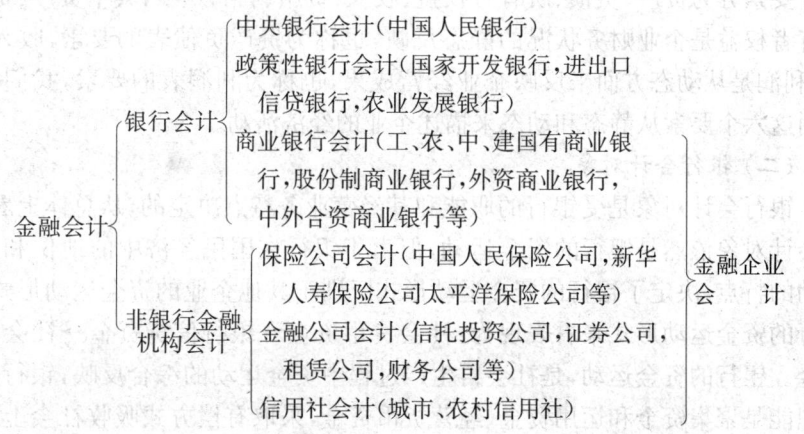

第二节 银行会计对象与任务

一、银行会计对象

(一)会计的一般对象

会计对象是指会计所要核算、反映和监督的内容而言,正确地认识会计核算、反映和监督控制的管理对象,是会计理论中一个重要问题,因为会计对象的性质和要求是制定会计方法的依据,对象决定方法,只有符合对象要求的核算方法才能正确地反映经济活动情况,会计对象不明确,那么会计核算、反映和监督控制职能在什么范围,通过什么形式和手段来实现,就难以确定。所以,研究会计对象对于掌握会计的核算方法有重要意义。

会计对象一般来说,是指社会扩大再生产过程中能用货币表现的经济活动,用价值来反映即表现为资金运动,由于国民经济各个部门的不同职能产生各种不同的经济活动,因而就有不同的资金运动形式,从一个工业企业来观察,其资金运动形式是:货币资金→储备资金→生产资金→产品资金→货币资金;从一个商品流通企业来观察,其资金运动形式是:货币资金→商品资金→货币资金。

能用货币表现的经济活动即资金运动构成会计的对象,这只是对会计对象的一般描述,它比较抽象。为了便于确认、计量、记录和报告,必须按照经济业务不同方面的影响而将其分为不同的内容,即对会计对象的具体内容进行初次的分类,这就形成了会计要素,通过会计要素使会计核算监督的内容更清晰明了地反映会计主体经营活动的特点。按照我国《企业会计准则》的规定,会计要素分为资产、负债、所有者权益、收入、费用、利润六项,其中资产、负债、所有者权益是企业财务状况的静态反映,也称为资产负债表的要素,收入、费用、利润是从动态方面来反映企业经营成果,也称为利润表的要素,我们可以利用这六个要素从静态和动态来描述企业的经济活动。

(二)银行会计对象

银行会计对象是受银行的职能和其经营业务特点决定的,从总体上看,银行会计对象依然是银行的资金运动,但由于银行在国民经济中的地位和业务活动的特点,决定了银行的资金运动形式区别于其他企业的资金运动形式,从银行的资金运动形式来看表现为:社会货币资金→银行信贷资金→社会货币资金。银行的资金运动,是社会再生产过程中资金运动的综合反映,银行的基本职能是聚集资金和运用资金,经营货币资金,采取有偿方式吸收社会上暂时闲置的资金,并通过有偿的方式运用这些资金,即吸收存款与发放贷款,为社会扩大再生产和商品流通服务,满足它们的资金需要;为社会发展和提高人民生活服务。银行在经营其业务活动中,同时会产生银行的经营业务收入与支出等,因此,银行的资金运动不仅表现为在聚集和运用货币资金的增减变化,同时也表现为银行的收支及财务成果的形成,这些都是银行会计的核算对象。按照《企业会计准则》和《金融企业会计制度》规定,银行会计对象的具体内容也分为资产、负债、所有者权益、收入、费用、利润六大会计要素,银行会计将按六大会计要素的增减变化进行会计核算、反映和监督,为关心银行的投资者、债权人及有关利益相关人提供有用的经济信息和财务信息。

二、银行会计任务

银行会计的任务是银行会计所要达到的目的和要求,由于银行会计工作是银行整体工作的重要组成部分,又是银行的基础工作,既与银行的其他工作密切联系,又有着不同的职责范围和工作内容。银行会计的任务主要有以下几个方面:① 按照国家的法令、政策和有关规定,对银行业务活动和财务收支活动进行及时、真实、准确、完整地记录、核算,提供真实、正确的会计数据和信息。② 加强经济核算,管好银行内部资金和财务收支,正确核算银行成本,维护银行资产的安全,努力增收节支,扩大银行资本积累。③ 认真办好和实现银行业务,提供优质的金融会计服务,银行会计处于银行工作的第一线,是银行门市业务的承担者,银行的各项业务最终都要通过会计部门办理和实现,优质的会计服务可以提高银行开展业务的竞争实力。④ 进行会计分析、预测发展趋势,银行会计一方面要按照会计准则的要求进行会计处理,另一方面要利用会计数据和资料进行会计分析,评价过去的经营业绩,预测未来的发展趋势,为决策者、投资者、经营管理者提供决策依据,这是在新形势下银行会计的一项重要任务。⑤ 加强银行内部会计监督,银行应根据自身的经营业务特点,建立、健全内部会计监督制度和内部控制制度,防范内部风险,防止银行资产遭受损失,化解金融风险,保证银行业务安全稳健运行。

第三节　银行会计特点

银行会计是财务会计体系中一种特种专业会计,是为经营银行业务服务的,是银行的基础工作,由于银行是一个特殊的行业,其社会地位和作用与其他企业不同,所以银行会计同国民经济其他部门的行业会计相比较有着不同的特点,主要表现在以下几方面。

一、银行会计核算同银行各项业务的处理紧密联系在一起

银行会计核算过程就是银行业务处理过程,因为银行各项业务活动都必须通过会计来实现,由会计人员具体办理,比如银行的各种存款业务、贷款业务、社会支付业务、中介代理业务等的处理,都离不开会计,银行会计处于银行业务活动的第一线。

二、银行会计具有显著的社会性和宏观性

银行业务的会计核算主要是直接面向全社会、面向国民经济各部门、各企业、各单位及广大居民。银行业务是国民经济各部门、各企业、各单位甚至居民个人的经济活动所引起的,银行是现代国民经济核心,各部门、各单位的经济活动在银行会计账户上以货币形式得到综合反映,银行的资产、负债、收入、费用等的变化都与社会各部门、各企业单位和个人的资金有密切的联系,因此,银行会计不仅核算、反映和监督银行本身的资金活动情况,而且核算、反映和监督各部门、各企业、各单位的资金活动情况,银行会计综合反映了社会宏观经济活动情况,具有显著的社会性和宏观性。

三、银行会计联系面广、影响大、政策性强

银行会计通过柜台办理各种门市业务与社会各方面发生密切联系,所以银行会计工作处理的好坏,不仅影响自身的工作,而且还影响社会其他会计的工作,从而影响国民经济各部门、各企业、各单位的经济活动,因此银行会计必须认真贯彻执行国家各项经济政策,协调处理好各方面的经济关系。

四、银行会计核算具有严密的内部监督机制和管理控制制度

由于银行会计在国民经济中具有举足轻重的地位和作用,要求银行会计核算必须做到准确、及时、真实、完整,以确保会计核算的质量,为此,银行会计采取严密独特的内部控制与监督方式进行核算。比如双线核算、双线核对、账折见面、复核制度、内外对账、当时轧平账务等等,以保证银行会计核算正确无误。

五、银行会计核算的电子网络化

银行会计核算的业务量大,会计凭证种类繁多,要求处理及时,当天业务当天应该处理完毕。随着市场经济的发展,银行会计工作任务越来越艰巨。为了适应银行业务的发展,满足会计核算的需要,在会计核算中广泛应用电子计算机联网操作。实行计算机网络化这是现代银行会计工作的重要标志之一。

第四节 银行会计核算原则

会计原则是对会计工作本质的和内在的理性认识,是会计实践活动规律的总结,它是人们从事会计工作的指导思想和基本规范,体现了社会化大生产的商品经济和现代科学管理对会计工作的基本要求,我国的会计原则集中体现在整个会计准则体系中,是我国会计核算工作应遵循的最基本的原则性规范。根据我国《会计法》和《企业会计准则》的规定,银行会计核算的基本原则有以下一些内容。

一、真实性原则

真实性原则亦称客观性原则,是对会计工作和会计信息基本质量要求,要求会计反映出的结果与企业的实际财务状况和经营成果相一致,这项原则要求银行会计核算应当以实际发生的交易和事项为依据,要如实反映银行的财务状况、经营成果和现金流量的真实情况。真实性原则是会计信息的生命,是企业会计核算的最高规范。

二、实质重于形式原则

实质重于形式原则是指银行会计应当按照交易或事项的实质和经济事实进行会计核算,不应当仅仅按照它们的法律形式作为会计核算的依据。当经济事实与法律形式不一致时,按事实进行核算和反映。

三、相关性原则

相关性原则又称为有用性原则,是指会计核算的信息必须满足有关方面的需要。相关性是指会计信息与决策相关联,这项原则要求银行会计提供的信息应当与财务会计报告使用者的经济决策需要相关,有助于财务会计报告使用者对银行过去、现在或者未来的情况作出评价或者预测,满足会计信息使用者的需要。

四、一致性原则

一致性原则又称为一贯性原则,是指会计核算在不同时期所采用的会计方法和程序是前后一致的,在一般情况不得变更,保持连贯性。这项原则要求银行会计核算方法前后各期应当保持一致,不得随意变更,如有必要变更,应当将变更的内容和理由、变更的累积影响数,以及累积影响数不能合理确定的理由等,在会计报表附注中予以说明。

五、可比性原则

可比性原则是指会计核算应当按照规定的会计处理方法进行,符合国家统一规定,做到口径一致。使会计信息相互可比,这项原则要求银行会计应当按照规定的会计处理方法进行会计核算,使会计指标口径一致,相互可比。

六、及时性原则

及时性原则是指会计核算要讲求时效,及时处理所有已发生的经济业务。这项原则要求银行会计核算应当及时进行,及时处理和核算发生的经济业务,不得提前或延后,保持银行会计信息的时效性,便于及时利用。

七、明晰性原则

明晰性原则是指会计记录必须清晰明了,便于理解和利用,有关数据的记录和文字处理应该一目了然,不能含糊不清。这项原则要求银行会计核算应当清晰明了，会计凭证、会计账簿、会计报表中的文字和数字必须清晰，准确。便于理解和掌握。

八、谨慎性原则

谨慎性原则亦称稳健原则，是指在会计核算中对一些不确定的经济业务处理时，应该是持谨慎的态度，也就是说在对某些经济业务和会计事项存在不同处理方法和程序可供选择时，应尽可能在不影响合理反映的前提下，选择一种不导致虚增盈利、夸大所有者权益的做法。合理预期可能发生的损失和费用，不预计可能的收入，这一原则要求银行会计核算应当采取谨慎态度，不得多计资产或收益，也不得少计负债或费用。

九、重要性原则

重要性原则是指会计核算中对重要的经济业务要重点核算和反映，必要时单独反映和揭示。对不重要的会计事项可以简化核算。这一原则要求银行会计核算贯彻重要性原则要求，对银行的资产、负债、损益等有较大影响，进而影响财务会计报告使用者据以做出合理判断的重要会计事项，必须按照规定的会计方法和程序进行处理，并在财务会计报告中予以充分的披露；对于次要的会计事项，在不影响会计信息真实性和不至于误导会计信息使用者作出正确判断的前提下，可以适当简化处理。

第二章

银行会计基本核算方法

会计核算方法，是对于会计对象进行连续、系统、完整地记录、计算、反映监督所运用的方法，是完成会计任务的基本手段，也是会计核算的重要组成部分，它对保证会计核算质量、完成会计核算任务有重要作用。

银行会计核算方法，是根据会计的基本方法，针对银行业务活动的特点和经营管理的要求，而制定的一套科学的核算方法。它是银行会计的核心，对银行的业务核算和正确处理起重要作用。银行会计核算方法有基本核算方法和业务处理手续两大部分。基本核算方法是各项业务核算手续的高度概括，而业务处理手续是基本核算方法在各项业务核算中的具体应用。银行会计基本核算方法主要有设置会计科目、确定记账方法、审核和编制会计凭证、账务组织和编制会计报表内容。

第一节 会 计 科 目

一、银行会计科目的意义

会计科目是对会计对象进行科学分类一种方法。是设置账户、归集和记载各项经济业务的依据。在会计实务中，常把会计科目称为账户的名称，因为账户是根据会计科目来设置的。

银行会计科目是对银行会计对象的具体内容所作科学分类，也就是说，是对银行的资产、负债、所有者权益以及银行的财务收支所进行分类。它是根据我国《企业会计准则》的要求和银行业务发展情况及其会计核算和管理的需要而设置。会计科目是银行会计核算的基础，也是反映和分析银行业务活动和财务收支状况的工具。

二、银行会计科目设置的原则要求

（一）要体现国家进行宏观经济管理的需要

因为银行的业务活动具有广泛的社会性，现代银行是国民经济的核心，银行会计科目不仅反映银行的业务和财务收支活动情况，更重要的是反映国民经济各部门、各单位的资金活动情况，因此银行会计科目的设置必须考虑国家对经济管理的需要，通过银行会计科目的核算和提供的资料，为反映宏观经济情况，为国家国民经济管理提供资料和数据。

（二）银行会计科目的设置要适应金融业务发展的需要和经营管理的需要

银行业是经营货币的特殊机构和组织，因此银行会计科目要充分考虑自己的特点，会计科目的设置要涵盖银行行业所有的业务类型，新的银行业务产生了，就要设置相应的新科目进行会计核算，适应银行行业经营管理的需要。

（三）银行会计科目的设置要适应银行组织会计核算需要

会计科目是保证顺利组织核算的必要前提，会计核算具有一定的技术性，会计科目的设置应根据核算的需要，会计科目的名称应与核算的内容相一致，同时各科目之间应有严格的界限范围。会计科目既要全面反映银行的经济业务，又要减轻会计人员的会负担，会计科目设置过多会增加核算手续和工作量，如过少又不能满足组织会计核算要求。同时为了便于汇总全国银行业务活动和财务收支情况，会计科目设置必须贯彻统一领导，分级管理原则。各银行会计科目由各自主管部门统一制定，辖内部门可以根据具体情况，增设辖内专用的科目，但必须与主管部门规定的口径相一致，便于汇总和合并。银行统一的会计科目应由中国人民银行总行制定，各商业银行总行设置的有关科目应明确对银行统一会计科目的归属，并报中国人民银行总行审批后执行。为了便于会计电算化，会计科目应统一编列代号，简化金融行业账务处理手续，提高会计核算工作效率。

三、银行会计科目的分类

根据我国《企业会计准则——基本准则》以及《金融工具确认和计量》、《金融工具列报》等具体准则的规定，结合银行业务活动特点，对银行资产负债的分类，改变传统做法。首先将银行的资产分为金融资产和非金融资产，金融资产是指企业持有的现金、持有的其他单位的权益工具、从其他单位收取现金或其他金融资产的合同权利，以及在有利条件下与其他单位交换金融资产或金融负债的合同权利等。

金融负债是指企业向其他单位支付现金或其他金融资产的合同义务，以及在不利条件下与其他单位交换金融资产或金融负债的合同义务等。

初始确认时应将金融资产划分为四类：① 以公允价值计量且其变动计入当期损益的金融资产；② 持有到期的投资；③ 贷款和应收款项；④ 可供出售金融资产。

金融负债划分为两类：① 以公允价值计量且其变动计入当期损益的金融负债；② 其他金融负债。

我们以商业银行为例介绍其会计科目的设置情况。会计科目分为五大类，即资产类、负债类、资产负债共同类、所有者权益类、损益类。前四类是资产负债表的科目，损益类是利润表的科目。现分述如下。

（一）资产类科目

资产是指过去的交易、事项形成并由企业拥有或控制的资源，该资源预期会给企业带来经济利益。银行的资产按计量不同分为金融资产和非金融资产，如应收款项（应收利息、其他应收款等）贷款（含贴现）、长期投资、短期投资、存放央行准备金、存放同业款项、拆放同业等科目属于金融资产。如固定资产、无形资产、长期待摊费用等物权形式存在的科目资产不属金融资产。资产类科目是核算银行各类资产的增减变动情况，反映了银行资金的分布和运用。

（二）负债类科目

负债是指过去的交易、事项形成的现时义务，履行该义务预期会导致经济利益流出企业。负债按其流动性，可分为流动负债、应付债券、长期准备金和其他长期负债。银行的流动负债主要有各项活期存款、同业存款、应付利息、票据融资、同业拆入、应解汇款、存入保证金等等。负债类科目是核算银行各类负债的增减变动情况，反映了银行资金来源的不同渠道。

（三）资产负债共同类科目

由于银行业务活动的特殊性，应设置一些资产负债共同类科目进行会计核算，如银行中的联行往来的核算科目、货币兑换、衍生工具、清算资金往来等科目，根据其记录业务的性质，有时反映资产的占用或债权的形成，有时反映负债的形成和资金的来源，这类科目的期初期末余额有时反映在借方，有时反映在贷方，有时借贷方同时反映余额。具有双重性质的科目。

（四）所有者权益类科目

所有者权益是指企业投资者对企业净资产的所有权，它是所有者在企业资产中享有的经济利益，包括企业所有者投入的资金及留成收益。银行的所有者权益类科目主要包括"实收资本"、"资本公积"、"盈余公积"和"一般风险准备"、"本年利润"、"利润分配"等。所有者权益科目主要核算反映其增减变动情况和及其现有的净额。

（五）损益类科目

银行的损益包括各项收入和各项费用成本支出、税金等。其主要科目有"利息收入"、"手续费收入"、"金融企业往来收入"、"其他业务收入"、"汇兑收益"、"投资收益"、"利息支出"、"手续费支出"、"金融企业往来支出"、"其他业务支出"、"销售费用"、"汇兑损失"等。损益类科目主要核算反映银行的财务收支和经营成果。

由于以上各类科目均列入银行的资产负债表和利润表之中，所以又称为表内科目。

银行对一些不涉及资金运动方面的重要业务事项，可以设置表外科目进行核算。主要有：或有事项和承诺事项，如未收逾期贷款利息、商业汇票的承兑与贴现、开出或收到信用证保证凭证等。此外，还有各种重要的有价单证和财产的保管等经济业务事项。表外科目采用收或付方式进行单式记账。

根据财政部 2006 年 10 月 30 日公布的企业会计科目名称，适用于商业银行常用的会计科目（打√者）如图表 2-1 所示。

图表 2-1

企业会计科目名称和编号

顺序号	编号	会计科目名称	
		一、资产类	
1	1001	库存现金	√
2	1002	银行存款	√
3	1003	存放中央银行款项	√
4	1011	存放同业	√
5	1012	其他货币资金	√
6	1021	结算备付金	√
7	1031	存出保证金	√
8	1101	交易性金融资产	√
9	1111	买入返售金融资产	√
10	1121	应收票据	

（续表）

顺序号	编号	会计科目名称	
11	1122	应收账款	
12	1123	预付账款	
13	1131	应收股利	√
14	1132	应收利息	√
15	1201	应收代位追偿款	
16	1211	应收分保账款	
17	1212	应收分保合同准备金	
18	1221	其他应收款	√
19	1231	坏账准备	√
20	1301	贴现资产	√
21	1302	拆出资金	√
22	1303	贷款	√
23	1304	贷款损失准备	√
24	1311	代理兑付证券	√
25	1321	代理业务资产	
26	1401	材料采购	
27	1402	在途物资	
28	1403	原材料	
29	1404	材料成本差异	
30	1405	库存商品	
31	1406	发出商品	
32	1407	商品进销差价	
33	1408	委托加工物资	
34	1411	周转材料	
35	1421	消耗性生物资产	
36	1431	贵金属	√

（续表）

顺序号	编 号	会 计 科 目 名 称	
37	1441	抵债资产	✓
38	1451	损余物资	
39	1461	融资租赁资产	✓
40	1471	存货跌价准备	
41	1501	持有至到期投资	✓
42	1502	持有至到期投资减值准备	✓
43	1503	可供出售金融资产	✓
44	1511	长期股权投资	✓
45	1512	长期股权投资减值准备	✓
46	1521	投资性房地产	✓
47	1531	长期应收款	✓
48	1532	未实现融资收益	✓
49	1541	存出资本保证金	✓
50	1601	固定资产	✓
51	1602	累计折旧	✓
52	1603	固定资产减值准备	✓
53	1604	在建工程	✓
54	1605	工程物资	✓
55	1606	固定资产清理	✓
56	1611	未担保余值	
57	1621	生产性生物资产	
58	1622	生产性生物资产累计折旧	
59	1623	公益性生物资产	
60	1631	油气资产	
61	1632	累计折耗	

（续表）

顺 序 号	编 号	会 计 科 目 名 称	
62	1701	无形资产	✓
63	1702	累计摊销	✓
64	1703	无形资产减值准备	✓
65	1711	商誉	✓
66	1801	长期待摊费用	✓
67	1811	递延所得税资产	✓
68	1821	独立账户资产	
69	1901	待处理财产损溢	✓
		二、负 债 类	
70	2001	短期借款	
71	2002	存入保证金	✓
72	2003	拆入资金	✓
73	2004	向中央银行借款	✓
74	2011	吸收存款	✓
75	2012	同业存放	✓
76	2021	贴现负债	✓
77	2101	交易性金融负债	✓
78	2111	卖出回购金融资产款	✓
79	2201	应付票据	
80	2202	应付账款	
81	2203	预收账款	
82	2211	应付职工薪酬	✓
83	2221	应交税费	✓
84	2231	应付利息	✓
85	2232	应付股利	✓
86	2241	其他应付款	✓

（续表）

顺 序 号	编 号	会 计 科 目 名 称	
87	2251	应付保单红利	
88	2261	应付分保账款	
89	2311	代理买卖证券款	✓
90	2312	代理承销证券款	✓
91	2313	代理兑付证券款	✓
92	2314	代理业务负债	
93	2401	递延收益	
94	2501	长期借款	
95	2502	应付债券	✓
96	2601	未到期责任准备金	
97	2602	保险责任准备金	
98	2611	保户储金	
99	2621	独立账户负债	
100	2701	长期应付款	
101	2702	未确认融资费用	✓
102	2711	专项应付款	
103	2801	预计负债	✓
104	2901	递延所得税负债	✓
		三、共 同 类	
105	3001	清算资金往来	✓
106	3002	货币兑换	✓
107	3101	衍生工具	✓
108	3201	套期工具	✓
109	3202	被套期项目	✓
		四、所有者权益类	
110	4001	实收资本	✓

（续表）

顺序号	编 号	会 计 科 目 名 称	
111	4002	资本公积	√
112	4101	盈余公积	√
113	4102	一般风险准备	√
114	4103	本年利润	√
115	4104	利润分配	√
116	4201	库存股	√
		五、成 本 类	
117	5001	生产成本	
118	5101	制造费用	
119	5201	劳务成本	
120	5301	研发支出	
121	5401	工程施工	
122	5402	工程结算	
123	5403	机械作业	
		六、损 益 类	
124	6001	主营业务收入	√
125	6011	利息收入	√
126	6021	手续费及佣金收入	√
127	6031	保费收入	√
128	6041	租赁收入	√
129	6051	其他业务收入	√
130	6061	汇兑损益	√
131	6101	公允价值变动损益	√
132	6111	投资收益	√
133	6201	摊回保险责任准备金	
134	6202	摊回赔付支出	

（续表）

顺序号	编　号	会计科目名称	
135	6203	摊回分保费用	
136	6301	营业外收入	✓
137	6401	主营业务成本	✓
138	6402	其他业务成本	✓
139	6403	营业税金及附加	✓
140	6411	利息支出	✓
141	6421	手续费及佣金支出	✓
142	6501	提取未到期责任准备金	
143	6502	提取保险责任准备金	
144	6511	赔付支出	
145	6521	保单红利支出	
146	6531	退保金	
147	6541	分出保费	
148	6542	分保费用	
149	6601	销售费用	
150	6602	管理费用	✓
151	6603	财务费用	
152	6604	勘探费用	
153	6701	资产减值损失	✓
154	6711	营业外支出	✓
155	6801	所得税费用	✓
156	6901	以前年度损益调整	✓

第二节　记账方法

一、什么是记账方法

记账方法是会计核算的主要环节,具有一定的技术性。记账方法是否科学,对所记录账目是否清楚,反映情况是否全面,能否用账查账,都有直接的影响。

记账方法就是对发生的经济业务,按会计科目进行整理、分类和登记账簿的方法。一般包括:记账方法的原理、记录方式、记账方向的符号、记账规则和试算平衡等几个要素。

按记录方式的不同,分为单式记账法和复式记账法。

单式记账法。它是一种比较简单的不完整的记账方法。它对一笔经济业务,只用一个科目、一个账户进行登记,一般需要什么资料就登记什么资料。手续简单,各科目之间的记录没有什么直接的联系,也没有内在的平衡关系,因而不能全面、系统地反映一项经济业务的来龙去脉,也不便于检查账簿记录的正确性。这种记账方法,只适用经济业务简单的记录。在银行会计工作中,对表外科目所涉及的会计事项,用单式记账法进行记录。

复式记账法。它是对每项经济业务,按照资金运动的内在联系,以相等的金额在两个或两个以上的有关账户中进行登记,有关科目之间的对应关系清楚,能反映资金的来龙去脉,反映经济业务的全过程,有关科目之间具有内在的平衡关系,便于检查账簿记录的正确性,是一种科学的记账方法。

二、借贷记账法在银行会计中的运用

借贷记账法是一种复式记账法。目前在世界各国普遍采用。根据《企业会计准则》规定,我国银行系统也采用借贷复式记账法。其主要内容有以下几点。

(一) 以"借"和"贷"作为记账方向的符号,用来记录和反映资金增减变化情况及其结果

这种借贷复式记账法,以"资产=负债+所有者权益"这一会计平衡公式为基础,资产、费用类账户,增加记"借方",减少记"贷方",余额反映在借方;负债、所有者权益、收入、利润类账户,增加记"贷方",减少记"借方",余额反映在贷方。

(二) 以"有借必有贷,借贷必相等"的记账规则,对每笔经济业务、在两个或两个以上的有关科目的账户中进行相互对应的记录

其平衡公式如下:

$$各科目借方发生额合计=各科目贷方发生额合计$$
$$各科目借方余额合计=各科目贷方余额合计$$

现举例如下:

【例1】 某企业存入现金 20 000 元。

```
借:库存现金                                          20 000
  贷:活期存款——××企业存款户                          20 000
```

【例2】 从中央银行存款户内提取现金 150 000 元。

```
借:库存现金                                        150 000
  贷:存放中央银行准备金                              150 000
```

【例3】 向某企业发放短期贷款 80 000 元。

```
借:短期贷款——××企业户                              80 000
  贷:活期存款——××企业户                              80 000
```

【例4】 以现金支付个人储蓄存款利息 500 元。

```
借:利息支出                                            500
  贷:库存现金                                            500
```

【例5】 某投资者以现金投入 100 000 元作银行资本金。

```
借:库存现金                                        100 000
  贷:实收资本                                        100 000
```

【例6】 经批准用资本公积 50 000 元转增资本金。

```
借:资本公积                                         50 000
  贷:实收资本                                         50 000
```

以上六笔业务的各科目借贷方发生额及余额均应相等。如图表 2-2 所示。

图表 2-2

科目名称	上期余额		本期发生额		本期余额	
	借 方	贷 方	借 方	贷 方	借 方	贷 方
库存现金	400 000		270 000	500	669 500	
存放中央银行款项	300 000			150 000	150 000	
短期贷款	10 000		80 000		90 000	
活期存款		680 500		100 000		780 500
实收资本		20 000		150 000		170 000

（续表）

科目名称	上期余额		本期发生额		本期余额	
	借　方	贷　方	借　方	贷　方	借　方	贷　方
资本公积		90 000	50 000			40 000
利息支出	80 500			500	81 000	
合　　计	790 500	790 500	400 500	400 500	990 500	990 500

第三节　会　计　凭　证

一、银行会计凭证的意义

银行会计凭证是银行各项业务和财务收支发生的书面证明，是银行办理货币资金收付和记账的依据，也是明确经济责任、核对账务和事后查考的根据。

编制会计凭证是银行会计核算的起点。银行的业务活动每天连续不断进行，为了对这些业务逐笔进行核算、反映和监督，必须根据每笔业务的具体内容和特点以及实际完成情况，编制记录在会计凭证上，然后据以登记账簿，这样才能使会计核算工作得以顺利进行。任何一笔业务的发生，都必须编制凭证，这是会计核算的基础。在银行会计核算中，按照核算程序，一般是从受理或编制会计凭证开始的。在处理银行业务和核算中，由于需要将凭证在不同柜组之间进行传递记账，为此，银行会计凭证又称为"传票"。

二、银行会计凭证设置的原则

银行会计凭证，不仅供银行内部记账核算使用，也供企业单位使用，是银行以外的有关企业、单位会计核算的依据。因此，银行会计凭证具有统一性和社会通用性的特点。对银行会计凭证的设置，应贯彻以下几个原则。

（一）必须符合记录银行各项经济业务的要求

银行会计凭证反映银行各项经济业务的具体内容，应根据不同业务设置不同的会计凭证。如办理现金的收入和付出，转账结算的各种方式，联行往来和同业往来等，都应有各自特定用途的专用凭证。这样，才能正确记录和反映银行各项业务的发生和变化情况。

（二）必须充分考虑银行和企业、单位会计核算的共同需要

银行同各企业、各单位有着广泛和密切的业务联系。概括起来，涉及四方

面的经济关系,即:收付款单位和收付款单位的开户银行。所以,银行会计凭证的格式、内容和联数,应考虑银行以及企业、单位核算的共同需要,便于银行、企业、单位记账使用。

（三）必须有利于提高银行会计的工作质量和工作效率

银行会计核算过程,就是对银行会计凭证的处理过程。由于银行业务量大,会计凭证的种类多、数量大,为了便于工作,应在满足业务需要的前提下,力求精简,逐步做到规范化、标准化,以利于银行会计核算的电子化,提高工作效率。

三、银行会计凭证的种类和基本要素

（一）银行会计凭证的种类

会计凭证按核算程序和用途,分为原始凭证和记账凭证。

凡在经济业务发生时,直接取得或编制的会计凭证,称为原始凭证。它是经济业务发生的原始书面证明,是会计核算的基础资料。按其取得的来源不同,又分为外来原始凭证和自制原始凭证。

记账凭证是会计人员根据审核无误的原始凭证,加以归类整理而编制的会计凭证。它是登记账簿的依据。

原始凭证有的可以直接作为记账凭证,也可以另编记账凭证,而将原始凭证作记账凭证的附件。

银行广泛地采用由单位或客户填写的原始凭证来代替记账凭证。但这些凭证是根据银行会计核算要求而印制发行的,由企业、单位、客户直接填写的银行凭证。银行在受理时应加以审查。

记账凭证从形式上分,有复式凭证和单式凭证。

凡一笔经济业务涉及的所有科目,都集中在一张凭证上,既作借方科目的记账依据,又作贷方科目的记账依据,这种记账凭证称为复式凭证;凡一笔经济业务涉及的科目,分别填制在几张凭证上,一张凭证只作一个科目的记账依据,这种记账凭证称为单式凭证。由于银行业务量大,分工细,要求凭证能及时传递,便于记账和分类汇集,因此,银行会计采用单式凭证来记账。

银行的记账凭证有两类:一类是基本凭证,一类是专用凭证。基本凭证是银行会计根据有关原始凭证或业务事实自行编制用作记账的依据,具有统一的格式,主要有:现金收入传票、现金付出传票、转账贷方传票、转账借方传票、特种转账贷方传票、特种转账借方传票等六种。如图表 2-3、2-4、2-5、2-6、2-7、2-8 所示。专用凭证是银行根据某项业务的特殊需要而制定的,有专门格式和用途的凭证。这类凭证一般由银行统一印制发行,由企业、单位、客户填写,提交银行受理并凭以记账。

图表 2-3

银行(　　)现金收入传票

铜牌或对号单第　　号

| 总字第　号 |
| 字第　号 |

(贷)＿＿＿＿＿
(借)　库存现金　　　　　　　年　　月　　日

户名或账号	摘　　要	金　额	附件
		(位数)	
			（白纸红油墨）

会计　　　　　出纳　　　　　复核　　　　　记账

张

图表 2-4

银行(　　)现金付出传票

铜牌或对号单第　　号

| 总字第　号 |
| 字第　号 |

(借)＿＿＿＿＿
(贷)　库存现金　　　　　　　年　　月　　日

户名或账号	摘　　要	金　额	附件
		(位数)	
			（白纸黑油墨）

会计　　　　　出纳　　　　　复核　　　　　记账

张

图表 2-5

银行(　　)转账借方传票

年　　月　　日

| 总字第　号 |
| 字第　号 |

科目(借)	对方科目	(贷)	
户名或账号	摘　　要	金　额	附件
		(位数)	
			（蓝纸黑油墨）

会计　　　　　复核　　　　　记账

张

图表 2-6

银行( )转账贷方传票

年 月 日

| 总字第 号 |
| 字第 号 |

科目(贷)		对方科目	(借)
户名或账号	摘 要	金 额	
		(位数)	

会计　　　　　　复核　　　　　　记账

（浅蓝色纸红油墨）

附件 张

图表 2-7

银行( )特种转账借方传票

年 月 日

| 总字第 号 |
| 字第 号 |

付款单位	全　称		收款单位	全　称	
	账号或地址			账号或地址	
	开户银行	行号		开户银行	行号
金额	人民币(大写)			金　额	
				(位数)	
原凭证金额		赔偿金		科目(贷)…………	
原凭证名称		号 码		对方科目(借)…………	
转账原因		银行盖章		会计　复核　记账	

（白纸紫油墨）

附件 张

图表 2-8

银行( )特种转账贷方传票

年 月 日

	总字第 号
	字第 号

付款单位	全 称		收款单位	全 称	
	账号或地址			账号或地址	
	开户银行	行号		开户银行	行号

| 金额 | 人民币（大写） | | | 金 额 | |
| | | | | （位数） | |

原凭证金额		赔偿金		科目(借) _____
原凭证名称		号 码		对方科目(贷) _____
转账原因		银行盖章		会计 复核 记账

附件 张

（白纸蓝油墨）

（二）银行会计凭证的基本要素

银行会计凭证种类很多,具体的格式和内容也不一样,但所有的银行会计凭证都必须具有以下一些基本要素:

（1）日期。

（2）收付款单位名称和账号。

（3）收付款单位开户银行名称及行号。

（4）人民币符号和大小写金额。

（5）款项来源及用途或摘要及附件张数。

（6）会计分录及凭证编号。

（7）单位有关印章。

（8）银行有关人员的印章。

四、银行会计凭证的处理

银行会计凭证的处理是指从受理或填制凭证开始,通过对凭证的审查、传递、记账、整理、装订、保管为止的整个过程。其中重点是凭证的填制、审查和传递记账。银行会计工作中对会计凭证的处理,就是办理银行各项具体业务的过程,也是货币资金在银行内部运动过程、银行会计的核算过程。

(一) 会计凭证的填制

编制会计凭证是会计核算的基础,为了保障会计核算的顺利进行,对会计凭证处理过程就必须更加严肃认真对待。银行每发生一笔经济业务必须填制会计凭证。但填制凭证必须做到:内容齐全,手续完备,编制正确,字迹清楚,不得涂改。银行会计一般采用单式凭证记账,因此,一张凭证只作为一个科目的账户来记账。涉及现金收付业务,只填制现金对应科目的凭证;对转账业务则应分别填制借方、贷方有关科目的借方凭证和贷方凭证,务必做到借贷平衡。在每笔经济业务中,对转关系只能是一借一贷,或一借多贷,或一贷多借,而不能同时多借多贷(特殊情况下可以)。

(二) 会计凭证的审查

银行会计处在银行工作的第一线,而编制会计凭证又是会计核算的起点,由于银行要直接办理门市业务,经常采用单位和客户提交的各种会计凭证来记账,因此,填制后的记账凭证或受理客户提交的会计凭证,应该认真进行审查,才能保障银行会计核算质量。同时银行要执行国家的有关方针政策、财经纪律,也必须对会计凭证进行审查。审查的内容除了对凭证基本要素进行审查外,重点应审查会计凭证的真实性、合法性和完整性。

真实性。就是审查凭证是否是本行受理,户名与账号是否相符,大小写金额是否相一致,有无涂改,印鉴、密押是否相符、正确。

合法性。就是审查凭证所反映的经济内容是否符合国家有关政策、制度、规定,支取存款是否超过存款余额,有无透支,贷款是否超过指标限额和期限等。

完整性。就是审查凭证的联数是否正确,凭证的内容是否填写齐全,有无遗漏,凭证附件张数是否正确等。

(三) 凭证的传递记账

银行会计凭证经过审查以后,通过对凭证的编号,就可以进行传递记账,输入计算机登记各种账户。正确、迅速地传递会计凭证是处理好业务和账务的重要环节。根据不同的业务,银行会计凭证的传递,有的在一个行处内部各部门之间,有的在不同行处同城或异地联行之间,因此,传递必须迅速、准确、严密、科学、合理。凭证传递应本着先外后内、先急后缓的原则,尽量减少不必要的层次和环节,避免积压、丢失和迟缓。对现金收入凭证的传递,应贯彻先收款、后记账的原则,以避免已记账而漏收款的错误。对现金付出凭证的传递,应贯彻先记账、后付款的原则,以避免发生透支和误付的错误。对转账业务的凭证传递,应贯彻先付、后收的原则,即先记付款单位账户,后记收款单位账户,以避免单位无款支付情况下办理收账手续,从而占用银行资金。

银行会计凭证的传递应一律通过银行内部或邮局传递,不能在柜台外部交客户传递,以免造成资金的损失和账务混乱。总之,银行会计凭证传递不仅关系会计核算质量,而且涉及国民经济各部门的资金周转,必须做到正确、及时。银行会计凭证传递结束,也就是银行业务处理完毕,在每日营业终了时,必须将全部处理完的会计凭证集中整理汇总,装订成册,妥善保管。其目的是为了保证会计核算资料的完整无缺,便于事后查考和核对。

第四节 账务组织

账务组织,又称会计核算形式,是指账簿的设置、记账程序和核对方法的有机结合。账务组织是银行会计核算方法的重要组成部分,也是银行会计核算的最基本组织形式。

银行账务组织包括:明细核算和综合核算两大系统。

一、明细核算

明细核算是在每个会计科目下按具体对象和单位,设立分户账进行详细记录和核算。其核算程序是:根据会计凭证,登记分户账或登记簿;根据分户账编制余额表;最后同总账进行核对。所以,明细核算由分户账、余额表、登记簿共同组成。

（一）分户账

分户账是明细核算的主要形式,即银行会计的明细分类账。它是按会计科目的具体内容设立,是银行会计办理日常业务的主要工具。银行常用的分户账格式有甲、乙、丙、丁四种:

甲种账设有借方、贷方和余额三栏,适用于不计息或使用余额表计息的账户。其格式如图表2-9所示。

图表 2-9

银行（　　）账

本账总页数	
本户页数	

账号：　　　　户名：　　　　领用凭证记录＿＿＿＿＿＿

年		摘要	凭证号码	对方科目代号	借方（位数）	贷方（位数）	借或贷	余额（位数）	复核盖章
月	日								

（白纸绿油墨）

　会计　　　　　　　　　　　　　　　记账

注：如需用复写式时，可加印对账单联。

乙种账设有借方、贷方、余额、积数四栏，适用于在账页上计算利息的账户。其格式如图表2-10所示。

图表 2-10

银行（　　）账

本账总张数	
本户第　张	

账号：　　　　户名：　　　　利率1.8‰

年		摘要	凭证号码	对方科目代号	借方	贷方	借或贷	余额	日数	积数	复核盖章
月	日										

　会计　　　　　　　　记账

丙种账设有借方、贷方发生额和借方、贷方余额四栏，适用于借贷双方反映余额的账户。其格式如图表2-11所示。

图表 2-11

银行（　　）　　　账

本账总张数	
本户第　张	

账号：　　　　户名：

年		摘　要	凭证号码	对方科目代号	借方	贷方	借方余额	贷方余额	复核盖章
月	日								

　　会计　　　　　　　　　　　　　　　　记账

　　丁种账设有借方、贷方、余额和销账四栏,适用于逐笔反映、逐笔销账的一次性业务的账户,兼有分户核算的作用。其格式如图表 2-12 所示。

图表 2-12

银行（　　）　　　账

本账总页数	
本 户 页 数	

年		账号	户名	摘要	凭证号码	对方科目代号	借方(位数)	销账年月日	贷方(位数)	借或贷	余额(位数)	复核盖章
月	日											

（白纸绿油墨）

　　会计　　　　　　　　　　　　　　　　　　　　记账

（二）余额表

　　余额表是明细核算的组成部分。它是核对分户账余额与总账余额是否相符的工具,也是分户账据以计算利息的工具。其格式如图表2-13所示。

图表 2-13

计 息 余 额 表

科目名称　×××存款

科目代号　　　　　　　　　　　　　　　　　　　年　　月　　日

账　　号	201 001	201 002	201 003	201	复核盖章
日期　　户名	第一棉纺厂	第二棉纺厂	第三棉纺厂	合　计	
1 2 ⋮ 10					
10 天小计	50 000	100 000	150 000	300 000	
11 12 ⋮ 20					
20 天小计	120 000	150 000	180 000	450 000	
21 22 ⋮ 30 31					
本月合计	200 000	250 000	300 000	750 000	
至上月底 未计息积数	180 000	200 000	250 000	630 000	
应加应减积数	+20 000	−30 000		−10 000	
至本月底累计 未计息积数	400 000	420 000	550 000	1 370 000	
结息时计算利息数					

会计　　　　　　　　复核　　　　　　　　　　　记账

（三）登记簿

登记簿是明细核算的另一种形式。它是为了适应某些业务和工作的特殊需要而设置的一种辅助性账簿。凡是不必在分户账上记录而又需要进行登记查考的业务，可设登记簿进行登记反映。其格式可根据需要，自行设计。

二、综合核算

综合核算是银行账务组织的另一重要组成部分。它是以会计科目为基础的核算，综合地概括地核算和反映各科目的资金增减变化情况，是明细核算的概括和综合，起着控制明细核算的作用。但它不能凭以办理具体业务，而只为编制会计报表提供数字资料。综合核算由科目日结单、总账、日计表组成。

（一）科目日结单

科目日结单是控制明细核算的发生额、记账凭证张数和轧平当天账务的工具，是对当天各科目的借贷方发生额及传票张数的汇总记录，是登记总账的依据。其格式如图表 2-14 所示。

（二）总账

总账按科目设立，是对各科目的总括记录。它统驭和控制着明细分户账，是核对账务和编制会计报表的依据。其格式如图表 2-15 所示。

对借贷双方反映余额的科目，其本日余额应根据各分户账的借方、贷方余额，分别加计总数填入，然后将该科目上日余额轧差，加减本日发生额，同本日余额的差额核对。

如昨日借方余额大于贷方余额，其核对公式如下：

$$\frac{\text{昨日借}}{\text{方余额}} - \frac{\text{昨日贷}}{\text{方余额}} + \frac{\text{本日借方}}{\text{发 生 额}} - \frac{\text{本日贷方}}{\text{发 生 额}} = \frac{\text{本日借}}{\text{方余额}} - \frac{\text{本日贷}}{\text{方余额}}$$

如昨日贷方余额大于借方余额，其核对公式如下：

$$\frac{\text{昨日贷}}{\text{方余额}} - \frac{\text{昨日借}}{\text{方余额}} + \frac{\text{本日贷方}}{\text{发 生 额}} - \frac{\text{本日借方}}{\text{发 生 额}} = \frac{\text{本日贷}}{\text{方余额}} - \frac{\text{本日借}}{\text{方余额}}$$

（三）日计表

日计表是反映当天全部银行业务活动情况的会计报表，也是轧平当天全部银行账务的重要工具。表上各科目的本日发生额和余额，是根据总账各科目的当日借方和贷方发生额和余额填列。各科目借方发生额合计，等于各科目贷方发生额合计；各科目借方余额合计，等于各科目贷方余额合计。证明银行当日账务全部平衡。其格式如图表2-16所示。

图表 2-14

银行（　　）科目日结单

年　月　日

经办员：

类别	日期	借方			贷方		
		传票张数	附件张数	金额 百十亿千百十万千百十元角分	传票张数	附件张数	金额 百十亿千百十万千百十元角分
转账							
小计							
现金							
合计							

图表 2-15

银行( )总 账

科目名称　　　　　　　　　　　　　　　　　　　　　　　　第　号

年　　月份	借　方	贷　方
	（位数）	（位数）
上年底余额		
本年累计发生额		
上月底余额		

日　期	发　生　额		余　额		核对盖章
	借方	贷方	借方	贷方	复核员
	（位数）	（位数）	（位数）	（位数）	
1					
2					
3					
…					
10 天小计					
11					
12					
13					
…					
15					
16					
17					
18					
…					
20 天小计					
21					
22					
23					
…					
月　计					
自年初累计					
本月计息积数					

会计（主管）　　　　　　　　　　　　　　　　　　　　　　记账

（白纸绿油墨）

图表 2-16

银行(　　) 日计表

年　月　日　　　共　页第　页

科目代号	科目名称	昨日余额		本日发生额		本日余额		科目代号
		借方	贷方	借方	贷方	借方	贷方	

行长　　　　会计　　　　复核　　　　制表

（白纸黑油墨）

三、银行账务处理程序

银行账务处理程序,包括明细核算、综合核算和账务核对三个方面的内容。具体程序如下:

根据银行业务编制或受理凭证(传票);

根据传票登记分户账或现金收入付出日记簿;

根据分户账填制余额表;

根据传票按科目编制科目日结单,轧平所有科目当天借方和贷方发生额;

根据科目日结单登记总账;

根据总账编制日计表;

总账与分户账或余额表核对余额;

总账与现金收入付出日记簿和现金库存簿进行核对;

现金库存簿与实存现金核对。

银行账务处理程序,如图表 2-17 所示。

图表 2-17

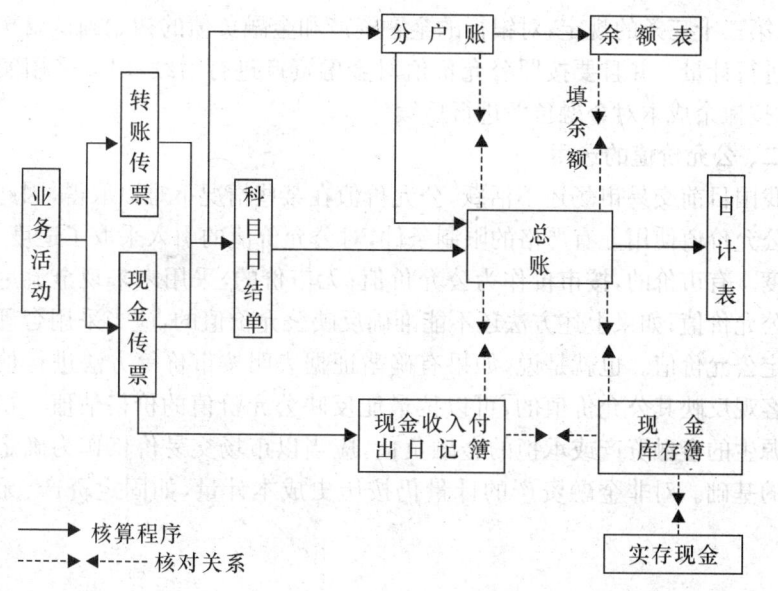

第五节　商业银行会计的计量

一、计量属性的多种选择

新企业会计准则规定,企业在对会计要素进行计量时,一般应当采用历史成本,采用重置成本、可变现净值、现值、公允价值计量的,应当保证所确定的会计要素金额能够取得并可靠计量。随着金融工具有创新及金融资产和金融负债在银行资产和负债中的比重不断提高下,历史成本不可能是财务会计唯一的计量属性。特别是在金融工具创新的环境下,由于大多数衍生金融工具表现为一种合约、期权、合同等,它只产生相应的权利和义务,而交易和事项并未发生,自然无实际成本可言,因此实际成本计量属性显得无能为力,需要运用公允价值作为会计计量属性。公允价值是市场经济的产物,也是国际会计准则核心内容之一,对银行经营和银行体系稳定产生重要影响。公允价值的运用能更有效地增强会计信息的相关性,为投资者、债权人等众多利益相关者提供更加有助于决策的信息。

公允价值是指在公平交易中,熟悉情况的交易双方自愿进行资产交换或债务清偿的金额。如果存在着活跃的交易市场,该项资产的市场价就是其公允价值。如果没有市场价,公允价值应该在当前环境下可以获得的最佳信息为基础进行估计。按照准则第(22)号金融工具确认和计量中的第三十、第三十二、第三十三条的规定,对银行的金融资产和金融负债的初始确认要按公允价值进行计量。并且要按照公允价值对金融资产进行后续计量;采用实际利率法,按摊余成本对金融负债进行后续计量。

二、公允价值的选用

我国目前交易市场还不活跃,公允价值在某些情况下难以取得,因此新准则在公允价值使用上有严格的限制条件,对公允价值的引入采取了适度、谨慎的态度。有市价的,按市价作为公允价值;无市价的,采用未来现金流量现值作为公允价值;如果上述方法还不能准确反映公允价值的,应当采用合理方法来确定公允价值。也就是说,如果有确凿证据表明按市价等方法进行估值还不能客观反映其公允价值的,可以按最能反映公允价值的价格估值。初始取得或源生的金融资产或承担的金融负债,应当以市场交易价格作为确定公允价值的基础。对非金融资产的计量仍按历史成本计量,如固定资产、无形资产等。

第 三 章

商业银行存款业务的核算与管理

第一节　存款业务概述

一、存款业务的意义和种类

（一）存款业务的意义

存款是商业银行以信用的方式吸收社会暂时闲置资金的筹资金活动。存款是商业银行重要的负债业务和信贷资金的主要来源。银行的自有资金，无论数额如何庞大，也是有限的，商业银行只有积极的吸收各项存款，才能增强银行经营业务来源，才能增强银行信贷资金力量。对商业银行而言，具有重要意义的始终是存款。在社会主义市场经济的条件下，银行按照客观经济规律的要求，组织和运用存款，为社会主义建设筹措资金，对促进经济发展、平衡信贷收支、调节货币流通、稳定市场物价、促进经济核算、推动勤俭节约、增加社会财富等，具有十分重要的意义。

（二）存款业务的种类

开展存款业务的核算，首先应当对存款种类有明确的了解，然后才能制定和采用相应的核算方式。存款的分类有多种，比较常见的分类方法如下。

1. 按产生来源的不同，可以分为原始存款和派生存款

原始存款，也称现金存款或直接存款，即企事业单位或个人将现金支票或现金送存银行，增加存款户的货币资金。它除包括公款存款、私人存款两部分外，还包括银行之间的存款即同业存款。派生存款，也称转账存款或间接存款，是指银行以贷款方式自己创造的存款。这种存款的增加，会增加社会的货币供应量。

2. 按资金的性质不同，可以分为一般性存款、居民个人储蓄存款和财政

存款

一般性存款是指银行吸收的各单位的存款;居民个人储蓄存款是银行吸收城乡居民的闲置资金形成的存款;财政性存款是指各行经办的财政预算内存款及集中待缴财政的各种款项形成的存款。这种存款也可增加社会的货币供应量。

3. 按存款的期限不同,可分为活期存款和定期存款

活期存款是存入时不确定存期,可以随时存取的存款,主要包括单位活期存款和个人活期存款。定期存款是在存款时约定存期,到期支取的存款,主要包括单位定期存款和个人定期存款。

4. 按存取款方式不同,可以分为支票存款、存单存款、存折存款、通知存款、协定存款等

支票存款是使用支票办理存取手续的存款方式;存单存款是存款人在存入款项时所获得存入款项的单据证明,也可称为定期存单;存折存款是使用存折办理存取款手续的存款方式;通知存款是存款人在存入款项时不约定存期,需要支取存款时提前通知银行,按照通知约定的取款日期和金额支取款项的一种存款方式。协定存款是存款人与开户银行签订协定存款合同,约定结算账户的留存额度,超过约定留存额度部分的存款转为协定存款,单独计算计息积数并按协定存款利率计算利息的一种存款方式。

5. 按存款币种的不同,存款业务可分为人民币存款和外币存款

人民币存款是单位或个人存入人民币款项而形成的存款;外币存款是单位或个人将其外汇资金存入银行,并随时或约期支取的存款。

二、银行存款账户的开立和管理

为加强对存款及其结算账户的管理,各存款人应按规定在银行开立各种结算账户。

(一) 存款账户的设置

存款账户按管理要求的不同划分为基本存款账户、一般存款账户、临时存款账户和专用存款账户。

1. 基本存款账户

基本存款账户是存款人因办理日常转账结算和现金收付的需要而开立的银行结算账户。基本存款账户是存款人的主要账户。存款人日常经营活动的资金收付及其工资、奖金等现金的支取,应通过该账户办理。

2. 一般存款账户

一般存款账户是存款人因借款或其他结算需要,在基本存款账户开户行

以外的银行营业机构开立的银行结算账户。该账户用于办理存款人借款转存、借款归还和其他结算的资金收付。该账户可以办理现金缴存,但不得办理现金支取。

3. 专用存款账户

专用存款账户是存款人按照法律、行政法规和规章,对其特定用途资金进行专项管理和使用而开立的银行结算账户。专用存款账户用于办理各项专用资金的收付。

4. 临时存款账户

临时存款账户是存款人因临时需要并在规定期限内使用而开立的银行结算账户。该账户用于办理临时机构以及存款人临时经营活动发生的资金收付。

现有存款种类如图表 3-1 所示。

图表 3-1

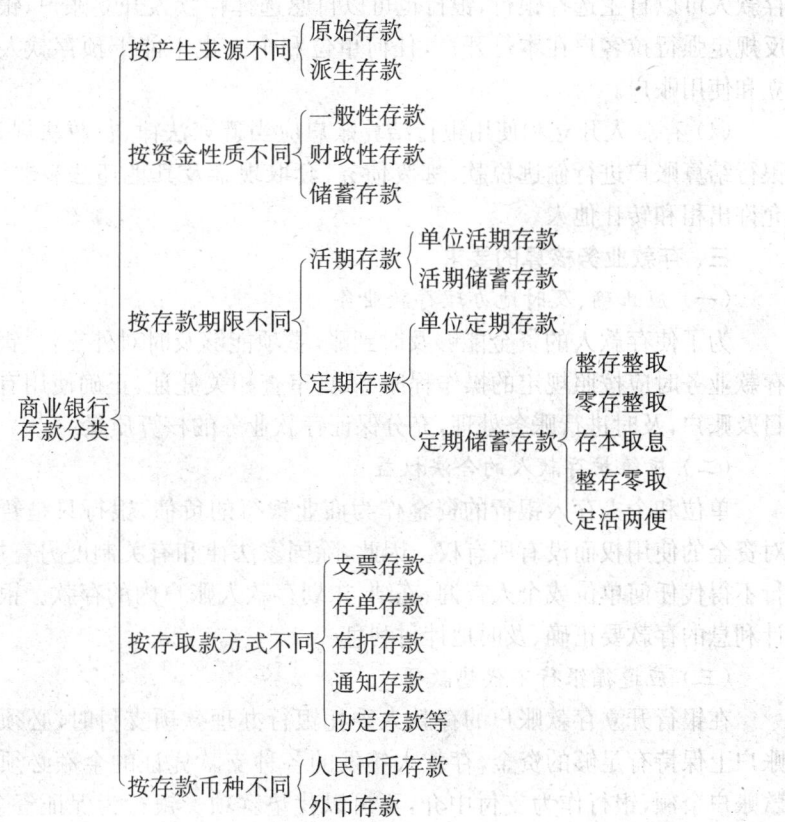

（二）存款账户的管理

（1）单位基本存款账户的存款人只能在银行开立一个基本存款账户。申请人开立基本存款账户时,应向开户银行出具工商行政管理机关核发的《企业法人执照》或《营业执照》正本;有关部门的证明、批文等证明文件之一。

（2）存款人开立基本存款账户、临时存款账户和预算单位开立专用存款账户实行核准制度,经人民银行核准后,由开户行核发开户登记证。但存款人因注册验资需要开立的临时存款账户除外。申请开立一般存款账户,应向开户银行出具开立基本存款账户规定的证明文件、基本存款账户登记证和借款合同。申请开立专用存款账户时,存款人应出具开立基本存款账户规定的证明文件、基本存款账户登记证和经有权部门批准立项的文件或有关部门的批文等。申请开立临时存款账户,存款人应向银行出具工商行政管理机关核发的营业执照、临时执照或有权部门同意设立外来临时机构的批文。

（3）存款人可以自主选择银行开立结算账户。开户可以实行双项选择,存款人可以自主选择银行,银行也可以自愿选择存款人开立账户,银行不得违反规定强行拉客户在本行开户,任何单位和个人也不能干预存款人在银行开立和使用账户。

（4）存款人开立和使用银行结算账户应当遵守法律、行政法规,不得利用银行结算账户进行偷逃税款、逃废债务、套取现金及其他违法犯罪活动,也不允许出租和转让他人。

三、存款业务核算的要求

（一）应正确、及时地办理存款业务

为了使存款人的资金能够及时到账,款项能够及时对外支付,银行在办理存款业务时应按照规定的操作程序,认真审查相关凭证,正确使用有关会计科目及账户,及时进行账务处理,充分保证存款业务的核算质量。

（二）应维护存款人的合法权益

单位和个人存入银行的资金作为商业银行的负债,银行只是暂时取得了对资金的使用权而没有所有权。因此,除国家法律和有关制度另有规定外,银行不得代任何单位或个人查询、冻结、扣划存款人账户内的存款。银行对于应计利息的存款要正确、及时地计付利息。

（三）应遵循银行不代垫款项

在银行开立存款账户的存款人委托银行办理款项支付时,必须在其存款账户上保持有足够的资金,存款人签发的各种支款凭证的金额必须小于其存款账户余额,银行作为支付中介,不可以代垫款项。银行为保证资金的安全,在办理现金收入业务时,应先收款、后记账;在办理现金付出业务时,应先记账、后付款;在办理转账业务时,应先记付款单位账,后记收款单位账。

四、会计科目的设置

(一)"吸收存款"科目

该科目核算企业(银行)吸收的除同业存放款项以外的其他各种存款,包括单位存款(包括企业、事业单位、机关、社会团体等)、个人存款、信用卡存款、特种存款、转贷款资金和财政性存款等。它属于负债类。银行收到客户存入的款项时,应按实际收到的金额,借记"存放中央银行款项""库存现金"等科目,按存入资金的本金,贷记本科目(本金),按其差额,贷记或借记本科目(利息调整);支取款项时,应按归还的金额,借记本科目(本金),贷记"存放中央银行款项"、"库存现金"等科目,按应转销的利息调整金额,借记或贷记本科目(利息调整),按其差额,贷记或借记"利息支出"科目;余额反映在贷方,反映企业吸收的除同业存放款项以外的其他各项存款余额。本科目应当按照存款类别及存款单位,分别"本金"、"利息调整"等进行明细核算。

(二)"利息支出"科目

该科目核算银行在吸收存款、发行金融债券等业务中按国家规定的适用利率向债权人支付的利息。属于损益类科目。银行与金融机构之间发生拆借、存款等业务以及再贴现、转贴现资金的利息支出,在"金融企业往来支出"科目中核算,不在本科目核算。银行定期计提应付利息时,借记本科目,贷记"应付利息"、"发行债券(应付利息)"科目、"活期存款"、"活期储蓄存款"、"存放中央银行款项"等科目。期末应将本科目余额结转利润,借记"本年利润"科目,贷记本科目,结转后本科目应无余额。本科目应按利息支出项目进行明细核算。

(三)"应付利息"科目

该科目核算银行吸收存款或发生借款的当期应付而未付的利息,属于负债类科目。银行计算应付利息时,借记"利息支出"、"金融企业往来支出"等科目,贷记本科目;实际支付利息时,借记本科目,贷记"活期存款"、"定期存款"等科目;余额反映在贷方。本科目应按存款的种类进行明细核算。

(四)"应交税费"科目

该科目核算企业按照税法规定计算应交纳的各种税费,包括增值税、消费税、营业税、所得税、资源税、土地增值税、城市维护建设税、房产税、土地使用税、车船使用税、教育费附加、矿产资源补偿费等。银行代扣代交的个人所得税等,也通过本科目核算。它属于负债类。银行发生应交税款项时,借记"银行存款"等科目,贷记本科目;上缴税款时,贷记本科目,借记"银行存款"等科目;余额在贷方。本科目期末贷方余额反映银行尚未交纳的税费。需要按类别和单位或个人设置明细账进行明细核算。

第二节 单位存款的核算

一、单位活期存款业务的核算

单位活期存款存取的方式主要有两种,即存取现金和转账存取。其中转账存取存款主要是通过办理各种结算方式和运用信用支付工具而实现的,本节只叙述存取现金的处理方法。

(一)存入现金的核算

单位存入现金时,应填写一式二联现金缴款单,连同现金交银行出纳部门。出纳部门经审查凭证点收现金,登记现金收入日记簿,并复核签章后,将第一联加盖"现金收讫"章后作为回单退交存款人,第二联送会计部门,凭以代现金收入传票登记单位存款分户账。其会计分录如下:

借:库存现金
  贷:吸收存款——活期存款——××单位存款户——本金

(二)支取现金的核算

支票户向银行支取现金时,应签发现金支票,并在支票上加盖预留印鉴,由收款人背书后送交会计部门。会计部门接到现金支票后,应重点审查:支票是否真实;记载事项是否齐全;大小写金额是否相符;是否超过提示付款期限(支票的提示付款期限从出票日起十天);其签章与预留印鉴是否相符;出票人账户是否有足够支付的存款;是否背书等。经审查无误后,以现金支票代现金付出传票登记分户账后,交出纳部门凭以付款。其会计分录如下:

借:吸收存款——活期存款——××单位存款户——本金
  贷:库存现金

会计人员签章、复核,出纳员根据现金支票登记现金付出日记簿,配款复核后,向取款人支付现金。

二、单位定期存款的核算

单位如有在一定时期内闲置不用的资金,可在银行办理定期存款。单位定期存款是单位存入款项时约定期限,到期支取本息的一种存款业务。

定期存款金额起点为1万元,多存不限,本金一次存入,存入时由银行发给存单,到期一次支取本息。存期分为三个月、半年、一年3个档次。

（一）存入定期存款

单位存入定期存款时,应按存款金额签发活期存款账户转账支票交开户银行。银行按规定审查无误后,以支票作转账借方传票并凭以填制一式三联单位定期存款证实书。经复核后,以第一联代定期存款转账贷方传票,第三联作定期存款卡片账,第二联加盖业务公章和经办人员名章后交存款人作存款凭据。其会计分录如下：

借：吸收存款——活期存款——××单位活期存款户——本金
贷：吸收存款——定期存款——××单位定期存款户——本金

（二）支取定期存款

单位持存单支取定期存款时,银行会计人员抽出该户卡片进行核对。核对无误后,计算出利息,填制利息清单,并在存单上加盖"结清"戳记。以存单代定期存款转账借方传票,卡片账作附件,另编制三联特种转账传票,一联代利息支出科目转账借方传票,一联代活期存款账户转账贷方传票,另一联代收账通知交存款人。其会计分录如下：

借：吸收存款——定期存款——××单位定期存款户——本金
　　应付利息——定期存款利息支出户
贷：吸收存款——活期存款——××单位活期存款户

定期存款到期后,如果单位要求续存,可以按结清旧户另开新存单办理。

三、单位其他存款的核算

单位存款还包括通知存款和协定存款。其基本规定和做法如下。

（一）单位通知存款

单位通知存款是存款人在存入款项时不约定存期,需要支取存款时提前通知银行,按照通知约定的取款日期和金额支取款项的一种存款方式。

具体做法：① 单位通知存款起存金额50万元,一次存入,一次或分次支取,支取金额最低10万元；② 单位通知存款分为一天和七天两个档次,一天通知存款即提前一天通知银行约定取款,七天通知存款即提前七天通知银行约定取款,由存款人在存入时选择存款档次。

（二）协定存款

协定存款是存款人与开户银行签订协定存款合同,约定结算账户的留存额度,超过约定留存额度部分的存款转为协定存款,单独计算计息积数并按协定存款利率计算利息的一种存款方式。

具体做法：① 协定存款必须由存款人与开户银行签订合同，由银行按照协定存款的规定主动办理并在结算账户中进行核算；② 协定存款只对结算账户流水 50 万元以上的存款单位办理，结算账户转协定存款后的留存额度最低为人民币 10 万元；③ 单位存款资金往来全部通过结算账户往来，由银行根据结算账户存款变化情况以及约定留存额度自动在活期存款与协定存款之间进行调整，调整的金额起点为 1 万元；④ 结算账户存款余额超过约定留存额度的，将超过部分自动计入协定存款积数中；存款余额低于约定留存额度或通过结算账户支付款项超过留存额度，由会计核算系统自动从协定存款转入活期存款。结算账户中的活期存款与协定存款分别计算计息积数，结息日根据活期存款与协定存款计息积数分别按照活期存款利率和协定存款利率计算利息。

四、对账与销户

（一）对账

对账是指银行与单位核对存款账户余额。银行与开户单位的经济往来，由于双方记账时间有先后以及发生技术性差错等原因，会导致双方账务不相符或产生未达账项。为了及时查清未达账项，保证内外账务相符和保护存款安全，银行必须与开户单位经常进行账务核对。

银行与单位的对账，可分为定期对账和随时对账两种形式。

1. 随时对账

银行为支票存款户记账，采用套写账页，银行会计每记满一页，就将账页的对账联交单位对账；单位以对账联与其银行往来账逐笔进行核对，发现问题，及时到银行查明更正。这种对账形式，适用于逐笔核对发生额，可防止双方账务记载中的错误。

2. 定期对账

银行与单位除平时对账外，银行还应于每季度末及每年 11 月末向开户单位填发一式两联"余额对账单"，交给开户单位对账。开户单位核对后，如经核对发现不符，应在对账单回单联注明未达账项及金额，以便双方查找处理。对于双方账务长期不符的开户单位，要采取必要的措施限期查清。银行将开户单位退回的对账回单按科目、账号顺序排列装订保管。

（二）销户

存款单位因迁移、合并、停产等原因不再使用原来存款账户时，应及时到银行办理销户手续。银行办理销户时，应首先与销户单位核对存款账户余额，核对相符后，对应计算利息的存款账户，要结清利息。对支票存款户，应收回所有空白支票,对存折存款户,应收回存折注销。然后将原存款账户的余额转入其他存款账户或其他地区金融机构。撤销后的账户应停止使用。

第三节 储蓄存款业务的核算

一、储蓄存款的原则和种类

储蓄是聚集零星钱财,将零星钱财存放银行生息,以货币使用权让渡给银行的一种信用行为。储蓄存款是银行通过信用方式对广大居民的货币收入进行集中和再分配的一种重要形式。大力开展储蓄业务对利国、利民、利己有着重要的意义。

（一）储蓄原则

为了正确执行国家保护和鼓励人民储蓄的政策,银行对个人储蓄存款,实行"存款自愿,取款自由,存款有息和为储户保密"的原则。同时,银行办理储蓄存款业务应实行实名制,即以本人有效身份证件的姓名办理存入手续。

1. 存款自愿,取款自由

它是指存款存多少,存期长短,存入哪家银行,何时存取,都由储户自己决定。对定期存款,也可按照储蓄章程规定办理提前支取。

2. 存款有息

它是指银行对储户的各种储蓄存款,都应该按照规定付给利息。

3. 为储户保密

它是指银行有责任对储户的存款情况保守秘密。它既体现宪法保护公民储蓄所有权的一项重要措施,也是贯彻银行储蓄政策的具体表现,因此,既符合群众心理,也有利于保护储蓄存款的安全。公安、司法机关因审理案件需要查询有关个人储蓄资料时,应按规定提出书面查询公函,经县支行以上的银行核对,在指定的储蓄所提供情况,查询单位不得擅自查阅账册,并对银行提供的情况保密。此外,任何单位和个人不得向银行查询储户存款情况,银行工作人员如有违反上述原则的现象,应视情节轻重追究责任。

（二）储蓄种类

储蓄按期限不同,分为活期储蓄和定期储蓄两大类。其中定期储蓄可分为整存整取、零存整取、整存零取、存本取息、定活两便、协议存款、通知存款、教育储蓄。

按币种不同,可分为人民币储蓄、外币储蓄。

在我国,商业银行在大多数城市已基本实现了电脑储蓄。办理电脑储蓄业务的处所,建立有单独的连通系统,并在管辖行和各储蓄所分别设立地区计算机中心、本所计算机中心和终端机进行联网。业务发生后,由终端机输入本所计算机中心的小型计算机,然后再定时或批量输入区计算中心的主计算机。电脑储蓄亦应遵守"钱账分管"、"现金收入业务先收款后记账"、"现金付出业务先记账后付款"的基本规定。随着计算机记账代替手工记账,银行将提供更多,更好的服务来满足储户的需要。

二、活期储蓄存款业务的核算

(一)开户规定

活期储蓄存款的特点是:一元起存,多存不限,随时存取,不定期限。适用于居民生活待用货币的存储。活期储蓄分为支票户和存折户两种。支票户的存取手续,与单位支票户存款的存取手续相同。这里只介绍存折户活期储蓄的核算手续。

储户第一次存入活期储蓄存款,应填写"活期储蓄存款凭条"。需填写存款日期、户名、存款金额等。同时,储户必须提供本人身份证,写明身份证号、住址、联系电话等内容。填好凭条后,连同现金一并交存银行。银行记账员审查凭条和清点现金无误后,开立并登记活期储蓄存款分户账,根据凭条登记"开销户登记簿",填写活期储蓄存折,在存款凭条中注明"新开户"字样。若储户要求凭密码支取,应在分户账和存折上加盖"凭密码支取"戳记,以存款凭条代收入传票。其会计分录如下:

借:库存现金
　　贷:吸收存款——活期储蓄存款——××户——本金

记账员复点现金,并同凭条填写金额核对无误后,在复核处盖私章,凭条上盖"现金收讫"章,存折上盖业务公章及经手人章,凭条留存,据以登记分户账,存折交给储户。

(二)续存

储户续存时,首先应填写存款凭条,连同存折和现金一并交记账员,记账员检验存折、审查凭条、点收款项无误后,调出该账户,同存折核对相符,登记入账并结出存款余额。会计分录与开户时相同。按存入金额查应计利息数,结出本次利息余额,然后核点账款无误盖章,凭条留存,将存折退给储户。

(三)支取

活期储蓄存款支取时,储户应填写"活期储蓄取款凭条"。取款人连同凭条和存折一起交银行,凭密码支取的,应在取款时核对密码。银行记账员根据

取款凭条,抽调出账户,同存折核对相符后,以取款凭条代现金付出传票,凭以登记存折、分户账。其会计分录如下:

　　借:吸收存款——活期储蓄存款——××户——本金
　　　贷:库存现金

经复核无误后,将取款凭条留存,将存折和现金交给取款人。

（四）销户

储户支取全部存款不再续存时,称为销户。储户应按存款余额填写取款凭条,银行凭以记账,并结出利息的最后余额,填写在凭条上,再填制两联储蓄存款利息清单,在存折和分户账上加盖"结清"或"销户"戳记。经复核无误后,以取款凭条代现金付出传票,连同第一联利息清单,凭以支付存款本息,结清的存折作付出传票的附件。其会计分录如下:

　　借:吸收存款——活期储蓄存款——××户——本金
　　　利息支出
　　贷:库存现金
　　　应付税费——代扣利息税

同时登记"开销户登记簿",第二联利息清单连同现金交储户。

三、定期储蓄存款业务的核算

定期储蓄存款是指存入时约定存款期限,一次或分次存入本金,到期一次或分次支取本金和利息的一种储蓄方式。

定期储蓄存款按存取方式不同,可分为整存整取、零存整取、整存零取和存本取息等。

（一）整存整取定期储蓄存款业务的核算

整存整取定期储蓄存款是本金一次存入,约定存期,到期一并支取本息的储蓄存款。此种储蓄 50 元起存,多存不限,存期分为三个月、半年、一年、二年、三年、五年 6 个档次。

1. 开户

储户来银行开户时,应填写整存整取定期储蓄存款凭证,连同身份证件和现金交银行。银行审核凭证和身份证件,根据存款凭证的金额清点现金。经点收无误后,填制一式三联整存整取定期储蓄存单,第一联代现金收入传票办理转账,第二联作存单退储户保管,第三联作卡片账由银行留存。其会计分录如下:

　　借:库存现金
　　　贷:吸收存款——定期储蓄存款——整存整取定期储蓄存款××户

同时,登记开销户登记簿。如储户要求凭印鉴支取,则除了在第一、第三联上预留印鉴外,各联均应加盖凭印鉴支取戳记和经办人名章。

2. 支取的核算

(1)到期支取。储户持到期存单取款时,抽出该户卡片账与存单核对,凭印鉴支取的,还应核对印鉴;若大额支取还应出示身份证件。银行审核无误后,按规定计算出应付利息,将利息分别填写在存单和卡片账上,销记开销户登记簿,同时填制两联利息清单,以存单代现金付出传票办理转账。其会计分录如下:

借:吸收存款——定期储蓄存款——整存整取定期储蓄存款××户

利息支出——定期存款利息支出户

贷:库存现金

应付税费——代扣利息税

将现金、利息清单(第二联)、身份证件交于客户。

(2)过期支取。储户持过期存单取款时,其处理手续与到期支取相同,但利息计算应包括到期利息和过期利息。

(3)提前支取。存款尚未到期,储户如急需用款,可以凭本人身份证件办理全部提前支取或部分提前支取。

全部提前支取时,应交验存款人身份证件,经查验无误后,在存单背面摘录证件名称、号码、发证机关,然后在存单和卡片账上加盖"提前支取"戳记,并按提前支取规定计付利息。其余手续与到期支取相同。

部分提前支取时,除对支取部分按提前支取办法支付本息并注销原存单外,对未取部分应另开新存单,并在新存单上注明原存入日期、利率和到期日以及"由××号存单部分转存"字样。其会计分录如下:

借:吸收存款——定期储蓄存款——整存整取定期储蓄存款××户
　　　　　　　　　　　　　　　　　(全部本金)

利息支出——定期储蓄利息支出户(提前支取部分利息)

贷:库存现金(提前支取部分应给储户的本息)

定期储蓄存款——整存整取定期储蓄存款××户(续存本金)

应付税费——代扣利息税

(二)零存整取定期储蓄存款业务的核算

零存整取定期储蓄存款是存款时约定期限,每月固定存入一定数额本金,到期一次支取本息的一种储蓄存款。存期分为一年、三年、五年3个档次。5

元起存,多存不限。这种储蓄存款每月存入一次,如中途漏存一次,应在次月补存。未补存者或漏存次数在一次以上的,视同违约,存折上打印违约标志,对违约后存入的部分,支取时按活期利率计息。

1. 开户和续存

储户申请开户时,应填写零存整取储蓄存款凭条,连同身份证件和现金交经办人员。银行审核凭证和身份证件,根据存款凭证的金额清点现金。经点收无误后,凭以开立零存整取储蓄存款存折,登记分户账、开销户登记簿。其分户账按所编列账号排列保管,并以存款凭条代现金收入传票,办理转账。其会计分录如下:

借:库存现金
　　贷:吸收存款——定期储蓄存款——零存整取定期储蓄存款××户

经复核后,存折和身份证件交于储户。凭印鉴支取的,应预留印鉴,并加盖凭"印鉴支取"的戳记。储户在存期内续存时,应将存折与分户账核对相符后,再按与开户手续相同的程序办理。

2. 支取

储户持存折来银行支取时,账折见面,计算利息,在存折和分户账上填记本金、利息和本息合计数,同时填写利息清单,销记开销户登记簿。其会计分录如下:

借:吸收存款——定期储蓄存款——零存整取定期储蓄存款××户
　　利息支出——定期存款利息支出户
　　贷:库存现金
　　　　应付税费——代扣利息税

定期储蓄存款业务的过期支取、提前支取,比照整存整取。

(三)存本取息定期储蓄存款业务的核算

存本取息定期储蓄存款是指本金一次存入,在约定存期内分次支取利息,到期支取本金的一种储蓄存款。存本取息通常以5 000元起存,多存不限,由银行发给存款凭证,到期一次支取本金,利息凭存单分期支取,由储户与银行商定每月或几个月支取一次。其存期分为一年、三年、五年。

1. 开户

储户申请开户时,应填写一式三联定期存本取息储蓄存单,连同身份证件和现金交经办人员。存单各联的用途及核算手续与整存整取相同,但签发存单时,银行经办人员应根据存入金额、存期、利率和取息次数,计算出每次应付

利息金额,填入存单的有关栏目内。其会计分录如下:

借:库存现金

贷:吸收存款——定期储蓄存款——存本取息定期储蓄存款××户

2. 支取利息

储户在存期内按约定时间持存单来银行支取利息时,应填写存本取息定期储蓄取息凭条。经办人员审核无误后,将取息日期和取息金额记入存单和卡片账,凭条作"利息支出"科目传票。其会计分录如下:

借:利息支出——定期存款利息支出户

贷:库存现金

应付税费——代扣利息税

如储户到期未取利息,以后可以随时支取,但利息不计复利。在储户支取本金比照整存整取。

(四)整存零取定期储蓄存款业务的核算

整存零取定期储蓄存款是本金一次存入,约定存期,分次支取本金,到期支取利息的一种储蓄存款。其最低起存金额为 1 000 元人民币,存期分为一年、三年和五年 3 个档次。

整存零取定期储蓄存款的核算手续与存本取息基本相同,开户时应在存单内填写取本金次数和每次支取数额。

(五)定活两便储蓄存款业务的核算

定活两便储蓄是一种本金一次存入,不约定存期,可随时一次支取本息的存款方式。

它既有活期之便,又有定期之利。一般以 50 元起存,多存不限。存单分为记名和不记名两种。记名的可以挂失,不记名的不可以挂失。记名式定活两便储蓄存款的会计核算手续基本上与整存整取定期储蓄相同。不记名式存单一般固定面额,分 50 元和 100 元两种,可以在约定范围内通存通兑。

(六)通知储蓄存款

个人通知储蓄是一次存入本金,由银行发给存折,不约定存期,支取时需提前通知银行(提前一天或七天),约定支取时间和金额,一次或多次提取存款的储蓄。

个人通知储蓄存款的起存金额为 5 万元。最低支取金额为 5 万元,存款人需一次存入,一次或分次支取。利率以取款当日中国人民银行公告的利率为准(目前,一天通知存款利率为 1.08%,七天通知存款利率为 1.62%)。

(七)教育储蓄

教育储蓄是储户为了支付正就读于中、小学的子女将来完成非义务教育所需的费用而进行的零存整取的定期储蓄。它是银行为学生量身定做的一个理财品种。凡在校小学四年级(含四年级)至高中的在校学生,都可以参加教育储蓄。

教育储蓄办理开户时,须持储户本人(学生)户口簿或居民身份证开立存款账户。教育储蓄到期后,凭存折及相应证明一次支取本息。

教育储蓄为零存整取定期储蓄存款。最低起存金额为 50 元,每月固定存额,分月存入,中途如有漏存,应在次月补存,未补存者按零存整取定期储蓄存款的有关规定办理。教育储蓄存期分为一年、三年、六年。每一账户本金合计最高限额为 2 万元。

教育储蓄各档次利率按一年期、三年期在开户日按中国人民银行公告的同期整存整取定期储蓄存款利率计付利息;六年期按开户日中国人民银行公告的 5 年期整存整取定期储蓄存款利率计付利息(以上为取款时能提供"证明"的储户享受)。取款时能提供"证明"的储户可以享受免收利息税的优惠。

四、储蓄所日结和事后监督

日结是储蓄所每天账务处理的最后环节。由于储蓄所是非独立核算单位,其账务通过并表或并账方式纳入其管辖行进行账务处理。因此,在每日营业终了,储蓄所经过结账、对账之后,应向其管辖行报账。

(一)储蓄所日结的处理

1. 储蓄所的结账和对账

(1)按储蓄种类,分别存、取款凭条,编制有关储蓄科目现金或转账借贷方传票。

(2)汇总所有利息清单,编制利息支出科目现金借方传票。

(3)编制营业汇总储蓄日报表,营业汇总储蓄日报表是反映当日全部储蓄业务情况的报表,是轧平和核对账务的有力工具。编制方法如下:根据有关科目日结单分别填入有关储蓄类别发生额借、贷栏,并结出余额;根据开销户的传票,登记开、销户栏,计算结存户数;核对开销户情况。储蓄日报表中的储蓄开销户数,应与新开户的账户及收回的存单(折)核对相符。

(4)核对空白重要凭证。储蓄日报表中的空白重要凭证的本日结存数,应与本日各种重要凭证的实际结存数相符。

（5）定期（最少一个月）通过各种储蓄分户账余额与储蓄有关科目余额核对相符，以保证账务的正确。

（二）管辖行的账务处理和事后监督

1. 账务处理

基层储蓄所的业务是管辖行业务的一部分，每日营业终了，应将储蓄所的业务并入管辖行储蓄业务中。账务合并方式有并账式和并表式两种。

（1）并账式的处理。管理行收到储蓄所填送的传票和储蓄日报表，经审核无误，对各储蓄存款科目应按储蓄所分别立账，并根据储蓄传票登记在有关账户内。管理行轧账时，将储蓄传票视同本身传票一起处理。

（2）并表式的处理。采用并表式的储蓄所，自己有一套独立完整的账务体系。管辖行对储蓄所账务不设分户账，将日报表同管理行同日的日报表合并，编制全辖汇总日计表。

2. 事后监督

（1）审核凭证、报表。对各基层储蓄所报表的凭证、报表应认真审查，包括凭证内容是否完整，金额有无错误，账簿记载是否正确，利息计算有无错误，签章是否齐全等。

（2）逐笔事后复核监督。管辖行对储蓄所的各类储蓄存款应设立明细分户账进行监督。由于银行电算化的普及，各大中城市的储蓄所大多已采用微机进行事后监督。一般是对原始凭证进行二次记账，即在审查凭证、日报表无误的基础上，将各类凭证按新开户、续存、支取、销户等类型进行清分，然后将各种凭证输入微机，由微机进行逐户逐日核对监督。

五、存单（折）的挂失

储户将存单、存折遗失，可向其开户行申请挂失。为了保护储户切身利益和国家财产安全，银行应慎重处理。存单、存折的处理方法如下：

储户遗失存单、存折来银行申请挂失时，应填写挂失申请书一式三联，并提供本人身份证明。银行查明确没有支付时，以挂失申请书第一联留存备查；第二联加盖公章后交给储户，作为日后换取新存单（折）的凭证；第三联凭以登记"储蓄挂失登记簿"。

在挂失卡片账上用红笔注明"×××年×月×日挂失"字样，以防冒领。银行在挂失七天后，经过核对查实，没有发现问题和异议，储户可凭申请书第二联于七天后来行办理补发新存单（折）手续。补发时，应注销原户，另开新户。新存单（折）仍按原起息日计息，并在原账页及开销户登记簿上注明"挂失结清"字样，以便日后查考。

第四节 存款利息的核算

一、利息计算的一般规定

（一）计息范围

商业银行吸收存款人资金,除财政性预算内存款以及有特殊规定的款项不计利息外,应按规定支付利息。会计部门应按结息期和计算方法,准确地计算利息。对于应付而未付的存款利息按权责发生制进行核算。

（二）计息时间

存期是存款的时间,一般说存期"算头不算尾",也就是存入日计算利息,支取日不计算利息,其计算方法是从存入日算至支取的前一日为止。

具体计算利息时,对定期存款与活期存款的存期计算有所不同。

定期存款计算利息时,按照存期"算头不算尾"的方法,从存入日算至支取的前一日为止。存期一般按对年、对月计算,对年按三百六十天计算,对月按三十天计算。

单位活期存款除非清户,一般均连续不间断发生存取款业务,因此,活期存款利息一般采取定期结息的做法,即按季结计利息。具体方法是采用余额表或乙种账计算计息积数,对活期存款的存期也就按照实际天数计算,所谓实际天数就是按照日历天数,大月按三十一天计算,小月按三十天计算,平月按二十八天(或二十九天)计算。

个人储蓄的活期存款按季度计算利息,每季末月 20 日为结息日,从上季末月 21 日至本季末月 20 日。

单位和个人的定期存款其利息的计算,根据存期的档次,于存款到期日,利随本清。单位存款利息不需要交纳利息税,个人储蓄存款利息税根据国家有关规定计算利息税的交纳。我国的利息税始于 1950 年,当年颁布的《利息所得税条例》规定,对存款利息征收 10％(后降为 5％)的所得税,1959 年利息税停征,1999 年根据第九届全国人民代表大会常务委员会第十一次会议《关于修改〈中华人民共和国个人所得税法〉的决定》于 11 月 1 日再次恢复征收,税率为 20％,2007 年 8 月 15 日税率由 20％降至 5％,2008 年 10 月 9 日起暂免征收利息税。

因此,我国利息税实行分段计算征免,居民储蓄存款在 1999 年 10 月 31 日前至 1959 年孳生的利息,不征收个人所得税;1999 年 11 月 1 日至 2007 年 8 月 14 日孳生的利息,按照 20％的税率征税;2007 年 8 月 15 日至 2008 年 10 月

8 日孳生的利息,按照 5％的税率征税;2008 年 10 月 9 日起孳生的利息,实行暂免征收个人所得税的规定。

(三) 利息计算公式

$$利息＝本金(存款金额)×存期×利率$$

本金元位起息,元位以下不计息。计算的利息保留到分位,分位以下四舍五入。利率是指一定存款的利息与存款本金的比率。利率由国务院授权中国人民银行制定与公布,各金融机构执行。

利率表示:年利率％、月利率‰、日利率‰。

在运用利率时应注意相互关系:

$$年利率÷12＝月利率$$
$$月利率÷30＝日利率$$

二、单位存款利息的核算

(一) 单位活期存款利息的核算

由于活期存款存取频繁,存款余额经常发生变动,因此,银行在实际工作中通常采用。

累计日积数法计息。累计日积数是各存款账户每日最后余额的逐日累计数,计算公式如下。

1. 余额表计息

采用该方法计息,银行会计部门每日营业终了,将各计息分户账的最后余额按户抄列在积息余额表内(当日余额未变动的,照抄上日余额)。如遇错账冲正,应在余额表的"应加积数"、"应减积数"栏内调整计息积数。结息日,逐户将全季的累计积数乘以日利率,即得出各户应计利息数。其计算公式如下:

$$利息＝累计应计息日积数×(月利率÷30)$$

【例 1】 某公司 3 月 21 日至 6 月 20 日活期存款账户累计积数为1 800 000元,由于错账冲正应加积 90 000 元,累计应计息积数1 890 000元,月利率0.3‰。其利息和会计分录如下:

$$利息＝1 890 000×(0.3‰÷30)＝18.9(元)$$

借:利息支出　　　　　　　　　　　　　　　　18.90
　贷:吸收存款——活期存款——××单位活期存款户　　18.90

2. 账页计息

采用乙种账结计利息的,存款账户使用带积数的乙种账。当存款人存款账户发生资金收付后,按前一次最后余额乘以该余额的实存天数计算出积数,记入账页的"日数"和"积数"栏内。如更换账页,应将累计积数过入新账页第一行内,待结息日营业终了,加计本结息期内的累计天数和累计积数,以积数乘以日利率,即可得出应付利息数。计算方法与会计分录同上。

（二）单位定期存款利息的核算

单位定期存款的利息计算采取利随本清的办法,即在存款到期日支取本金的同时一并计付利息。

【例2】 某单位存入银行定期存款 900 000 元定期一年,年利率为 2.25％,3月20日到期,该单位于4月7日来行支取,支取日活期存款年利率为 0.72％,其利息和会计分录如下:

$$到期利息 = 900\,000 \times 1 \times 2.25\% = 20\,250(元)$$
$$逾期利息 = 900\,000 \times 17 \times (0.72\% \div 360) = 3\,672(元)$$

借:利息支出　　　　　　　　　　　　　　　　　　　23 922
　　贷:吸收存款——定期存款——××单位定期存款户　　　23 922

三、储蓄存款利息的核算

（一）活期储蓄存款利息的核算

按规定活期储蓄存款按季结息,银行按当日活期储蓄存款挂牌利率结计利息,每季末月20日为结息日,从上季末月21日至本季末月20日。未到结息日清户的,利息按清户日活期储蓄利率计算,算至清户日前一日为止。

活期储蓄存款利息计算方法采用计息积数查算表法,按储户每次存取发生额,随时查出计息积数,结出积数余额。结息日或清户日,以积数余额乘以当日活期储蓄存款利率,并按国家规定税率代扣利息所得税后,即为储户应得利息。

（二）定期储蓄存款利息的核算

1. 整存整取定期储蓄存款利息的计算

根据《储蓄管理条例》的规定,整存整取定期储蓄存款在原定存期内的利息,一律按存入日银行挂牌公告的利率计付利息,存期内遇利率调整,不分段计息;整存整取定期储蓄存款未到期,储户全部或部分提前支取的,提前支取部分按支取日活期储蓄存款利率计息,其余部分到期时,按原存入日挂牌公告的定期储蓄存款利率计息;整存整取定期储蓄存款过期支取的,除约定自动转存的以外,其超过原定存期的部分,按支取日活期储蓄存款利率计息。其应付利息计算公式如下:

应付利息＝本金×存期×利率

实付利息＝应税利息×（1－税率）

整存整取定期储蓄存款计息举例如下：

【例3】 储户孙力2001年6月10日存入整存整取定期储蓄存款40 000元，定期一年，年利率为2.25％。该档利率2002年2月21日调至1.99％，该储户2002年6月10日到期支取。其利息和会计分录如下：

应付利息＝40 000×2.25％＝900(元)

代扣利息税＝900×20％＝180(元)

实付利息＝900－180＝720(元)

借：利息支出	900
贷：吸收存款——定期储蓄存款	720
应付税费——代扣利息税	180
借：吸收存款——定期储蓄存款	40 720
贷：库存现金	40 720

2. 零存整取定期储蓄存款利息的计算

零存整取定期储蓄存款按约定存期到期支取的计息，根据不同情况，可以采用不同的计算方法。在实际工作中，常用的计算方法有固定基数法、月积数法和日积数法三种。

固定基数法是指事先算出每元存款利息基数，到期乘以存款余额的计息方法。这种方法适用于存款逐月全存，到期支取的计息。其利息计算公式如下：

每元存款利息基数＝(1＋存款月数)÷2×月利率

【例4】 储户周伍于2004年9月18日来银行办理零存整取定期储蓄存款，月存500元，存期一年，利率为1.425‰，于次年9月18日支取。其利息如下：

每元存款利息基数＝(1＋12)÷2×1.425‰＝0.009(元)

应付利息＝6 000×0.009＝54(元)

扣除利息所得税＝54×20％＝10.8(元)

实付利息＝54－10.08＝43.2(元)

有关三年、五年期存款也可以按各档次利率，参照上述公式算出基数，乘以存款余额，计算应付利息。

月积数法是适用于存款已到期,但有漏存月份情况下的计算利息的方法。将零存整取储蓄存款分户账的每月存款余额乘以所存月数,就是月积数。到期支取时,按月积数之相乘以同档月利率,即为应付利息数。

日积数法,即储户每次来存款时,根据存入发生额乘以业务发生日至存款到期日的天数(算头不算尾),取得计息积数,按"存加取减"的原则,结出积数余额。到期日,以积数余额乘以存入日约定利率即为应付利息数。如储户提前支取,则按"存加取减"的原则,从积数余额中扣除未存满约定存期所产生的积数(即提前支取金额乘以提前支取日算至到期日的天数),结出计息积数,乘以支取日银行挂牌公告的活期储蓄存款利率,即为应付利息数。

过期支取的应付利息为到期息与过期息之和。到期息按正常规定计算,过期息则按最后余额与过期月数及支取日挂牌公告的活期储蓄存款利率计息;提前支取可比照整存整取定期储蓄存款的计息办法计算利息,不满整月的零头天数不计利息。

3. 存本取息定期储蓄存款利息的计算

存本取息每次支取利息数的计算公式如下:

$$每次支取利息数 = (本金 \times 存款月数 \times 月利率) \div 支取利息次数$$

【例5】 储户郑旺于2006年6月10日存入本金100 000元,存期一年,月利率为1.65‰,每3个月支取利息一次。其利息如下:

$$每次支取利息数 = (100\,000 \times 12 \times 1.65‰) \div 4 = 495(元)$$
$$扣除利息所得税 = 495 \times 20\% = 99(元)$$
$$实付利息 = 495 - 99 = 396(元)$$

4. 整存零取定期储蓄存款利息的核算。

在这种储蓄存款方式下,到期计息可采用本金平均数法和月积数法。

本金平均数法的计息公式如下:

$$到期应付利息 = (全部本金 + 每次支取本金额) \div 2 \times 存期 \times 利率$$

【例6】 储户赵力一次存本金30 000元,一年期,每月支取一次2 500元。月利率为1.65‰,最后一次支取日期为到期日,连同利息一并支取。其利息如下:

$$到期应付利息 = (30\,000 + 2\,500) \div 2 \times 12 \times 1.65‰ = 321.75(元)$$
$$代扣利息税 = 321.75 \times 20\% = 64.35(元)$$
$$实付利息 = 321.75 - 64.35 = 257.40(元)$$

储户在存期内若要求部分提前支取,可提前支取一至二次,但必须在以后月份内停取一至二次。剩余款项的支取日按原定日期不变。如果提前支取全部余额,则根据实存金额及实存日期,按规定的活期储蓄利率计息;过期支取,可比照零存整取储蓄存款原则办理。

(三)定活两便储蓄存款利息的计算

定活两便储蓄存款的利息,根据实际存期同档的整存整取定期储蓄利率,按一定的折扣计算。不满规定存期的按活期利率计算。具体规定为:存期不满三个月的,按支取日挂牌公告的活期利率计算;存期三个月以上(含三个月)不满半年的,整个存期按支取日挂牌公告的整存整取三个月定期储蓄利率打六折计息;存期半年以上(含半年)不满一年的,整个存期按支取日挂牌公告的整存整取半年定期储蓄利率打六折计息;存期在一年以上的(含一年),无论存期多长,整个存期一律按支取日整存整取一年期定期储蓄利率打六折计息。

第五节 存款的后续计量

一、金融负债的后续计量

根据《企业会计准则第 22 号——金融工具确认和计量》第三十三条规定:"企业应当采用实际利率法,按摊余成本对金融负债进行后续计量。但是,下列情况除外:

(一)以公允价值计量且其变动计入当期损益的金融负债,应当按照公允价值计量,且不扣除将来结清金融负债时可能发生的交易费用。

(二)与在活跃市场中没有报价、公允价值不能可靠计量的权益工具挂钩并须通过交付该权益工具结算的衍生金融负债,应当按照成本计量。

(三)不属于指定为以公允价值计量且其变动计入当期损益的金融负债的财务担保合同,或没有指定为以公允价值计量且其变动计入当期损益并将以低于市场利率贷款的贷款的贷款承诺,应当在初始确认后按照下列两项金额之中的较高者进行后续计量:

1. 按照《企业会计准则第 13 号——或有事项》确定的金额;

2. 初始确认金额扣除按照《企业会计准则第号——收入》的原则确定的累计摊销额后的余额。"

商业银行吸收的客户存款属于金融负债中的其他金融负债,即没有划分为以公允价值计量且其变动计入当期损益的金融负债。对其的后续计量,应当采用实际利率法,按摊余成本进行计量。

二、实际利率法

所谓实际利率法,就是指按照金融资产或金融负债的实际利率计算其摊余成本及各期利息收入或利息费用的方法。

实际利率是指将金融资产或金融负债在预期存续期间或适用的更短期间内的未来现金流量,折现为该金融资产或金融负债当前账面价值所使用的利率。

三、存款的摊余成本

商业银行吸收存款的摊余成本,是指该金融负债的初始确认金额,减去已偿还的本金,加上或减去采用实际利率法将该初始确认金额与到期日之间的差额进行摊销形成的累计摊销额。

如果有客观证据表明该金融负债的实际利率与名义利率相差很小,也可以采用名义利率摊余成本进行后续计量。

四、定期存款的后续计量与核算

【例7】　某商业银行吸收客户存款 10 000 元,存期两年,当时名义利率为 5%,到期一次支取本金和利息。按插值法其实际利率为 4.88%。

该项存款的初始计量与后续计量,如图表 3-2 所示。

图表 3-2　　　　　　　　　　　　　　　　　　　　　　　　　　金额单位:元

第一年初始成本	按实际利率计量的利息费用	实际支付利息费用	期末摊余成本
10 000	488	0	10 488
第二年初始成本			期末摊余成本
10 488	512	0	11 000

第一年年初账务处理如下:

借:库存现金　　　　　　　　　　　　　　　　　　　　10 000

　贷:吸收存款——定期存款本金　　　　　　　　　　10 000

如有差额,借记或贷记吸收存款(利息调整)。

第一年年末(资产负债表日)账务处理如下:

借:利息支出　　　　　　　　　　　　　　　　　　　　488

　吸收存款——定期存款(利息调整)　　　　　　　　12

　贷:应付利息　　　　　　　　　　　　　　　　　　　500

支付存入资金利息时：

借：应付利息 500

　贷：吸收存款——定期存款（本金） 500

第二年年末（资产负债表日）账务处理如下：

借：利息支出 512

　贷：吸收存款——定期存款（利息调整） 12

　　应付利息 500

支付存入资金利息时：

借：应付利息 500

　贷：吸收存款——定期存款（本金） 500

支付存款本息时：

借：吸收存款——定期存款（本息） 11 000

　贷：库存现金 11 000

如吸收存款——定期存款（利息调整）有余额，应与利息支出转销。

也可以用名义利率计算摊余成本进行后续计量。

第 四 章

商业银行贷款业务的核算与管理

第一节 贷款业务概述

一、贷款的意义和种类

贷款是指金融企业对借款人提供的、按约定的利率和期限还本付息的货币资金。贷款业务是商业银行的主要资产业务之一,也是银行资金运用的主要形式。商业银行根据国民经济和社会发展的需要,以国家产业政策和区域发展政策为指导,开展贷款业务。商业银行通过发放贷款业务,将一定数量的资金进行循环使用,充分发挥资金的使用效能,满足社会再生产过程中对资金的需求,促进国民经济的发展。商业银行发放贷款应遵循资金使用安全性、流动性和盈利性的原则。

贷款业务按不同的标准划分,主要可分为以下几类。

(一)按贷款期限划分,可以分为短期贷款、中期贷款和长期贷款

短期贷款是指商业银行根据有关规定发放的、期限在一年以下(含一年)的各种贷款;中期贷款是指金融企业发放的贷款期限在一年以上五年以下(含五年)的各种贷款;长期贷款是指金融企业发放的贷款期限在五年(不含五年)以上的各种贷款。

(二)按还款方式划分,可以分为一次偿还的贷款和分期偿还的贷款

一次偿还的贷款是在贷款到期时一次偿还本金,而利息则根据约定,或在整个贷款期间分期支付,或在贷款到期时一次支付。分期偿还的贷款是按年、按季、按月以相等的金额还本付息。

(三)按贷款对象不同,可以将贷款分为公司贷款和个人贷款

公司贷款具体分为流动资金贷款、固定资金贷款、贸易融资、住房信贷和

综合授信等信贷品种。个人贷款又分为个人消费贷款和个人住房贷款,如个人质押贷款、个人汽车消费贷款、个人综合消费贷款、个人小额短期信用贷款和个人助学贷款(包括国家助学贷款和一般商业性助学贷款)等大类个人消费贷款业务品种。

(四) 按贷款的保障条件分,可以分为信用贷款、担保贷款和票据贴现

信用贷款是指银行完全凭借客户的信誉而无须提供抵押物或第三者保证而发放的贷款。这类贷款从理论上讲风险较大,银行通常要收取较高的利息。担保贷款是指具有一定的财产或信用作为还款保证的贷款。根据还款保证的不同,具体分为抵押贷款、质押贷款和保证贷款。票据贴现是持票人向银行贴付一定利息所做的票据转让行为。

(五) 按照自主程度不同,贷款可以分为自营贷款、委托贷款和特定贷款

自营贷款是指商业银行自主发放的贷款,贷款本息由商业银行收回,贷款的风险由商业银行承担,自营贷款构成商业银行贷款的主要部分;委托贷款是指由委托人提供资金,由受托人根据委托人指定的贷款对象、用途、金额、期限和利率代为发放、监督使用并协助委托人收回的贷款。在办理委托贷款业务的过程中,贷款人只收取手续费,并且不承担贷款的风险;特定贷款是指经国务院批准并对贷款可能造成的损失采取相应补救措施后责成国有独资商业银行发放的贷款。此类贷款具有政策性贷款的性质,但又不属于政策性贷款,如扶贫救灾贷款。

(六) 按贷款的质量和风险程度,贷款可分为正常贷款、关注贷款、次级贷款、可疑贷款和损失贷款等五类

正常类贷款指借款人能够履行合同,有充分把握按时、足额偿还本息;关注类贷款指尽管借款人目前有能力偿还本息,但是存在一些可能对偿还产生不利影响的因素;次级类贷款指借款人的还款能力出现了明显问题,依靠其正常经营收入已无法保证足额偿还本息;可疑类贷款是指借款人无法足额偿还本息,即使执行抵押或担保也肯定造成一定损失;损失类贷款是指在采取所有可能的措施和一切必要的法律程序后,本息仍无法收回或只能收回极少部分。按贷款的质量和风险程度划分贷款种类,有利于加强贷款的风险管理,提高贷款质量。同时,有利于金融监管当局对商业银行继续、有效的金融监管。我国已于1998年起要求所有商业银行对贷款进行5级分类管理。

二、商业银行贷款政策

商业银行贷款政策是商业银行指导和规范贷款业务,管理和控制信用风险的各项方针、措施和程序的总称。商业银行的贷款政策主要包括以下几方面的内容。

（一）贷款业务发展战略

由于商业银行属于高风险行业，因此，多数商业银行都将安全性、稳健性作为发展战略的核心主导思想。在安全性、稳健性原则的指导下，根据自身市场定位的不同，制定具体的发展战略。

（二）贷款审批的分级授权

贷款审批的分级授权是商业银行信贷管理的一个重要方面。授权的安排由董事会提出统一原则，由商业银行的最高管理层负责具体操作并将贷款审批分级授权的安排报董事会批准。

贷款审批的授权是根据信贷部门的层次、每一层次信贷部门信贷人员的职务、工作能力、工作经验和工作业绩以及所负责的具体贷款业务的特点，决定每个信贷部门层次和每位信贷人员的贷款审批品种和贷款审批权限。

商业银行的贷款审批通常由三个层次组成：第一层即最高层次是商业银行董事会的贷款审批权，董事会一般对金额特别大、期限特别长的贷款和一些特别的贷款进行审批；第二层为银行信贷委员会的贷款审批权，信贷委员会一般对金额大和期限长的贷款进行审批；第三层为一般信贷人员的贷款审批权，一般信贷人员通常对大量的日常贷款进行独立或集体审批。

（三）贷款的期限结构和品种结构

商业银行贷款的期限结构是指短期贷款、中长期贷款和长期贷款在商业银行贷款总额中的比重。商业银行贷款期限结构的确定，主要受资金来源的期限构成以及借款人的生产周期两个因素影响。贷款的品种结构是指各类贷款在商业银行贷款总额中的比重。贷款的品种结构主要取决于商业银行的市场定位。

（四）关系人贷款政策

银行关系人是指商业银行的董事、监事、高级管理人员、信贷人员及其近亲属，以及上述人员投资或担任高级管理职务的公司、企业或其他经济组织。《中华人民共和国商业银行法》第40条明确规定："商业银行不得向关系人发放信用贷款；向关系人发放担保贷款的条件不得优于其他借款人同类贷款的条件"。商业银行应在金融监管当局关系人贷款管理规定的基础上，制定具体的关系人贷款政策，防止银行关系人以权谋私，损害银行利益。

（五）信贷集中风险管理政策

信贷集中风险是指商业银行的贷款过分集中于一个或一组关系密切、风险特点相同的借款人给商业银行带来的额外风险。商业银行的信贷集中风险主要表现为贷款集中于一个借款人或一组相互关联的借款人；贷款的抵押品单一；贷款集中于某一行业。《中华人民共和国商业银行法》第 39 条规定："商业银行对同一借款人的贷款余额与商业银行资本余额的比例不得超过 10％"。商业银行应当在监管当局有关防范信贷集中风险规定的基础上，制定本行具体的风险管理政策。

（六）贷款定价政策

商业银行贷款定价政策主要由贷款定价方法和贷款定价策略两部分构成。商业银行在长期的经营实践中，形成了多种多样的贷款定价方法，主要有成本相加定价法、价格领导模型定价法以及客户账户盈利分析定价法等。商业银行贷款的定价策略主要有高定价策略、渗透性定价策略、竞争性定价策略、竞争性定价策略、亏损性定价策略以及差别定价策略等。商业银行制定贷款定价政策的目的是将贷款定价的方法与策略结合起来，以指导一定时期内商业银行对各类贷款的定价工作。

（七）贷款的担保政策

《中华人民共和国商业银行法》第 36 条规定："经商业银行审查、评估、确认借款人资信良好，确能偿还贷款的可以不提供担保"。商业银行为防范信贷风险，在办理信贷业务时，通常要求借款人提供相应的担保。商业银行担保政策主要包括以下几方面的内容：商业银行对每类贷款可以接受的担保形式；抵押品的价值评估方法和程序；每类抵押品的最高抵押率；担保人的资格等。

（八）贷款的审批程序和审批政策

贷款审批程序是指商业银行从接到借款人的贷款申请书到决定是否贷款之间的整个过程。而贷款的审批政策与贷款的分级授权相联系，是指当基层信贷员接到信贷请求时，应遵循的贷款的审批程序、审批标准等方面的政策。

（九）贷款的分类政策

贷款的分类方法有很多种，不同国家、不同商业银行对贷款的分类方法也不完全相同。目前在贷款管理中，比较流行的分类方法就是按照贷款的风险程度不同对贷款进行分类。我国 2001 年公布的《商业银行贷款风险分类指导原则》中明确说明商业银行贷款风险分类的具体方法，即将商业银行的贷款具体分为正常、关注、次级、可以和损失五类。

（十）贷款的日常管理和催收政策

高效的贷款日常管理和贷款到期前的积极催收工作是保证贷款安全的基本前提。贷款发放以后，信贷人员应与借款人保持密切联系，了解借款人的业务经营情况和财务状况，定期进行信贷分析，及时发现影响贷款偿还的潜在不利因素,采取措施最大限度地保证贷款本息的及时收回。对于即将到期的贷款,商业银行应制定有效的贷款催收政策,保证贷款本息的安全。

（十一）不良贷款的管理政策

商业银行在经营过程力争保证所发放贷款的及时收回,但由于受各种因素的影响,总有一定比例的贷款逾期无法安全收回,因此,不良贷款也就构成商业银行贷款的必然组成部分。商业银行不良贷款管理政策是商业银行贷款管理政策的一个重要组成部分。商业银行的不良贷款管理政策主要由不良贷款的认定政策、不良贷款形成原因分析以及不良贷款的处理措施等构成。严格按照《中华人民共和国商业银行法》以及《商业银行不良资产监测和考核暂行办法》的规定,制定相应的管理政策,对不良资产进行管理。

（十二）贷款呆账准备金的提取和损失类贷款的核销政策

遵循稳健性原则,商业银行在经营过程中,应计提一定比例的贷款呆账准备金,以防核销对发生的贷款呆账时,影响向商业银行经营结果的真实性。商业银行应制定严格的损失类贷款核销标准、核销程序以及核销的审批制度,以保证商业银行及利益相关者的利益不受损失。

（十三）贷款规模控制政策

商业银行贷款规模是受其资金来源情况限制的,如果贷款规模过大,超过其资金来源能力所限,虽然营利性会相应提高,但其风险也会相应加大,因此,商业银行应根据资金来源情况制定贷款的规模控制政策。金融监管当局通常通过贷存比例和资本充足率两个指标来控制贷款规模。《中华人民共和国商业银行法》规定,商业银行贷款余额与存款余额之比不得超过75%;由于金融监管当局对贷款类资产赋予较高的风险权重,商业银行增加贷款,必然降低资本充足率,因此,商业银行为了维持必要的资本充足率,就必然限制贷款的规模。

（十四）贷款档案管理政策

贷款档案是商业银行贷款发放、管理和收回过程的详细记录,是商业银行信贷管理水平和信贷人员个人素质的综合反映。贷款档案管理政策主要包括贷款档案的管理内容,贷款档案的存档、借阅和检查制度以及贷款档案的保管制度。

三、商业银行贷款业务风险的控制

商业银行开办贷款业务主要面临信用风险、市场风险和经营风险等风险。商业银行经办业务过程中,必须严格按照《中华人民共和国商业银行法》、《贷款通则》、《商业银行资产负债比例管理办法》等法规的有关规定及银行业务处理程序的相关规定,积极进行贷款风险防范。

商业银行为有效防范信贷风险,主要应做好以下工作。

(一)借款人资信状况评价

借款人的资信状况直接关系到商业银行贷款的安全性,因此,商业银行在办理信用贷款时,应严格审查借款人的资信状况,了解客户履约还款的可靠程度,从而有针对性地加强贷款管理。信用分析是商业银行防范贷款信用风险的主要方法。目前国际上较为通用的评价借款人资信状况的标准,简称为"5C"原则。具体内容为:① 借款人品质(Character),是指借款人除具有偿还债务的愿望外,还应具备承担各种义务的责任感;② 借款人能力(Capacity),是指借款人运用借入资金获取利润并偿还贷款的能力;③ 借款人的资本(Capital),是指借款人拥有财产的货币价值状况,该指标反映了借款人的财力和承担风险的能力;④ 借款人贷款担保情况(Collateral),是指借款人为借款能够提供的担保情况。充足的担保可以有效地降低放款人的信用风险;⑤ 借款人的环境条件(Condition),是指借款人自身的经营状况和经营所处的外部环境。

(二)借款人财务状况评价

财务状况评价就是商业银行对借款人财务报表中的有关数据资料进行确认、比较和研究分析,以便掌握借款人的财务状况和还款能力,为银行的贷款决策提供依据。财务分析针对的对象主要为借款客户的资产负债表、损益表和现金流量表等财务报表,通过对一些常用财务比率的比较分析,发现借款人的优势及存在的问题,从而合理进行贷款决策,防范信贷风险的发生。

(三)做好已发放贷款的跟踪监督和到期催收工作

信贷人员在贷款发放以后,应做好贷款的贷后管理工作,这样一方面可以约束借款人按照贷款的用途使用贷款并严格执行贷款合同规定的所有条款,降低借款人发生道德风险的可能性;另一方面可以随时了解、监督借款人的经营状况,在借款人经营状况恶化时,及时采取措施,保护银行贷款的安全。对于即将到期的贷款,信贷人员应做好催收工作,以便按时收回贷款。虽然对于贷款的严格管理并不意味着所有贷款都可按期收回,银行没有不良贷款,但是对于贷款的严格管理肯定有助于使更多的贷款成为优良贷款。

第二节　贷款业务的核算

一、贷款业务的核算要求

商业银行发放贷款主要遵循安全性、流动性和盈利性原则,在进行贷款核算时,尤其是中长期贷款核算主要应遵循以下原则。

（一）本息分别核算

商业银行发放的中长期贷款,应当按照实际贷出的贷款金额入账。期末,应当按照贷款本金和适用的利率计算应收取的利息,分别贷款本金和利息进行核算。

（二）商业贷款与政策性贷款分别核算

由于政策性贷款的发放与国家相关政策导向有密切相关性,而且政策性贷款在利率上也通常具有一定的优惠,因此,商业银行应将政策性贷款与政策性贷款分别核算。

（三）自营贷款和委托贷款分别核算

自营贷款是指商业银行以合法方式筹集的资金自主发放的贷款,其风险由金融企业承担,并由金融企业收取本金和利息。委托贷款是指委托人提供资金,由商业银行(受托人)根据委托人确定的贷款对象、用途、金额、期限、利率等而代理发放、监督使用并协助收回的贷款,其风险由委托人承担。商业银行发放委托贷款时,只收取手续费,不得代垫资金。

（四）应计贷款和非应计贷款应分别核算

非应计贷款是指贷款本金或利息逾期九十天没有收回的贷款。应计贷款是指非应计贷款以外的贷款。当贷款的本金或利息逾期九十天时,应单独核算。当应计贷款转为非应计贷款时,应将已入账的利息收入和应收利息予以冲销。从应计贷款转为非应计贷款后,在收到该笔贷款的还款时,首先应冲减本金,本金全部收回后,再收到的还款则确认为当期利息收入。

二、信用贷款的核算与管理

（一）贷款发放的核算

逐笔核贷是银行发放贷款最常用的核算方式。目前,我国的信用贷款、担保贷款、抵押贷款多采用逐笔核贷的贷款核算方式。这种核算方式的特点是:由借款单位向银行提出申请,银行根据批准的贷款计划,逐笔立据,逐笔审查,逐笔发放,约定期限,一次贷放,一次或分次归还贷款,按照规定利率计收利息的一种贷款核算方式。

借款人申请贷款时,首先向信贷部门提交贷款申请书,经信贷部门审核批准后,双方商定贷款的额度、期限、用途、利率等,并签订借款合同或协议。借款合同必须采取书面形式,必须由当事人双方的法定代表人或凭法定代表人的书面授权证明的经办人签章,并加盖法人公章。如果双方当事人约定合同必须公证或鉴证的,当事人必须管理公证或鉴证手续。借款合同一经签订,具有法律效力,银行和借款人必须共同遵守、履行。借款合同格式如图表 4-1

所示。

图表 4-1

借款合同申请书

借款人		账 号		已借款金额	
申请贷款金 额		还款日期		借款利息（月 息）	
借款用途及 理 由					
借款方 借款单位(章) 负责人(章) 经办人(章)		借款担保方 担保单位(章) 负责人(章)		贷款方 贷款银行(章) 经办人(章)	
银行审核意见：					

上列贷款按银行核定金额,双方商定如下合同,共同遵守:

1. 贷款方应按核定的贷款金额用途,保证按计划提供贷款;否则应按规定付给借款方违约金。
2. 借款单位保证按规定的用途使用贷款,未经贷款方的同意,不得挪作他用。如转移贷款用途,贷款方有权进行处罚,收取罚息、提前收回贷款、停止发放新的贷款等信用制裁措施。
3. 上列借款,借款方应保证按期归还。如需延期使用,借款方最迟在贷款到期前 3 天提出延期使用申请,经贷款方同意办理延期手续。贷款方未同意延期或未办理延期手续的逾期贷款,按政策规定加收 20%～50% 的罚息。
4. 贷款到期一个月后,如借款方未按期归还贷款本息,由担保单位负责为借款方偿还本息和逾期罚息。
5. 本合同一式三份,借款方、贷款方、担保方各持一份。

借款合同签订以后,借款单位需要用款时,应填制一式五联的借款凭证,送信贷部门审批。第一联为借方凭证,第二联为贷方凭证,第三联为回单,代收账通知,第四联为放款记录,第五联为到期卡。经信贷部门审查同意后,在借款凭证上加注贷款编号、贷款种类、贷款期限、贷款利率、银行核定贷款金额等项目,送会计部门注明贷款编号、贷款种类、贷款期限、贷款利率、银行核定贷款金额等项目,送会计部门凭以办理放款手续。借款凭证格式如图表 4-2 所示。

图表4-2

银行(　　贷款)借款凭证(申请书代付出凭证)

单位编号：　　　　　　年　月　日　　　　　　银行编号：

收款单位	名　　　称		借款单位	名　　　称	
	往来户账号			放款户账户	
	开 户 银 行			开 户 银 行	

借款期限		利　率		起息日										
借款申请金额		人民币 (大写)		千	百	十	万	千	百	十	元	角	分
借款原因及用途		银行核定金额		千	百	十	万	千	百	十	元	角	分

银行审批 负责人　信贷部门主管　信贷员	期　限	计划还款日期	计划还款金额

兹根据你行贷款办法规定,申请办理上述借款,请核定贷给。 　　　　　　此致 　银行 (借款单位预留往来户印鉴)	会计分录：借 对方科目：贷 会计　　复核　　记账

会计部门收到借款凭证后,应认真审查信贷部门的审批意见,审核凭证各项内容填写是否正确、完整,大小写金额是否一致,印鉴是否相符等。审核无误后,以第一、第二联借款凭证分别代替借方凭证和贷方凭证办理转账。

企业发放贷款时,设立"贷款"科目进行核算,本科目可按贷款类别、客户,分别"本金"、"利息调整"、"已减值"等进行明细核算。

借：贷款——借款单位户(合同本金)
　　贷：吸收存款——借款单位户(实际支付的金额)

按其差额则借记或贷记：贷款——利息调整

将第三联回单加盖转讫章后交借款单位作为贷款入账的收账通知。第四联会计部门加盖转讫章后送信贷部门作为放款记录留存备查,据以监督贷款的发放和收回。第五联由会计部门在贷款转账手续办妥后,按到期日日期顺序排列,专夹妥善保管,据以监督借款单位按期归还贷款。

（二）贷款收回的核算

按时收回贷款是银行放款的一项重要原则,也是贷款业务核算的重要内容。银行会计部门应经常查看贷款借据的到期情况,在贷款快要到期时,与信贷部门联系,通常提前三天通知借款单位准备还款资金,以便到期时按期还款。收回贷款的核算主要分以下几种情况。

1. 贷款到期,借款单位主动归还贷款

当借款单位主动归还贷款时,应签发转账支票及填制一式四联的还款凭证办理还款手续。还款凭证格式如图表 4-3 所示。

图表 4-3

银行(　　贷款)还款凭证(借方凭证)
年　月　日　　　　　　　合同编号:

借款单位	名　称		付款单位	名　称	
	放款户账号			往来户账号	
	开户银行			开户银行	

还款日期	年　月　日	还款次序	第　　次还款

偿还金额	人民币 (大写)	亿 千 百 十 万 千 百 十 元 角 分

还款内容

由我单位往来划转归还上述借款

(借款单位预留往来账户印鉴)
(银行主动收贷时免盖)

会计分录:借

对方科目:贷

会计　　复核　　记账

银行会计部门收到借款人提交的还款凭证后,应同贷款账簿进行核对,按照借款单位所填的原借款凭证上的银行贷款编号,抽出留存的原到期卡,核对无误后,于贷款到期日办理收回贷款的转账手续。在到期日转账时,应认真核对支票的印鉴,查看借款单位存款账户是否有足够的余额等,以转账支票作为借方凭证,以还款凭证作为附件,以还款凭证第二联作为贷方凭证办理转账。第三联还款凭证转账后由会计部门送信贷部门核销原放款记录。第四联由会计部门在办妥还款转账手续后,在回单上加盖公章,交还借款单位,作为归还贷款的通知。如借款属分次归还,则应在原借据上做分次还款记录。

（1）未减值贷款的处理。资产负债表日，企业应按贷款的合同本金和合同约定的名义利率计算确定的应收利息的金额，作会计分录如下：

借：应收利息
  贷：利息收入（按贷款的摊余成本和实际利率计算
      确定的利息收入的金额）

按其差额则借记或贷记"贷款——利息调整"。

合同利率与实际利率差异较小的，也可以采用合同利率计算确定利息收入。

收回未减值贷款时，应按客户归还的金额，作会计分录如下：

借：吸收存款——借款单位户
  贷：应收利息
    贷款——借款单位户

如存在利息调整余额的，还应同时结转。

（2）减值贷款的处理。资产负债表日，对于减值贷款按应减计的金额，作会计分录如下：

借：资产减值损失
  贷：贷款损失准备

借：贷款（已减值）
  贷：贷款（本金）

按其差额则借记或贷记：贷款——利息调整

同时，应按贷款的摊余成本和实际利率计算确定的利息收入金额，作会计分录如下：

借：贷款损失准备
  贷：利息收入

此外，还需将按合同本金和合同约定的名义利率计算确定的应收利息金额进行表外登记。

收回减值贷款时，作会计分录如下：

借：吸收存款——借款单位户（实际收到的金额）
  贷款损失准备（贷款损失准备余额）
  贷：贷款（已减值）
    资产减值损失（差额）

2. 贷款到期,由银行主动扣收

贷款到期借款人未能主动归还贷款,而其存款账户中的存款余额又足够还款的,会计部门可及时与信贷部门联系,征得同意后,由信贷部门填制"贷款收回通知单",加盖信贷部门业务公章交会计部门。会计部门凭以填制三联特种转账传票,一联代借方传票,一联代贷方传票,一联代收账通知连同注销后的借据第一联一并交借款单位。会计分录同上。

3. 贷款展期

贷款到期由于客观情况发生变化,借款人经过努力仍不能还清贷款的,短期贷款必须于到期日十日以前,中长期贷款必须于到期日一个月以前,由借款人向银行提出贷款展期的书面申请,写明展期的原因,银行信贷部门视具体情况决定是否展期。对同意展期的贷款,应在展期申请书上签署意见,然后将展期申请书交给会计部门。每一笔贷款只能展期一次,短期贷款展期不得超过原贷款的期限,中长期贷款展期不得超过原贷款期限的一半,最长不得超过三年。

会计部门收到贷款展期申请书后,应主要审查以下内容:信贷部门是否批准、有无签章;展期贷款的金额与借款凭证上的金额是否一致;展期时间是否超过规定期限;展期利率的确定是否正确。审核无误后,在贷款分户账及到期卡上批注展期还款利率及还款日期,同时将一联贷款展期申请书加盖业务公章后交借款单位收执,另一联贷款展期申请书附在原借据后,按展期后的还款日期排列。贷款展期不需办理转账手续。

4. 贷款逾期

贷款到期,借款单位事先未向银行申请办理展期手续,或申请展期未获得批准,或者已经办理展期,但展期到期日仍未能归还贷款的,即作为逾期贷款。银行应将贷款转入该单位的逾期贷款账户。银行会计部门与信贷部门联系后,根据原借据,分别编制特种转账借方传票和特种转账贷方传票各两联,凭特种转账借方和贷方传票各一联办理转账,作会计分录如下:

借:逾期贷款——借款单位逾期贷款户

贷:贷款——借款单位贷款户

转账后,将另两联特种转账借、贷方传票作收、支款通知,加盖转讫章和经办人员章后交借款单位。同时,在原借据上批注"××××年×月×日转入逾期贷款"的字样后,另行保管。等借款单位存款账户有款支付时,一次或分次扣收,并从逾期之日起至款项还清前一日止,除按规定利率计息外,还应按实际逾期天数和人民银行规定的罚息率计收罚息。

贷款本金或利息逾期九十天没有收回的贷款通过"非应计客户贷款"科目核算。本科目应按贷款种类设置一级科目再按借款人设户进行明细核算。期末借方余额,反映银行按规定发放的客户贷款余额。

三、抵押贷款的核算与管理

抵押贷款是担保贷款的一种,是银行对借款人以一定财产作为抵押而发放的一种贷款。借款人到期不能归还贷款本息时,银行有权依法处置贷款抵押物,并从所得价款收入中优先收回贷款本息,或以该抵押物折价充抵贷款本息。

抵押贷款适用于经工商行政管理部门登记并具有法人资格的全民、集体工商企事业单位以及我国境内的中外合资经营企业。个体工商户及个人也可以申请抵押贷款。

抵押贷款一般采取逐笔核贷的贷款核算方式。

(一)抵押贷款发放的核算

抵押贷款由借款人向银行提出申请,并向银行提交"抵押贷款申请书",写明借款用途、金额、还款日期、抵押品名称、数量、价值、存放地点等有关事项,同时提交有权处分人的同意抵押(质押)的证明或保证人同意保证的有关证明文件。

商业银行办理抵押贷款,首先应确认抵押物的所有权或经营权,债务人只有拥有对财产的所有权,并具有最终的处分权,才可以作为抵押人向银行申请抵押担保贷款。

商业银行选择的抵押物一般为具有变卖价值和可以转让的物品。没有交换价值,不具有独立性的物品,不能作为抵押物进行抵押。此外,抵押物必须是合法取得的,必须是可以流通,易于变现和处分,抵押物的使用期必须长于借款期,贷款到期后,抵押物的变现价值应大于借款本息。

依据《担保法》第 34 条规定,下列财产可以作为抵押物申请抵押贷款:抵押人所有的房屋和其他地上附着物;抵押人所有的机器、交通运输工具和其他财产;抵押人依法有权处分的国有土地使用权、房屋和其他地上定着物;抵押人依法有权处分的国有的机器,交通运输工具和其他财产;抵押人依法承包并经发包方同意抵押的荒山、荒沟、荒丘、荒滩等荒地的土地使用权。《担保法》第 37 条同时规定下列财产不得进行抵押:土地所有权;耕地、宅基地、自留地、自留山;学校、幼儿园、医院等以公益事业为目的的事业单位,社会团体的教育设施、医疗卫生设施和其他社会公益设施;所有权、使用权不明或者有争议的财产;依法被查封扣押监管的财产;依法不得抵押的其他财产。

抵押贷款经银行信贷部门审查同意后,由借款人同银行签订抵押贷款借款合同,并将抵押品或抵押品产权证明移交银行。合同及有关资料,如银行认为有必要公证的,应由公证机关对其真实性、合法性进行公证。对易受灾害侵害的抵押物,借款方应办理财产保险,并将保单交银行保管。如发生损失,银行可以从保险赔偿中收回抵押贷款。

对于有关抵押品,银行应签发"抵(质)押品代保管凭证"一式两联,一联交借款人,另一联由银行留存。同时登记表外科目,收:代保管有价值品。

抵押贷款中,流动资金贷款最长不超过一年,固定资金贷款一般为一至三年,最长不超过五年。

抵押贷款通常不是按抵押品价值全额贷放,而是按抵押品价值的一定比例贷放贷款。这个比率通常称为抵押率,抵押率的计算公式如下:

$$抵押率 = 1 - \frac{抵押物预计贬值率}{抵押物现值} \times 100\%$$

商业银行在办理抵押贷款时,抵押率一般控制在 80% 以下,对于一些科技含量高、更新速度快的机器设备抵押率还会更低,一般控制在 50% 以下。

借款人使用贷款时,由信贷部门根据确定的贷款额度,填写一式五联的借款凭证,签字后加盖借款人的预留印鉴,经信贷部门有关人员审批后,与抵押贷款有关单证一并送交会计部门。

会计部门收到信贷部门转来的有关单证,经审查无误后,根据有关规定及借款人的要求办理转账。作会计分录如下:

借:抵押贷款——借款人贷款户

贷:吸收存款——借款人存款户

(二)抵押贷款收回的核算

抵押贷款到期,借款人应主动提交还款凭证,连同银行出具的抵押品代保管收据,办理还款手续,其会计分录如下:

借:吸收存款——借款人存款户

贷:抵押贷款——借款人贷款户

利息收入——抵押贷款利息收入户

同时销记表外科目,原抵押申请书作为表外科目付出传票的附件,作会计分录如下:

　　付：代保管有价值品

　　（三）逾期抵押贷款的核算

　　抵押贷款到期，借款单位如不能按期归还贷款本息，银行应将其贷款转入逾期贷款科目核算，并按规定计收罚息。出现下列情况，银行有权依法处理抵押物品：借款合同履行期满，借款人未按期偿还贷款本息，又未同银行签订贷款展期协议或申请展期未经批准的；抵押期间，借款人死亡、无继承人获受遗赠人的；借款人的继承人拒绝偿还贷款本息或继承人放弃继承的；借款人被解散、宣布破产或依法撤销的；其他可以依法处分抵押物的情形。银行处理抵押品主要有两种方式：作价入账和出售。

　　《担保法》第 53 条规定：债务履行期届满抵押权人未受清偿的，可以与抵押人协议以抵押物折价或者以拍卖、变卖该抵押物所得的价款受偿；协议不成的，抵押权人可以向人民法院提起诉讼。银行实现抵押权的形式主要有三种，即拍卖、变卖抵押物或提起诉讼。

　　1. 将抵押品作价入账的核算

　　将抵押品作价入账时，应按抵押贷款本金及应收利息之和作价进行账务处理，其会计分录如下：

　　　　借：固定资产
　　　　　　贷：逾期贷款——借款人户
　　　　　　　　应收利息——应收抵押贷款利息户
　　　　　　　　累计折旧

　　2. 出售抵押品的核算

　　银行按规定拍卖借款人的抵押品时，应以拍卖所得的净收入抵补抵押贷款本息。

　　（1）净收入高于贷款本息。根据《担保法》规定，若拍卖所得净收入高于贷款本息之和，其差额归抵押人所有，其会计分录如下：

　　　　借：库存现金（或××存款）
　　　　　　贷：逾期贷款——借款人户
　　　　　　　　应收利息——应收抵押贷款利息
　　　　　　　　其他应付款——抵押人

　　金融企业财务制度规定，金融企业对抵押物处理取得的净收入大于放款本息的，其差额应计入金融企业的当期损益。

　　（2）拍卖或变卖净收入不足以清偿贷款本息。若拍卖所得净收入不足以抵偿贷款本息及处理费用,债务人应以其他资产拍卖或变卖偿还贷款本息。但抵押权人(银行)不再享有优先受偿权。抵押人如果为第三人而非债务人,抵押人不负责剩余未清偿贷款本息,而只能由债务人承担。

如果债务人拍卖或变卖其他财产之后仍然无法清偿债务,对于符合规定的低于贷款本金不足部分,从贷款损失准备中核销,应收利息从坏账准备中核销。其会计分录如下:

借:库存现金(或××存款)

　　贷款损失准备

贷:逾期贷款——借款人户

四、质押贷款的核算与管理

(一)质押和抵押的区别

质押是指债务人或第三人将其动产移交债权人占有或将某项权力出质,以该动产和权力作为债权的担保。债务人不履行债务时,债权人有权依法按照法律规定的程序和方式以该动产或权力,折价或以拍卖、变卖该动产或权力的价款优先受偿的制度,质押分为动产质押和权利质押。

抵押不转移抵押物的占有,而动产质押转移质押物的占有。抵押没有权力抵押,即权利不能作为抵押物,但权力是可以作质押的。

(二)动产质押

动产质押是指债务人或第三人将其动产移交债权人战友,将其动产作为债权的担保。在质押关系中,债务人或第三人为出质人,债权人为质权人,移交的动产为质物。出质人与质权人应以书面形式订立质押合同,质押合同自质物移交质权人占有时生效。质押合同应包括被担保的主债权种类、金额;债务人履行债务的期限;质物的名称、数量、质量、状况;质押担保的范围;质物的处理方式及价格;质物移交的时间;质物毁损灭失的风险责任;当事人需要约定的其他事项。

动产的质押贷款与抵押贷款相比,主要存在两个优点:一是办理质押贷款时,商业银行可以直接占有质押物,可以有效防止质物的损坏或灭失;二是只要质物转移给质权人占有,质押合同即刻生效。当同一财产法定登记的抵押权与质押权并存时,抵押权人优先于质权人受偿。但质押贷款也有其自身的弊端,这就是如何保证质物的安全。《担保法》第69条规定质权人负有妥善保管质物的义务。因保管不善致使质物毁损或灭失的,质权人应承担民事责任。

债务履行期届满，债务人履行债务的，或者出质人提前清偿所担保债权的，质权人应当返还质物。债务履行期届满，质权人未得到清偿的，质权人可以与出质人协议以质物折价、依法拍卖或者变卖质物。

（三）权利质押

可以办理权利质押的权利主要包括：汇票、支票、本票、债券、存款单、仓单、提单；依法可以转让的股份、股票；依法可以转让的商标权、专利权、著作权中的财产权；依法可以质押的其他权利。

以汇票、支票、本票、债券、存款单、仓单、提单出质的，应当在合同约定期限内将权利凭证交付质权人。质押合同自权利凭证交付之日起生效。

以载明兑现或提货日期的汇票、支票、本票、债券、存款单、仓单、提单出质的，汇票、支票、本票、债券、存款单、仓单、提单兑现或提货日期先于债务履行期的，质权人可以在债务履行期届满前兑现或者提货，并与出质人协议将兑现的价款或者提取的货物用于提前清偿所担保的债权或者向与出质人约定的第三人提存。如果兑现或提货日期后于所担保债权清偿期的，质权人可以于担保债权清偿期届满时，直接向债务人请求给付，但以出质人担保的债权为限。

以依法可以转让的股票出质的，出质人与质权人应当订立书面合同，并向证券登记机构办理出质登记，质押合同自登记之日起生效。股票出质后不得转让，但经出质人与质权人协商同意的可以转让。

以有限责任公司的股份出质的，适用《公司法》股份转让的有关规定。质押合同自股份出质记载于股东名册之日起生效。

以依法可以转让的商标专用权、专利权、著作权中的财产权出质的，出质人与质权人应当订立书面合同，并向有关管理部门办理出质登记，质押合同自登记之日起生效。

不得转让的票据不得质押。

关于质押贷款的具体核算，可以比照抵押贷款的核算手续进行。

五、下贷上转贷款的核算与管理

下贷上转贷款是针对县以下非独立核算的农副产品收购点，在收购旺季由基层银行就地直接发放贷款给收购点，然后基层行把贷放的款项定期上划转入其上级主管单位开户行的贷款账户，作为上级单位借款的一种辅助贷款核算方式。

主管单位为基层收购点申请开立下贷上转账户办理贷款时，应向其开户银行填送贷款申请书和收购点支款印鉴卡。经信贷部门审核同意后，会计部门应将借款申请书列入专夹保管,并按照借款申请书的规定,将基层采购点名称、借款用途、限额、上划期限等事项,以书面形式,随同收购点印鉴卡一并通知收购点所在地银行办理贷款。收购点所在地银行接到委托下贷上转限额通知及印鉴卡后,在有关科目下为收购点开立下贷上转辅助账户。

收购点可以在贷款额度内支取款项。用款时,填写三联下贷上转支取凭证,一联代借方传票,一联盖章后退给收购点,一联暂时存放专夹保管。经信贷部门审查批准后,交会计部门办理转账手续,其会计分录如下:

借:贷款——短期贷款——主管单位下贷上转户
　　贷:吸收存款——收购点存款户

收购点在支付采购款时,可以签发支票凭证,由其存款账户中支付。

收购地银行应于每日营业终了或定期上划下贷上转贷款。上划时,将辅助账户截止到上划日止的金额,同留存的一联下贷上转支取凭证核对相符后,根据辅助账户分户账的余额,编制特种转账借、贷方传票各两联。一联特种转账贷方传票记下贷上转辅助账户,另一联作为上划通知交收购点。同时,编制辖内往来借方报单和留存的一联辅助账户的分户账卡,一并寄借款单位开户行。其会计分录如下:

借:辖内联行往来
　　贷:贷款——短期贷款——主管单位下贷上转贷款户

主管单位开户行接到下属收购点开户行上划的报单和附件,经审核无误后,以上划的特种转账借方传票记入借款单位贷款账户,另一联特种转账传票连同支取凭证交给借款单位。其会计分录如下:

借:贷款——短期贷款——主管单位贷款户
　　贷:辖内联行往来

若主管单位开户行和收购点所在地银行不是同一银行系统,则在上划时应通过商业银行之间往来进行核算。

下贷上转贷款在贷款到期时,由主管单位开户行按逐笔核贷的贷款核算方式向主管单位收回。正常还款时,由主管单位填制还款凭证,其会计分录如下:

借:吸收存款——主管单位存款户
　　贷:贷款——短期贷款——主管单位借款户
　　　　利息收入——贷款利息收入

六、贷款利息的核算

（一）贷款利息的计算方法

银行发放的各种贷款，除国家有特殊规定和财政补贴外，均应按规定计收利息。贷款利息的计算分为定期收息和利随本清两种。

1. 定期收息

对于定期收息的贷款，银行于每季度末月 20 日营业终了时，利用余额表或分户账页计算累计计息积数，计算利息的公式如下：

$$应收利息＝计息积数×（月利率÷30）$$

2. 利随本清

利随本清也称为逐笔结息的计息方式。贷款到期，借款人还款时，应计算自放款日起至还款之日前一日止的贷款天数，计算利息的公式如下：

$$应收利息＝还款金额×日数÷利率$$

（二）贷款利息的核算

商业银行通过"应收利息"科目核算发放贷款、存放同业、拆出资金等生息资产当期应收的利息。科目应按贷款和垫款种类、拆出资金单位等设置明细账。本科目期末为借方余额，反映银行表内核算的已计提尚未收回的贷款利息、存放同业利息、拆出资金利息等。

企业应按照"本金、表内应收利息、表外应收利息"的顺序收回贷款本金及贷款产生的应收利息。

按期计提贷款应收利息时，商业银行编制"计收利息清单"一式三联，其中：第一联为借方凭证，第二联为支款通知，第三联为贷方凭证。其会计分录如下：

借：应收利息
　　贷：利息收入

收到利息时，其会计分录如下：

借：吸收存款——借款单位户
　　贷：应收利息

当贷款成为非应计贷款时，应将已入账但尚未收取的利息收入和应收利息予以冲销；其后发生的应计利息，应纳入表外核算。贷款成为非应计贷款后，在收到该笔贷款的还款时，首先应冲减本金；本金全部收回后，再收到的还款则确认为当期利息收入。

已转入表外核算的应收利息以后收到时,应按以下原则处理:

(1) 本金未逾期,且有客观证据表明借款人将会履行未来还款义务的,应将收到的该部分利息确认为利息收入。收到该部分利息时,按收到的金额,作会计分录如下:

借:吸收存款——活期或定期存款——存款单位户

贷:利息收入

(2) 本金未逾期或逾期未超过九十天,且无客观证据表明借款人将会履行未来还款义务的,以及本金已逾期的,应将收到的该部分利息确认为贷款本金的收回。收到该部分利息时,按收到的金额,作会计分录如下:

借:吸收存款——活期或定期存款——存款单位户

贷:贷款——短期或中长期贷款——借款单位户

当拆出资金到期(含展期,下同)九十天后仍未收回的,或者拆出资金尚未到期而已计提应收利息逾期九十天后仍未收回的,应将原已计入损益的利息收入转入表外核算,其后发生的应计利息纳入表外核算。

第三节 贴现业务的核算

一、贴现的概念

票据贴现是指票据持有人在票据到期以前,为获得资金而向银行贴付一定的利息所做的票据转让。目前,商业银行办理贴现业务的票据主要是商业汇票。商业汇票按承兑人的不同可以分为商业承兑汇票和银行承兑汇票。商业汇票一律记名,允许背书转让,期限最长不超过六个月。

票据贴现业务严格讲属于贷款的一种,但贴现同一般贷款相比,既有共同之处又有不同点。共同点主要是两者都是银行的资产业务,是借款人的融资方式,银行都要计收利息。不同点主要体现在以下几个方面:① 资金投放的对象不同。贴现贷款以持票人(债权人)为放款对象;一般贷款以借款人(债务人)为放款对象。② 体现的信用关系不同。贴现贷款体现的是银行与持票人、出票人、承兑人及背书人之间的信用关系;一般贷款体现的是银行与借款人、担保人之间的信用关系。③ 计息的时间不同。贴现贷款在放款时就扣收利息;一般贷款则是在贷款到期时或定期计收利息。④ 放款期限不同。贴现贷款通常为短期贷款,期限最长不超过六个月;一般贷款则分为短期和中长期贷款。⑤ 资金的流动性不同。贴现贷款可以通过再贴现和转贴现提前收回资金;一般贷款只有到期才可能收回资金。

二、贴现业务风险成因及风险防范

(一)贴现业务风险成因

1. 非法票据形成的风险

商业银行办理贴现业务主要针对商业汇票,此处所说的非法票据,主要是指贴现申请人所持票据开立不合理,如贴现申请人持有的、不存在商品交易的商业票据、贴现申请人不具备商业汇票承兑、申请资格,企图利用商业汇票贴现套取银行信用等。此外,票据要式不符合规定,如内容不全、背书不符合规定等,商业银行如果对该类票据进行贴现也可能造成信贷风险。

2. 票据使用人资信状况较差形成的风险

票据使用人资信状况较差,不能及时兑付票据所涉资金,不仅影响商品交易关系中债权人的合法权益,也会由此形成贴现贷款的呆账、坏账,给贴现银行造成损失。

(二)风险防范

商业银行办理贴现业务过程中,为有效防范风险,必须严格按照有关规定办理相关业务。

1. 贴现业务申办基本条件及提交的主要资料

贴现申请人欲在商业银行办理贴现业务,必须具备以下基本条件:贴现申请人在贴现银行应开立基本存款账户;与出票人或直接前手之间具有真实的商品交易关系;能够提供与其直接前手之间的增值税发票和商品发运单据复印件;贴现贷款总量不应超过资产负债比例管理的相关比例;内部控制制度必须健全、有效。

贴现申请人办理贴现时应提交贴现申请书;贴现申请人的企业法人营业执照;已承兑未到期的要式完整的承兑汇票;能够证明汇票合法性的凭证;持票人与出票人或其直接前手指间的增值税发票和商品交易合同复印件;贴现申请人近期的财务报表。

2. 贴现商业银行对贴现申请人的审查

商业银行应按照规章制度的有关规定,严格审查贴现申请人的申办资格,以保证商业银行贴现贷款的安全。重点审查持票人是否是依法从事经营活动的企业法人以及其他经济组织;申请贴现的商业票据要式是否齐全、内容是否合法;申请贴现企业的资信状况和经营情况等。

商业银行在收到贴现申请人提交的贴现申请后,银行承兑汇票应以书面形式向承兑银行进行查询(目前商业银行主要办理银行承兑汇票贴现),核实汇票的真实性。未经查询的汇票一律不得办理贴现业务,同时注意,商业银行不得贴现本营业部承兑的商业票据。

三、商业汇票贴现的核算

商业汇票持有者如急需使用资金,可持汇票向开户银行申请贴现。申请时填制一式五联,第一联为贴现借方凭证,第二联为持票人账户贷方凭证,第三联为贴现利息贷方凭证,第四联为银行给持票人的回单,第五联为贴现到期卡。贴现凭证格式如图表 4-4 所示。

图表 4-4

贴现凭证(代申请书)

申请日期　　年　　月　　日　　　　　　　　　第　　号

贴现汇票	种类		号码				持票人	名 称									
	出票日		年　月　日					账 号									
	到票日		年　月　日					开户银行									
汇票承兑人	名称		账号					开户银行									
汇票金额	人民币(大写)								千	百	十	万	千	百	十	元	角	分
贴现率	‰	贴现利息	千	百	十	万	千	百	十	元	角	分	实付贴现金额	千 百 十 万 千 百 十 元 角 分
附送承兑汇票申请贴现,请审核。持票人签字		银行审核				负责人:信贷员			科目:贷对方科目:借复核记账

贴现申请人在第一联凭证上按规定签章后,将凭证及商业汇票一并送交银行信贷部门。信贷部门根据信贷管理办法及结算规定进行贴现审查,后,填写《××汇票贴现审批书》,提出审查意见,按照贷款审批权限,报经相关部门审批。贷款决策部门审查同意后,应在《××汇票贴现审批书》上签署决策意见,并在贴现凭证的"银行审核"栏签注"同意"字样并加盖有关人员名章后,送交会计部门。

会计部门接到贴现凭证及商业汇票后,按照规定的贴现率,计算出贴现利息并予以扣收。贴现利息的计算公式如下:

贴现利息＝汇票金额×贴现天数×（月贴现率÷30）

实付贴现金额＝汇票金额－贴现利息

将按规定贴现率计算出来的贴现利息、实付贴现金额填在贴现凭证有关栏内,办理转账手续。商业银行通过"贴现资产"科目核算办理商业票据的贴现、转贴现和再贴现业务的款项。该科目应按贴现种类和贴现申请人进行明细核算,期末为借方余额,反映银行办理的贴现款项。其会计分录如下:

借:贴现资产——商业承兑汇票或银行承兑汇票(面值)

贷:吸收存款——贴现申请人户

贴现资产——利息调整

同时按汇票金额登记表外科目,收:代保管有价值品。

资产负债表日,应按实际利率计算确定的贴现利息收入的金额,作会计分录如下:

借:贴现资产——利息调整

贷:利息收入

实际利率与合同约定的名义利率差异不大的,也可以采用合同约定的名义利率计算确定利息收入。

四、贴现汇票到期收回贴现款的核算

贴现银行应经常查看已贴现汇票的到期情况。对于已到期的贴现汇票,应及时收回票款。

（一）商业承兑汇票贴现款到期收回的核算

商业承兑汇票贴现款的收回是通过委托收款方式进行的。贴现银行作为收款人,应于汇票到期前,匡算邮程,以汇票作为收款依据,提前填制委托收款凭证向付款人收取票款。在"委托收款凭证名称栏"注明"商业承兑汇票"或"银行承兑汇票"及其汇票号码连同汇票向付款人办理收款,将第五联贴现凭证作为第二联委托收款凭证的附件存放,并在表外科目"发出委托收款登记簿"中进行登记。其他操作程序比照发出委托收款凭证的操作程序办理。

当贴现银行收到付款人开户行划回票款时,其会计分录如下:

借:吸收存款或辖内上存款项或存放中央银行款项

贷:贴现资产——商业承兑汇票

利息收入

同时销记"发出委托收款登记簿"。

如果贴现银行收到付款人开户行退回委托收款凭证、汇票和拒付理由书或付款人未付票款通知书时,对于贴现申请人在本行开户的,可以从贴现申请人账户收取。填制两联特种转账借方凭证,在"转账原因栏"注明"未收到××号汇票款,贴现款已从你账户收取"。一联凭证作为借方凭证,另外一联特种转账借方凭证加盖转讫章,作为支款通知,随同汇票和拒绝付款理由书或付款人未付票款通知书交给贴现申请人,第五联贴现凭证作为贴现科目贷方凭证,办理转账手续。其会计分录如下:

借:吸收存款——贴现申请人存款户
　　贷:贴现资产——商业承兑汇票
　　　　利息收入

若贴现申请人账户余额不足时,则不足部分转做逾期贷款,其会计分录如下:

借:吸收存款——贴现申请人存款户
　　逾期贷款——贴现申请人贷款户
　　贷:贴现资产——商业承兑汇票
　　　　利息收入

(二)银行承兑汇票贴现款到期收回的核算

银行承兑汇票的承兑人是付款人开户银行,信用可靠,不会发生退票情况,贴现银行在汇票到期前,以自己为收款人,填制委托收款凭证,向对方银行收取贴现款。等收到对方银行的联行报单及划回的款项时,其会计分录如下:

借:吸收存款或辖内上存款项或存放中央银行款项
　　贷:贴现资产——银行承兑汇票
　　　　利息收入

期末,应对贴现进行全面检查,并合理计提贷款损失准备。对于不能收回的贴现应查明原因。确实无法收回的,经批准作为呆账损失的,应冲销提取的贷款损失准备,其会计分录如下:

借:贷款损失准备
　　贷:贴现资产——商业承兑汇票或银行承兑汇票

贷款损失准备一经确认,不得转回。

第四节　贷款减值业务的核算

一、资产减值的确认条件

企业应当在资产负债表日对以公允价值计量且其变动计入当期损益的金融资产以外的金融资产的账面价值进行检查,有客观证据表明该金融资产发生减值的,应当计提减值准备。

表明金融资产发生减值的客观证据,是指金融资产初始确认后实际发生的、对该金融资产的预计未来现金流量有影响,且企业能够对该影响进行可靠计量的事项。金融资产发生减值的客观证据,包括下列各项:① 发行方或债务人发生严重财务困难;② 债务人违反了合同条款,如偿付利息或本金发生违约或逾期等;③ 债权人出于经济或法律等方面因素的考虑,对发生财务困难的债务人作出让步;④ 债务人很可能倒闭或进行其他财务重组;⑤ 因发行方发生重大财务困难,该金融资产无法在活跃市场继续交易;⑥ 无法辨认一组金融资产中的某项资产的现金流量是否已经减少,但根据公开的数据对其进行总体评价后发现,该组金融资产自初始确认以来的预计未来现金流量确已减少且可计量,如该组金融资产的债务人支付能力逐步恶化,或债务人所在国家或地区失业率提高、担保物在其所在地区的价格明显下降、所处行业不景气等;⑦ 债务人经营所处的技术、市场、经济或法律环境等发生重大不利变化,使权益工具投资人可能无法收回投资成本;⑧ 权益工具投资的公允价值发生严重或非暂时性下跌;⑨ 其他表明金融资产发生减值的客观证据。

对以摊余成本计量的金融资产确认减值损失后,如有客观证据表明该金融资产价值已恢复,且客观上与确认该损失后发生的事项有关(如债务人的信用评级已提高等),原确认的减值损失应当予以转回,计入当期损益。但是,该转回后的账面价值不应当超过假定不计提减值准备情况下该金融资产在转回日的摊余成本。

二、贷款减值的测试方法

以摊余成本计量的金融资产发生减值时,应当将该金融资产的账面价值减记至预计未来现金流量(不包括尚未发生的未来信用损失)现值,减记的金额确认为资产减值损失,计入当期损益。

预计未来现金流量现值,应当按照该金融资产的原实际利率折现确定,并考虑相关担保物的价值(取得和出售该担保物发生的费用应当予以扣除)。原实际利率是初始确认该金融资产时计算确定的实际利率。对于浮动利率贷款、应收款项或持有至到期投资，在计算未来现金流量现值时可采用合同规定的现行实际利率作为折现率。

短期应收款项的预计未来现金流量与其现值相差很小的，在确定相关减值损失时，可不对其预计未来现金流量进行折现。

对单项金额重大的金融资产应当单独进行减值测试，如有客观证据表明其已发生减值，应当确认减值损失，计入当期损益。对单项金额不重大的金融资产，可以单独进行减值测试，或包括在具有类似信用风险特征的金融资产组合中进行减值测试。

单独测试未发生减值的金融资产（包括单项金额重大和不重大的金融资产），应当包括在具有类似信用风险特征的金融资产组合中再进行减值测试。已单项确认减值损失的金融资产，不应包括在具有类似信用风险特征的金融资产组合中进行减值测试。

金融资产发生减值后，利息收入应当按照确定减值损失时对未来现金流量进行折现采用的折现率作为利率计算确认。

三、坏账准备的核算

金融企业通过"坏账准备"科目对发生的坏账进行核算，期末贷方余额反映已计提的坏账准备余额。计提坏账准备的应收款项包括拆放同业、买入返售资产、其他应收款以及除贷款利息以外的应收利息等。

金融企业应定期或者于每年年度终了，对应计提坏账准备的应收款项进行全面检查，预计各项应收款项可能发生的坏账，对于没有把握能够收回的应收款项，应计提坏账准备，将未来可收回的现金流量（不包括尚未发生的信用损失）按该资产初始确认计算的实际利率折算成现值，与该项资产账面摊余成本进行比较，两者差额确认为坏账损失，提取坏账准备。

计提坏账准备时，其会计分录如下：

借：资产减值损失——计提的坏账准备

贷：坏账准备

商业银行对于不能收回的应收款项应查明原因，追究责任。对有确凿证据表明确实无法收回的，如债务单位已撤销、破产、资不抵债、现金流量严重不足、发生严重的自然灾害等导致停产而在短时间内无法偿付债务的、因债务人逾期未履行偿债义务超过 3 年仍然无法收回的可能性，以及其他足以证明应收款项可能发生损失的证据等，经股东大会或董事会，或行长会议或类似机构

批准确认为坏账损失,冲销计提的坏账准备,其会计分录如下:

借:坏账准备

贷:应收票据或其他应收款等科目

已确认并转销的应收账款以后又收回的,应按实际收回的金额,其会计分录如下:

借:应收票据或其他应收款等科目

贷:坏账准备

同时,

借:银行存款

贷:应收票据或其他应收款等科目

对于已确认并转销的应收款项以后又收回的,也可以按照实际收回的金额,作会计分录如下:

借:银行存款

贷:坏账准备

四、贷款损失准备的核算

金融企业通过"贷款损失准备"科目核算按照规定提取的贷款损失减值准备。本科目应按照单项贷款损失准备和组合贷款损失准备等分别设置明细科目进行核算。贷款损失准备的资产包括客户贷款、拆出资金、贴现资产、银团贷款、贸易融资、协议透支、信用卡透支、转贷款和垫款等,企业(保险)的保户质押贷款计提的减值准备,也在本科目核算。本科目期末为贷方余额,反映银行已计提贷款损失准备金的余额。

银行不承担风险的受托贷款等不计提贷款损失准备。

期末,银行应根据借款人的还款能力、还款意愿、贷款本息的偿还情况、抵押品的市价、担保人的支持力度和银行内部信贷管理等因素,分析其风险程度和回收的可能性,以判断其是否发生减值。如有客观证据表明其发生了减值,应对其计提贷款损失准备。

银行计算的当期应计提的贷款损失准备,为期末该贷款的账面价值与其预计未来可收回金额的现值之间的差额。在计算贷款的预计未来现金流量现值时,应遵循以下原则:① 对于存在减值客观证据的各项重要贷款,银行应逐项计算预计未来现金流量现值(按各项重要贷款的原始实际利率折现,如某项贷款的利率是变动利率则按依合同确定的当前实际利率折现。下同)。② 对于存在减值客观证据的各项非重要贷款,银行可逐项也可对其组合计算预计未来现金流量现值。③ 对于不存在减值客户证据的各项贷款,无论其是否属于重要贷款,均应按类似信用风险特征进行组合,以判断其是否发生减值。如对该组合存在减值的客观证据,应对其组合计算预计未来现金流量现值。以单项或组合计提贷款损失准备的贷款,不应再包括在此类贷款组合中进行减值测试。

资产负债表日贷款发生减值的,按减记的金额,作会计分录如下:

借:资产减值损失——计提贷款损失准备
　　贷:贷款损失准备

对于确实无法收回的各项贷款,按管理权限经批准作为呆账损失时,应冲销提取的贷款损失准备,作会计分录如下:

借:贷款损失准备
　　贷:贷款、贴现资产等科目

已计提贷款损失准备的贷款价值以后又得以恢复,应在原计提的贷款损失准备金额内,按恢复增加的金额,作会计分录如下:

借:贷款损失准备
　　贷:资产减值损失

第五节　贷款的后续计量

一、金融资产的后续计量

根据《企业会计准则第 22 号——金融工具确认和计量》第三十二条规定:

"企业应当按照公允价值对金融资产进行后续计量,且不扣除将来处置该金融资产时可能发生的交易费用。但是,下列情况除外:

(一)持有至到期投资以及贷款和应收款项,应当采用实际利率法,按摊余成本计量。

(二)在活跃市场中没有报价且其公允价值不能可靠计量的权益工具投资,以及与该权益工具挂钩并须通过交付该权益工具结算的衍生金融资产,应当按照成本计量。"

商业银行发放的贷款的后续计量,应当采用实际利率法,按摊余成本进行计量。

二、贷款的摊余成本

商业银行发放的贷款的摊余成本,是指该金融资产的初始确认金额,减去已偿还的本金,加上或减去采用实际利率法将该初始确认金额与到期日之间的差额进行摊销形成的累计摊销额,扣除已发生的减值损失。

如果有客观证据表明该金融资产的实际利率与名义利率相差很小,也可以采用名义利率摊余成本进行后续计量。

三、贷款的后续计量与核算

【例】 某商业银行2005年1月1日向B公司发放五年期5 000万元贷款,合同利率为10%,初始确认该贷款时确定的实际利率为10.53%,贷款每年收取利息500万元。第一、第二、第三、第四、第五年收取利息500万元。每年年末的贷款后续计量如下:

2005年1月1日发放五年期贷款的成本5 000万元。

借:贷款(本金)　　　　　　　　　　　　　　5 000(万元)

贷:吸收存款——活期存款(××存款户)　　　5 000(万元)

(每年收取利息500万元,账务处理省略)

每年年末的贷款后续计量如下:

$$5\,000+5\,000\times10.53\%-500=5\,026.50(万元)$$

2005年年末该贷款的摊余成本5 026.50(万元)。

借:贷款(利息调整)　　　　　　　　　　　　26.50(万元)

贷:利息收入　　　　　　　　　　　　　26.50(万元)

2006年年初该贷款的摊余成本5 026.50(万元)。

$$5\,026.50\times(1+10.53\%)-500=5\,055.79(万元)$$

2006年年末该贷款的摊余成本5 055.79(万元)。

借:贷款(利息调整)　　　　　　　　　　　　29.29(万元)

贷:利息收入　　　　　　　　　　　　　29.29(万元)

2007年年初该贷款的摊余成本5 055.79(万元)。

$$5\,055.79\times(1+10.53\%)-500=5\,088.16(万元)$$

2007年年末该贷款的摊余成本5 088.16(万元)。

借:贷款(利息调整)　　　　　　　　　　　　32.37(万元)

贷:利息收入　　　　　　　　　　　　　32.37(万元)

2008 年年初该贷款的摊余成本 5 088.16(万元)。

$$5\ 088.16 \times (1+10.53\%) - 500 = 5\ 123.94(万元)$$

2008 年年末该贷款的摊余成本 5 123.94(万元)。

借：贷款(利息调整)   35.78(万元)

 贷：利息收入   35.78(万元)

2009 年年初该贷款的摊余成本 5 123.94(万元)。

$$5\ 123.94 \times (1+10.53\%) - 500 = 5\ 163.49(万元)$$

借：贷款(利息调整)   39.55(万元)

 贷：利息收入   39.55(万元)

2009 年年末该贷款的摊余成本 5 163.49(万元)。

2010 年 1 月 1 日收回贷款时：

借：吸收存款或存放中央银行款项   5 163.49(万元)

 贷：贷款——本金   5 000(万元)

  贷款——利息调整   163.49(万元)

每年利息收入、现金流入及年末摊余成本，如图表 4-5 所示。

图表 4-5   金额单位：万元

年份	期初摊余成本(1)	实际利息(2) 按 10.53% 计算	现金流入(3)	期末摊余成本(4) [(1)+(2)-(3)]
2005	5 000	526.50	500	5 026.50
2006	5 026.50	529.29	500	5 055.79
2007	5 055.79	532.37	500	5 088.16
2008	5 088.16	535.78	500	5 123.94
2009	5 123.94	539.55	500	5 163.49

如果第五年 12 月 31 日前有客观证据表明 B 公司发生严重财务困难，银行认定该贷款发生了减值 50 万元。账务处理如下：

借：资产减值损失   50(万元)

 贷：贷款损失准备   50(万元)

同时：

借：贷款——已减值   5 113.49(万元)

 贷：贷款(本金、利息调整)   5 113.49(万元)

收回减值贷款 5 113.49 万元时：

借：吸收存款或存放中央银行款项　　　　　　5 113.49(万元)

　　贷款损失准备　　　　　　　　　　　　　　50(万元)

贷：贷款——已减值　　　　　　　　　　　5 113.49(万元)

　　资产减值损失　　　　　　　　　　　　　　50(万元)

对确实无法收回的减值贷款,经批准后作呆账转销时：

借：贷款损失准备

贷：贷款——已减值

同时转销表外应收未收利息金额。

如以后又收回的,按转销金额恢复。

借：贷款——已减值

贷：贷款损失准备

按实际收到的金额记账时：

借：吸收存款或存放中央银行款项

贷：贷款——已减值

　　资产减值损失(如有差额)

第 五 章

社会支付结算业务的核算与管理

第一节　社会支付结算业务概述

一、社会支付结算的概念和意义

社会支付结算是指单位、个人在社会经济活动中使用票据、信用卡和汇兑、托收承付、委托收款等结算方式进行货币给付及资金清算的行为。

在发达的商品经济社会中,支付结算是货币给付的主要形式。在我国,除少数经济往来的款项按规定可以使用现金结算以外,大量的支付清算活动都必须通过银行的支付结算方式完成。这样做,一方面,可以简化结算手续、缩短结算过程,并有利于加速资金周转、促进商品交易、劳务供应和资金调拨等经济活动的顺利开展,从而有效地促进经济发展;另一方面,银行有效地组织社会支付结算业务,还有利于集中社会闲散资金,稳定和扩大信贷资金来源,还可以有效地监督国民经济活动中资金活动的情况,发挥社会总会计的职能,并通过账户资金的划转节约现金的使用,减少货币发行,调节货币流通,节约社会流通费用。

社会支付结算工作的任务,是根据经济往来组织支付结算,准确、及时、安全地办理支付结算,并按照有关法律、法规、制度和办法的规定管理支付结算,保障支付结算活动的正常进行。

二、社会支付结算的管理体制

社会支付结算的管理体制,实行集中统一和分级管理相结合的办法。支付结算的有关制度和办法,由中国人民银行总行负责统一制定,并由中国人民银行组织、协调、管理和监督全国的社会支付结算工作,协调和处理银行之间的支付结算纠纷。

中国人民银行各省、自治区、直辖市分行,根据统一的支付结算制度,制定实施细则,并报中国人民银行总行备案;根据需要可以制定单项支付结算办法,报经中国人民银行总行批准后执行。中国人民银行分行、支行负责组织、协调、处理本辖区银行之间的支付结算纠纷。

政策性银行、商业银行总行可以根据统一的支付结算制度,结合本行情况和经济活动的需要,制定具体管理实施办法,但必须实现报经中国人民银行总行批准后执行。政策性银行、商业银行总行负责组织、管理、协调本行内的支付结算工作,协调、处理本行内分支机构之间的支付结算纠纷。

根据集中统一和分级管理相结合的支付结算管理体制,各级银行必须在中国人民银行总行的组织、管理之下,努力做好支付结算工作,以扩大商品流通,加速资金周转。

三、社会支付结算业务的核算要求

（一）遵循结算原则

结算原则是办理结算业务的单位和个人以及银行会计部门在组织结算业务核算时所必须遵循的原则。其内容如下。

1. 恪守信用,履约付款

办理社会支付结算业务的单位和个人,必须依照共同约定的民事法律关系内容,享受相应的权利,并承担相应的义务。结算当事人应严格遵守信用,按照事先的承诺,履行资金结算义务,按照规定的付款金额和付款日期完成款项的支付。这项原则是对付款人的约束,也是维护经济合同秩序,保障当事人权利的重要原则。

2. 谁的钱进谁的账,由谁支配

为了保护客户对存款的所有权和自主支配权,银行在办理结算业务时,必须按照收款人的账号及户名,及时地为其收账;对客户支取的款项,必须根据付款人的委托办理付款。银行作为资金结算的中介机构,必须按照委托人的意志行事。对存款人的资金,除国家法律另有规定外,必须由其自己支配,其他任何单位、个人及银行本身都不得对其资金进行干预和侵犯。这项原则旨在维护存款人对于存款资金的所有权或经营权,保证其对资金的自主支配权。这样,既保护了存款人的合法权益,又加强了银行办理结算的责任。

3. 银行不垫款

银行办理支付结算的职责,只是根据客户的委托,进行账户资金的转移。在支付结算业务处理过程中,必须坚持"先付后收,收妥抵用"。客户委托银行代收款项,在款项尚未收妥入账之前,不得支用;客户委托银行代付款项,必须在账户上有足够的存款余额。这项原则旨在划清银行资金和存款人资金的界限,有利于保护银行资金的所有权或经营权,也有利于促使客户以自己所有或经管的财产直接对自己的债务承担责任,保证了银行资金的安全。

(二)疏通支付结算渠道,减少不必要的结算环节,及时、准确地办理支付结算手续

支付结算业务的处理过程,也就是客户资金收付的实现过程。支付结算业务和核算是否及时、准确,不仅关系到个别银行的会计核算工作质量,而且也关系到联行之间乃至跨系统银行之间的资金划拨,直接影响到国民经济各部门、各单位资金周转。因此,银行在办理结算业务的过程中,应尽量疏通支付结算渠道,减少不必要的结算环节,科学地组织凭证传递,做到准确、及时、安全、方便,提高支付结算的社会效益。

(三)规范支付结算行为,维护收款人的权利,明确当事人的责任

银行必须在支付结算行为方面予以约束,即对支付结算的合法有效性提出明确的要求,划清各种界限,以引起结算当事人的重视,明确在何种情况下,银行将不予受理或客户行为无效;银行还必须在支付结算权利方面加以约束,即对于收款人的权利能否受到法律保护,实现自己的权利等方面做出明确的规定;在支付结算责任方面,银行需要对有效防止付款人无理拒付、避免纠纷发生、抑制货款拖欠等事项做出有效的规定。此外,对于支付结算的账户、支付结算的工具等,银行也必须有明确的要求,这些要求目前体现在《银行账户管理办法》、《支付结算办法》、《正确填写票据和结算凭证》等法规制度中。银行应严格执行相应的基本规定,并在业务处理过程中对客户进行宣传和推广。

(四)严格结算纪律,实行结算监督

在支付结算业务的处理过程中,银行首先需要通过对凭证的审查,监督资金的来源和用途,判断有关经济往来是否符合国家的政策、法令和制度,发挥银行的监督职能;其次对违反结算纪律的现象,要按规定进行制裁。

四、社会支付结算的纪律

银行是办理支付结算业务的主体,银行按照支付结算制度办理结算,是维护结算秩序的重要环节。银行的结算纪律归纳起来有以下十条:① 银行办理支付结算,不准以任何理由压票、任意退票、截留挪用客户和他行资金;② 不准无理拒绝支付应由银行支付的票据款项;③ 不准违章签发、承兑、贴现票

据,套取银行资金;④ 不准签发空头银行汇票、银行本票和办理空头汇款;⑤ 不准在支付结算制度之外规定附加条件,影响汇路畅通;⑥ 不准违反规定为单位和个人开立账户;⑦ 不准拒绝受理、代理他行正常结算业务;⑧ 不准改变对企事业单位和个人违反结算纪律的制裁;⑨ 不准受理无理拒付、不扣或少扣滞纳金、罚金;⑩ 不准逃避向人民银行转汇大额汇划款项。

单位和个人是办理支付结算的重要当事人,严格遵守结算纪律,按照结算制度办理结算,是严肃信用制度、维护结算秩序的前提。单位和个人必须遵守的结算纪律包括:① 不准签发没有资金保证的票据或远期支票,套取银行信用;② 不准签发、取得和转让没有真实交易和债权债务的票据,套取银行和他人资金;③ 不准无理拒绝付款,任意占用他人资金;④ 不准违反规定开立账户、出租、出借账户和使用账户。

五、社会支付结算业务的核算特点

银行是全国的支付结算中心,社会支付结算业务在商业银行的各项业务中所占的比重最大,核算手续繁多。商业银行的社会支付结算业务的核算归纳起来有如下特点。

（一）支付结算的核算程序必须以相关法律为依据

凡是与支付结算相关的法律、行政法规以及部门规章和地方规定等,都可以作为办理支付结算业务的法律依据。中国人民银行随时颁布的支付结算方面的政策性文件也是支付结算业务活动所必须遵守的规定。目前,这方面的法律、行政法规以及部门规章和政策性规定主要包括《票据法》、《票据管理实施办法》、《支付结算办法》、《银行账户管理办法》等。这些法律、法规、规章对规范社会支付结算的各个环节的行为、有关各方的权利与义务,以及支付结算业务的会计核算程序等,都做出了明确翔实的规定,从而保证了支付结算活动的规范性。随着金融体制改革的进一步深化,相关的法律法规将会更加完善并与国际惯例接轨,形成较为稳定的支付结算制度。

（二）支付结算业务的处理程序,同支付结算业务的会计处理步骤完全一致

由于支付结算业务主要是办理银行各账户之间资金的转移,而银行各账户资金的收入和付出,又完全需要由会计部门来处理,因而结算业务的处理过程,包括凭证的审查、传递和账务的划转,必然同会计处理过程相统一。可以说,支付结算业务的步骤,是随着会计处理过程的完成而完成的。因此,银行的会计部门必须根据各种不同的票据和支付结算方式,分别进行不同的账务处理手续。

（三）支付结算业务的凭证格式由银行统一制订

单位和个人在办理结算业务时,需要按照业务的要求,选用适当的结算方式和该种结算方式的专用凭证,按规定内容填妥后,送交开户银行办理支付结算业务的有关手续。银行受理时,就以接受和审查这种具有统一格式的外来专用凭证作为业务的起点,并通过这些凭证的传递和使用,完成结算款项的划转。支付结算凭证的格式和联数,虽因业务类型不同而有所区别,但基本应该具备四联并一式套写,使收付款人及双方开户银行在不同的业务环节各持一联,以凭其办理业务和记载账务。这样,有关各方记账的依据完全一致,不容易发生错误;即使发生错误,也易于查对。这种统一格式的凭证一律由银行统一印制和发售,并在相关的法规中公布样本,任何单位和个人不得仿制或自行印制。

六、社会支付结算的方式

社会支付结算的方式是指单位和个人的往来款项通过银行支付的程序和方法。由于需要办理支付结算的单位和个人在商品交易、劳务供应和资金调拨方面有不同的情况和要求,因而就有与之相适应的不同结算方式。

我国的结算方式几经变革,目前主要有银行汇票、商业汇票、银行本票、支票、汇兑、托收承付、委托收款和信用卡等社会支付结算方式。其中,银行汇票、商业汇票、银行本票和支票属于票据结算;汇兑、托收承付和委托收款属于结算方式。按照收付款项的地区不同,属于异地支付结算工具的包括银行汇票、汇兑和托收承付;属于同城结算方式的包括银行本票和支票;属于同城异地均可使用的结算方式包括商业汇票、委托收款和信用卡。

第二节　票据结算业务的核算

一、票据的基本常识

票据一词,可以从广义、狭义两方面理解。广义的票据,泛指经济生活中所有反映一定权利、义务关系的有价证券和凭证,如股票、国库券、发票、提单、保险单、车票等。狭义的票据,是指出票人无条件约定自己或委托第三人支付一定的金额,并可流通转让的有价证券,一般包括汇票、本票和支票。支付结算中使用的票据,是狭义的票据。

一般来讲,票据的基本功能有三个:① 结算功能。即票据可以使经济往来所引起的债权债务关系得以了结和清算;② 信用功能。商品的赊销(或赊购)使买方和卖方之间产生了信用关系,即债权债务关系。这种债权债务关系可以通过票据得到书面确认，因而，票据可被视为建立在商业信用基础上的、反映债权债务的书面凭证；③ 流通功能。票据经过背书可以转让给他人，并能连续多次转让。背书人对票据的付款负有担保责任，所以，票据背书的次数越多，票据付款的担保人就越多，票据的信誉就越高。票据的结算功能、信用功能和流通功能大大节约了现金的使用，有效扩大了流通手段。

能够产生票据权利与义务的法律行为，称为票据行为。主要包括出票、背书、承兑和保证四种。出票是指出票人签发票据并将其交给收款人的票据行为；背书是指在票据背面或者粘单上记载有关事项并签章的票据行为；承兑是指票据的付款人在票据上记载一定的事项，以承诺在票据到期日向持票人支付票据金额的票据行为；保证是指票据债务人以外的第三人通过在票据上记载一定的事项，为特定的票据债务人履行票据债务提供担保，对汇票的债务承担保证责任的票据行为。上述四种票据行为均可独立地发生效力，互不影响，一个票据行为的无效并不影响其他票据行为的效力，这一特性称为票据行为的独立性。同时，四种票据行为还可以划分为基本行为和附属行为。出票是建立票据关系的原始行为，因而称为基本票据行为；背书、承兑和保证均是基于出票行为而产生的，所以称为附属票据行为。

票据还具有相关的权利和责任。票据权利是指持票人向票据的债务人请求支付票据金额的权利；票据责任是指票据的债务人向持票人支付票据金额的义务，事实上，票据责任就是票据债务，是基于债务人特定的票据行为所应承担的义务。票据权利能否实现，直接影响到票据的推广和流通；而票据责任得不到履行，必将引发大量的票据纠纷，使票据的使用陷入困境。因此，我国的票据法将维护票据权利作为重要的立法宗旨，并明确了票据权利的具体内容和票据责任的有关规定。

二、银行汇票的核算

（一）银行汇票的定义

银行汇票是出票银行签发的，由其在见票时按照实际结算金额无条件支给收款人或者持票人的票据。银行汇票的出票人为经人民银行批准办理银行汇票业务的银行，银行汇票的出票银行即为银行汇票的付款人。

（二）银行汇票的基本规定

银行汇票的基本规定包括以下内容：① 单位和个人各种转账结算，均可使用银行汇票。银行汇票可以用于转账，填明"现金"字样的银行汇票也可以用于支取现金。② 银行汇票的出票和付款，全国范围限于中国人民银行和各商业银行参加"全国联行往来"的银行机构办理。跨系统银行签发的转账银行汇票的支付,应通过同城票据交换将银行汇票和解讫通知提交给的同城有关银行支付后抵用。③ 银行汇票的代理付款人是代理本系统出票银行或跨系统签约审核支付汇票款项的银行。代理付款人不得受理未在本行开立存款户的持票人为单位直接提交的汇票。④ 银行汇票的提示付款期限自出票日起一个月。持票人超过付款期限提示付款的,代理付款人不予受理。⑤ 银行汇票的实际结算金额不得更改,更改实际结算金额的银行汇票无效。⑥ 收款人可以将银行汇票背书转让给被背书人,但填明"现金"字样的银行汇票不得转让。未填写实际结算金额或实际结算金额超过出票金额的银行汇票也不得背书转让。⑦ 银行汇票丧失,失票人可以凭人民法院出具的其享有票据权利的证明,向出票银行请求付款或退款。⑧ 银行汇票为记名式,收款人可将银行汇票背书转让给被背书人。⑨ 填明"现金"字样和代理付款人的银行汇票丧失,可以由失票人通知付款人或代理付款人挂失止付。

(三)银行汇票流程图

银行汇票的流程图,如图表 5-1 所示。

图表 5-1

银行汇票流程图

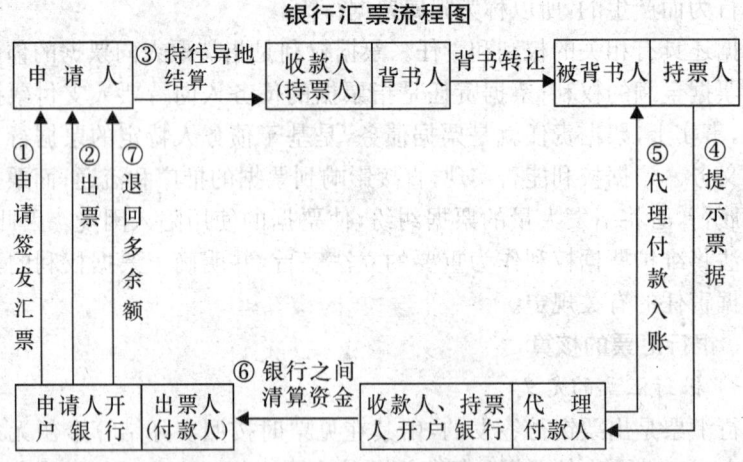

(四)银行汇票的会计核算

1. 汇款人向银行申请汇票

单位或个人需要使用银行汇票,应向银行填写银行汇票申请书一式三联(附样式),第一联存根,第二联借方凭证,第三联贷方凭证。银行汇票申请书的格式,如图表 5-2 所示。

图表 5-2

××银行汇票申请书(借方凭证)

申请日期　年　月　日　　　　第　号

申 请 人		收 款 人		此
账 号 或 住 址		账 号 或 住 址		联 出 票 行 作 借 方 凭 证
用 途		代 理 付 款 行		
汇票金额	人民币 (大写)		千 百 十 万 千 百 十 元 角 分	

上列款项请从我账户内支付

　　　　　申请人盖章

8.5×17.5公分(白纸蓝油墨)

科目(借)＿＿＿＿＿＿＿＿

对方科目(贷)＿＿＿＿＿＿

转账日期　年　月　日

复核　　记账

出票银行受理申请人提交的第二联、第三联汇票申请书时,需详细审查其内容是否填写齐全、清晰,汇票上的签章是否为预留银行的签章;申请书填明"现金"字样的,要看申请人和收款人是否均为个人,且申请人是否交存现金。

对银行汇票申请书的有关内容审查无误后,出票行才可予以受理。

对申请人转账交付的,出票行以第二联申请书作为借方凭证,第三联作为贷方凭证,其转账分录如下:

　　借:活期存款——申请人户(或其他有关科目)

　　　贷:汇出汇款

申请人交付现金的,出票行以第三联申请书作贷方凭证,其会计分录如下:

　　借:库存现金

　　　贷:汇出汇款

出票行办好转账或收妥现金后,即可签发银行汇票(附样式)。签发的银行汇票必须记载下列事项:① 表明"银行汇票"的字样;② 无条件支付的承诺;③ 出票金额(必须大写)④ 付款人名称;⑤ 收款人名称;⑥ 出票日期(必须大写);⑦ 出票人签章。

银行汇票的格式如图表 5-3 所示。

汇票凭证一式四联,第一联卡片,第二联汇票,第三联解讫通知,第四联多余款收账通知。填写的汇票经审核无误后,在第二联上加盖汇票专用章,并由授权的经办人签名或盖章,在实际结算金额栏的小写金额上端用总行同统一制作的压数机压印出票金额,然后连同第三联一并交给申请人。第一联上加盖经办、复核名章,在逐笔登记汇出汇款账并注明汇票号码后,连同第四联一并专夹保管。

图表 5-3

付款期限 壹 个 月	×× 银行 银 行 汇 票(卡片)											

汇票号码

第 号

此联代理付款行付款后作联行往账借方凭证附件

出票日期(大写)	年 月 日	代理付款行:		行号:
收款人:		账号:		

出票金额	人民币(大写)											
实际结算金额	人民币(大写)				千	百	十	万	千	百	十	元 角 分

申 请 人:_____ 账号或住址:_____

出 票 行:____ 行号:____

备 注:_____

凭票付款

出票行签章

	多余金额								科目(借)_____
	千	百	十	万	千	百	十	元 角 分	对方科目(贷)_____
									兑付日期 年 月 日
									复核 记账

10×17.5公分(专用水印纸蓝油墨,出票金额栏加红水纹)
注:汇票号码前加印省别代号

2. 持票人接受并审核汇票

银行汇票的申请人将出票行开给的汇票第二、第三联作为支付手段交给汇票上记名的收款人,用以偿付商品或劳务结算款项。此时,收款人应首先审查下列事项:① 银行汇票和解讫通知是否齐全,汇票号码和记载的内容是否一致。② 收款人是否为本单位或本人。③ 银行汇票是否在提示付款期限内。④ 必须记载的事项是否齐全。⑤ 出票人签章是否符合规定,是否有压数机压印的出票金额,并与大小写出票金额一致。⑥ 出票金额、出票日期、收款人名称是否更改,更改的其他记载事项是否由原记载人签章证明。⑦ 持票人若为被背书人应审查银行汇票是否记载实际结算金额,有无更改,其金额是否超过出票金额;背书是否连续,背书人签章是否符合规定,背书使用粘单的是否按规定签章;背书人为个人的要审查其身份证件。

审查无误后,收款人应在汇票出票金额以内,按实际交易结算款项的金额办理结算,将实际结算金额和多余金额填入银行汇票和解讫通知的有关栏内。否则,银行将不予受理。

3. 持票人向银行兑付汇票

(1) 持票人在代理付款行开立账户。持票人向开户银行提示付款时,应在汇票背面"持票人向银行提示付款签章"处签章,签章须与预留银行签章相同,然后将银行汇票和解讫通知及两联进账单一并送交开户银行。

开户银行接到汇票、解讫通知和两联进账单后,应认真审查:① 汇票和解讫通知是否齐全,汇票号码和记载的内容是否一致。② 汇票是否是统一规定印制的凭证,汇票是否真实,提示付款期限是否超过。③ 汇票填明的持票人是否在本行开户,持票人名称是否为该持票人,与进账单上的名称是否相符。④ 出票行的签章是否符合规定,加盖的汇票专用章是否与印模相符。⑤ 使用密押的,密押是否正确;压数机压印的金额是否由统一制作的压数机压印,与大写的出票金额是否一致。⑥ 汇票的实际结算金额大小写是否一致,是否在出票金额以内,与进账单所填金额是否一致,多余金额结计是否正确。如果全额进账,必须在汇票和解讫通知的实际结算金额栏内填入全部金额,多余金额栏填写为零。⑦ 汇票必须记载的事项是否齐全,出票金额、实际结算金额、出票日期、收款人名称是否更改,其他记载事项的更改是否由原记载人签章证明。⑧ 持票人是否在汇票背面"持票人向银行提示付款签章"处签章,背书转让的汇票是否按规定的范围转让,其背书是否连续,签章是否符合规定,背书使用粘单的是否按规定在粘接处签章。

开户银行审查无误后,将汇票作为借方凭证附件,第二联进账单作贷方凭证,办理转账,其会计分录如下:

　　借:辖内上存款项
　　　贷:活期存款——持票人户(或其他有关科目)

第一联进账单上加盖转讫章作收账通知交给持票人,解讫通知加盖转讫章随联行借方报单寄给出票行。

(2) 持票人未在代理付款行开户。若持票人未在代理付款行开户,代理付款行除按上述要求审查汇票等凭证外,还必须认真审查持票人的身份证件,在汇票背面"持票人向银行提示付款签章"处是否有持票人的签章和注明身份证件名称、号码和发证机关,并要求提交持票人身份证件复印件留存备查。对现金汇票持票人委托他人向代理付款行提示付款的,代理付款行必须查验持票人和被委托人的身份证件,在汇票后面是否作委托收款背书,以及是否注明持票人和被委托人身份证件名称、号码及发证机关,并要求提交持票人和被委托人身份证件复印件留存备查。审查无误后,以持票人姓名开立应解汇款账户,并在该分户账上填明汇票号码以备查考,第二联进账单作贷方凭证,办理转账。其会计分录如下:

借:辖内上存款项
贷:应解汇款——持票人户

"应解汇款"账户只付不收,付完清户,不计付利息。转账支取的,该账户的款项只能转入单位或个体工商户的存款账户,严禁转入储蓄和信用卡账户。

① 原持票人需要一次或分次办理转账的,应由其填制支付凭证,并向银行交验本人身份证件。其会计分录如下:

借:应解汇款——持票人户
贷:存放中央银行款项(或其他有关科目)

② 原持票人需要支取现金的,代理付款行经审查汇票上填写的申请人和收款人确为个人,并按规定填明"现金"字样,以及填写的代理付款行名称确为本行的,可办理现金支付手续;未填明"现金"字样,需要支取现金的,由代理付款行按照现金管理规定审查支付,另填一联现金借方凭证。其会计分录如下:

借:应解汇款——持票人户
贷:库存现金

③ 持票人超过汇票期限,则不能向代理付款行提示付款。持票人须在票据权利时效内向出票银行作出说明,并提供本人身份证件或单位证明,持银行汇票和解讫通知向出票银行请求付款。出票行将汇票款从"汇出汇款"科目转入"应解汇款"科目,再由持票人重新办理申请汇票手续或办理汇兑结算方式将款项汇出。

4. 银行汇票的结清

出票行收到代理付款行寄来的联行报单及解讫通知后,抽出原专夹保管的汇票卡片,经核对确属本行出票,借方报单与实际结算金额相符,多余金额结计正确无误后,按不同情况分别作如下处理:

(1)汇票全额解付。出票行在汇票卡片的实际结算金额栏填入全部金额,在多余款收账通知的多余金额栏填写为零,汇票卡片作借方凭证,解讫通知和多余款收账通知作借方凭证的附件。其会计分录如下:

借:汇出汇款
　　贷:辖内上存款项

同时销记汇出汇款账。

(2)汇票有多余款。出票行应在汇票卡片和多余款收账通知上填写实际结算金额,汇票卡片作借方凭证,解讫通知作多余款贷方凭证。其会计分录如下:

借:汇出汇款
　　贷:辖内上存款项
　　　　活期存款——申请人户(或其他有关科目)

同时销记汇出汇款账,在多余款收账通知多余金额栏填写多余金额,加盖转讫章,通知申请人。

(3)申请人未在出票行开立账户。出票行应将多余金额先转入其他应付款科目,以解讫通知代其他应付款科目贷方凭证。其会计分录如下:

借:汇出汇款
　　贷:辖内上存款项
　　　　其他应付款——申请人户

同时销记汇出汇款账,并通知申请人持申请书存根及本人身份证件来行办理领取手续。领取时,以多余款收账通知代其他应付款科目借方凭证。其会计分录如下:

借:其他应付款——申请人户
　　贷:库存现金

5.银行汇票的退款、挂失和丧失

(1)银行汇票的退款。申请人由于超过付款期限或其他原因要求退款时,应交回汇票和解讫通知,并向出票行提交证明或身份证件。出票行经与原专夹保管的汇票卡片核对无误后,即在汇票和解讫通知的实际结算金额大写栏填写"未用退回"字样,汇票卡片作借方凭证,汇票作附件,解讫通知作贷方凭证(如退付现金,即作为借方凭证的附件)办理转账。其会计分录如下:

借:汇出汇款
　　贷:活期存款——申请人户(或现金及其他有关科目)

同时销记汇出汇款账。多余款收账通知的多余款金额栏填入原出票金额并加盖转讫章作收账通知,交给申请人。

申请人由于短缺收账通知要求退款的,应当备函向出票银行说明短缺原因,并交回持有的汇票,出票行于提示期满一个月后比照退款手续办理退款。

(2)银行汇票的挂失。填明"现金"字样及代理付款行的汇票丧失,失票人到代理付款行或出票行挂失时,应当提交三联"挂失止付通知书"(附样式),由代理付款行或出票行相互通知,以控制付款或退款。

(3)丧失的银行汇票,失票人凭人民法院出具的其享有该汇票权利以及实际结算金额的证明,可以向出票银行请求付款或退款。

三、商业汇票的核算

(一)商业汇票的定义

商业汇票是出票人签发的,委托付款人在指定付款日期无条件支付确定金额给收款人或持票人的票据。商业汇票分为商业承兑汇票和银行承兑汇票两种,商业承兑汇票由银行以外的付款人承兑,银行承兑汇票由银行承兑。商业汇票的付款人即为承兑人。

(二)商业汇票的基本规定

商业汇票的基本规定包括以下内容:

(1)商业汇票的使用,必须是在银行开立存款账户的法人以及其他组织之间,且必须具有真实的交易关系或债权债务关系。出票人不得签发无对价的商业汇票,用以骗取银行或者其他票据当事人的资金。

(2)商业汇票可以在出票时向付款人提示承兑后使用,也可以在出票后先使用,然后再向付款人提示承兑。定日付款或出票后定期付款的商业汇票,持票人应在汇票到期日前向付款人提示承兑;见票后定期付款的汇票,持票人应当自出票日起一个月内向付款人提示承兑。

(3)商业汇票的付款人接到出票人或持票人向其提示承兑的汇票时,应当向出票人或持票人签发收到汇票的回单,记明汇票提示承兑日并签章。付款人应在自收到提示承兑的汇票之日起三天内承兑,或出具证明,拒绝承兑。

(4)汇票的付款期限,最长不得超过六个月。定日付款的汇票,付款期限自出票日起计算;出票后定期付款的汇票,付款期限自出票日起按月计算;见票后定期付款的汇票,付款期限自承兑或拒绝承兑日起按月计算。三种情况都须在汇票上记载具体的到期日。

(5)商业汇票的提示付款期限,自汇票到期日起十天。持票人应在提示付款期内通过开户银行委托收款或直接向付款人提示付款。对异地委托收款的,持票人可匡算邮程,提前通过开户银行委托收款。超过提示付款期,开户银行不予受理。

(6) 符合条件的商业汇票的持票人可持未到期的商业汇票向银行申请贴现。

(三)商业汇票流程图

1. 商业承兑汇票流程图

商业承兑汇票的流程图,如图表 5-4 所示。

图表 5-4

商业承兑汇票流程图

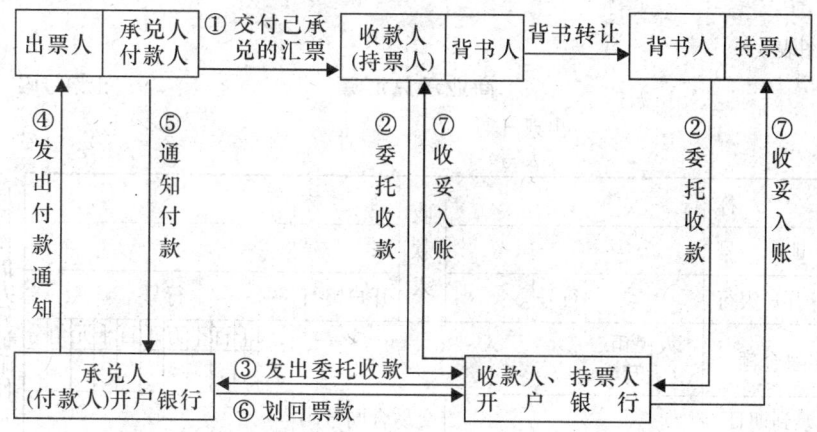

2. 银行承兑汇票流程图

银行承兑汇票的流程图,如图表 5-5 所示。

图表 5-5

银行承兑汇票流程图

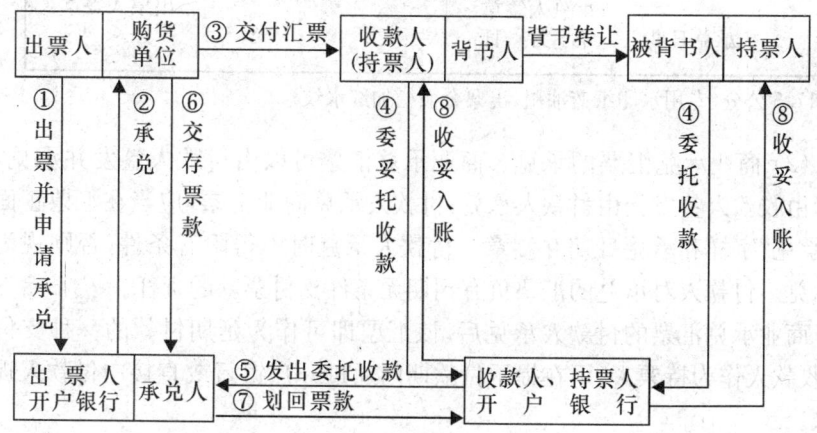

（四）商业承兑汇票的会计核算

1. 商业承兑汇票的签发与承兑

(1) 商业承兑汇票的签发。商业承兑汇票的出票人，必须是在银行开立存款账户的法人以及其他组织，与付款人具有真实的委托付款关系，且具有支付汇票金额的可靠资金来源。签发商业承兑汇票（附样式）必须记载表明“商业承兑汇票”的字样、无条件支付的委托、确定的金额、付款人的名称、收款人的名称、出票日期和出票人的签章。这些内容缺一不可，否则汇票无效。商业承兑汇票的格式，如图表 5-6 所示。

图表 5-6

商业承兑汇票　　　　汇票号码

出票日期（大写）　年　月　日　　　　第　号

<table>
<tr><td rowspan="3">付款人</td><td>全　称</td><td colspan="3"></td><td rowspan="3">收款人</td><td>全　称</td><td colspan="3"></td></tr>
<tr><td>账　号</td><td colspan="3"></td><td>账　号</td><td colspan="3"></td></tr>
<tr><td>开户银行</td><td></td><td>行号</td><td></td><td>开户银行</td><td></td><td>行号</td><td></td></tr>
<tr><td colspan="2">出票金额</td><td colspan="5">人民币（大写）</td><td colspan="3">千 百 十 万 千 百 十 元 角 分</td></tr>
<tr><td colspan="2">汇票到期日</td><td colspan="3"></td><td colspan="2">交易合同号码</td><td colspan="3"></td></tr>
<tr><td colspan="5">本汇票已经承兑，到期无条件支付票款

承兑人签章
承兑日期　年　月　日</td><td colspan="5">本汇票请予以承兑于到期日付款

出票人签章</td></tr>
</table>

此联持票人开户行随委托收款凭证寄付款人开户行作借方凭证附件

10×17.5 公分（专用水印纸蓝油墨，出票金额栏加红水纹）

(2) 商业承兑汇票的承兑。商业承兑汇票可以由付款人签发并承兑，也可以由收款人签发交由付款人承兑；付款人承兑商业汇票，应当在汇票正面记载“承兑”字样和承兑日期并签章。付款人承兑时不得附有条件，否则视为拒绝承兑。付款人对承兑的汇票负有到期无条件支付票款的责任。

商业承兑汇票的付款人承兑后，该汇票即可作为延期付款的一种支付手段，收款人作为持票人，可在提示付款期内通过开户银行或直接向付款人提示付款。

2. 持票人委托开户行收取汇票款

持票人在提示付款期内,委托开户银行收取商业承兑汇票款时,应先填制邮划或电划的委托收款凭证,邮划与电划的区别在于款项划回的方式不同,邮划为邮寄凭证划回款项,电划为拍发电报划回款项。填制委托收款凭证时,还应在"委托收款凭据名称"栏注明"商业承兑汇票"及汇票号码,然后委托收款凭证同汇票一并送交开户银行。

开户银行接到汇票和委托收款凭证后,应认真审查以下内容:① 汇票是否是统一规定印制的凭证,提示付款期限是否超过;② 汇票上填明的持票人是否在本行开户;③ 出票人、承兑人的签章是否符合规定;④ 汇票必须记载的事项是否齐全,出票金额、出票日期、收款人名称是否更改,其他记载事项的更改是否由原记载人签章证明;⑤ 是否作成委托收款背书,背书转让的汇票其背书是否连续,签章是否符合规定,背书使用粘单的是否按规定在粘接处签章;⑥ 委托收款凭证的记载事项是否与汇票记载的事项相符。

开户银行对上述内容审查无误后,即在委托收款凭证各联上加盖"商业承兑汇票"戳记,委托收款凭证第一联加盖业务公章,退给持票人;第二联专夹保管;第三、第四、第五联与商业承兑汇票一并寄交付款人开户行。

3. 付款人开户行收到汇票的处理

付款人开户行收到持票人开户行寄来的委托收款凭证及汇票后,应按前述内容认真进行审核,确定付款人确在本行开户,承兑人在汇票上的签章与预留银行的签章相符,即可将商业承兑汇票留存,委托收款凭证第五联转交给付款人并签收。

付款人接到开户银行的付款通知,应在当日通知银行付款。在接到通知次日起的三日内未通知银行付款的,视同付款人承诺付款,银行应于第四日上午开始营业时,将票款划给持票人。划款时可能出现两种情况:

(1) 付款人的银行账户有足够款项支付汇票款时,将第三联委托收款凭证作借方凭证,汇票加盖转讫章作附件。其会计分录如下:

　　借:活期存款——付款人户(或其他有关科目)
　　　　贷:辖内上存款项

转账后,银行在第四联委托收款凭证上填注支付日期,与联行报单一并寄交持票人开户行,或向持票人开户行拍发电报。

(2) 付款人的银行账户不足支付的,银行应填制付款人未付票款通知书,在委托收款凭证备注栏注明"付款人无款支付"字样,连同汇票一并寄回持票人开户行。处理手续与委托收款结算的无款支付相同。

银行在付款人接到通知日的次日起三日内收到付款人的拒绝付款证明时,应按委托收款结算拒绝付款的手续处理,注明"拒绝付款"的委托收款凭证、拒付证明及汇票均寄回持票人开户行。

4. 持票人开户银行收到划回票款或退回凭证

(1)持票人开户行收到付款人开户行寄来的联行报单及委托收款凭证(或拍来的电报),将原留存的第二联凭证抽出,与收到的凭证相核对。审核无误后,在凭证上填注转账日期,以第二联委托收款凭证作贷方凭证。其会计分录如下:

> 借:辖内上存款项
> 　　贷:活期存款——持票人户(或其他有关科目)

转账后,将第四联委托收款凭证加盖转讫章,作为收账通知交给持票人。

(2)持票人开户行若收到付款人开户行发来的未付票款通知书或拒绝付款证明以及退回的汇票和委托收款凭证,应按委托收款结算时同种情况下的处理手续办理,将未付款通知书或拒绝付款证明及汇票和委托收款凭证一并退还给持票人,并由持票人签收。

(五)银行承兑汇票的会计核算

1. 银行承兑汇票的签发

银行承兑汇票的出票人,必须是在承兑银行开立存款账户的法人以及其他组织,且与承兑银行具有真正的委托付款关系,出票人必须资信状况良好,具有支付汇票金额的可靠资金来源。

银行承兑汇票应由在承兑银行开立存款账户的存款人签发。签发银行承兑汇票必须记载表明"银行承兑汇票的字样"、无条件支付的委托、确定的金额、付款人和收款人的名称以及出票日期和出票人签章。

2. 银行承兑汇票的承兑

银行承兑汇票的出票人或持票人持银行承兑汇票(附样式)向银行提示承兑时,银行的信贷部门须按有关规定和审批程序,对出票人的资格、资信、购销合同和汇票记载的内容进行认真审查,必要时可由出票人提供担保。符合规定和承兑条件的,与出票人签署承兑协议(附样式),一联留存,另一联及副本和第一、第二联汇票一并交本行会计部门。银行承兑汇票和银行承兑协议,如图表5-7、5-8所示。

图表 5-7

银行承兑汇票 汇票号码

出票日期（大写） 年 月 日 第 号

出票人全称			收款人	全称	
出票人账号			收款人	账号	
付款行全称		行号	收款人	开户行	行号
汇票金额	人民币（大写）				千 百 十 万 千 百 十 元 角 分
汇票到期日		本汇票已经承兑，到期日由本行付款 承兑行签章 承兑日期 年 月 日		承兑协议编号	
本汇票请你行承兑，到期无条件付款 出票人签章 年 月 日		备注：		科目（借）…… 对方科目（贷）…… 转账 年 月 日 复核 记账	

此联收款人开户行随委托收款凭证寄付款行作借方凭证附件

10×17.5 公分（专用水印纸蓝油墨）

图表 5-8

银行承兑协议

编号：________

银行承兑汇票的内容：

出票人全称________ 收款人全称________

开 户 银 行________ 开 户 银 行________

账 号________ 账 号________

汇 票 号 码________ 汇票金额（大写）________

出票日期____年____月____日 到期日期____年____月____日

以上汇票经银行承兑，出票人愿遵守《支付结算办法》的规定及下列条款：

一、出票人于汇票到期日前将应付票款足额交存承兑银行。

二、承兑手续费按票面金额千分之（ ）计算，在银行承兑时一次付清。

三、出票人与持票人如发生任何交易纠纷，均由其双方自行处理，票款于到期前仍按第一条办理不误。

四、承兑汇票到期日，承兑银行凭票无条件支付票款。如到期日之前出票人不能足额交付票款时，承兑银行对不足支付部分的票款转作出票申请人逾期贷款，并按照有关规定计收罚息。

五、承兑汇票款付清后，本协议自动失效。

承兑银行签章 出票人签章

订立承兑协议日期____年____月____日

此联出票人存执一联，在“银行承兑协议”之后，第二联加印 2，第三联加印（副本）字样。

25×18 公分（白纸黑油墨）

会计部门接到汇票和承兑协议,应审查汇票必须记载的事项是否齐全,出票人的签章是否符合规定,出票人是否在本行开有存款账户,汇票上记载的出票人名称、账号是否相符,汇票是否为统一规定印制的凭证。审核无误后,在第一、第二联汇票上注明承兑协议编号,并在第二联汇票"承兑人签章"处加盖汇票专用章,并由授权的经办人签名或盖章。由出票人申请承兑的,将第二联汇票连同第一联承兑协议交给出票人;由持票人提示承兑的,将第二联汇票交给持票人,一联承兑协议交给出票人。同时还要按票面金额向出票人收取 5‰ 的手续费。收取手续费的会计分录如下:

> 借:活期存款——承兑申请人户(或其他有关科目)
>   贷:手续费收入

承兑银行将留存的第一联汇票卡片及承兑协议副本专夹保管,并在登记簿上进行登记。

3. 持票人委托开户银行收取汇票款

持票人在提示付款期内,委托开户银行向承兑银行收取票款时,应填制异地邮划或电划委托收款凭证,在"委托收款凭证名称"栏注明"银行承兑汇票"及其汇票号码,连同汇票一并送交开户行。

开户银行按规定要求审查无误后,在委托收款凭证各联上加盖"银行承兑汇票"戳记,委托收款凭证第一联加盖业务公章交持票人,第二联由专夹保管,第三、第四和第五联连同汇票一并寄交承兑银行。

4. 承兑银行到期收取汇票款

承兑银行因留有汇票和承兑协议,故应每天查看汇票的到期情况,对于到期的汇票,应于到期日(法定休假日顺延)向承兑申请人收取票款。承兑银行需填制两联特种转账借方凭证,并在一联特种转账贷方凭证的"转账原因"栏注明"根据××号汇票划转票款"。其会计分录如下:

> 借:活期存款——承兑申请人户(或其他有关科目)
>   贷:应解汇款——承兑申请人户

一联特种转账借方凭证加盖转讫章后作支款通知交给出票人。

出票人账户无款支付的,应在特种转账凭证的"转账原因"栏注明"××号汇票无款支付转入逾期贷款账户",并每日按 5‰ 计收利息。其会计分录如下:

借：逾期贷款——承兑申请人逾期贷款户

贷：应解汇款——承兑申请人户

一联特种转账借方凭证加盖业务公章转交出票人。

出票人账户存款余额不足的,应在特种转账凭证的"转账原因"栏注明"××号汇票划转部分票款",不足部分转入逾期贷款户。其会计分录如下:

借：活期存款——承兑申请人户

逾期贷款——承兑申请人逾期贷款户

贷：应解汇款——承兑申请人人户

一联特种转账借方凭证加盖转讫章作支款通知交给承兑申请人。

5. 承兑银行支付汇票款

承兑银行收到持票人开户行寄来的汇票和委托收款凭证后,应抽出专夹保管的汇票卡片和承兑协议副本,并认真审查以下内容: ① 该汇票是否为本行承兑,与汇票卡片的号码和记载事项是否相符; ② 是否作成委托收款背书,背书转让的汇票,其背书是否连续,签章是否符合规定,背书使用粘单的是否按规定在粘接处签章; ③ 委托收款凭证的记载事项是否与汇票记载的事项相符。

审查无误后,应于汇票的到期日或到期日之后的见票日,按照委托收款划款阶段的处理手续。其会计分录如下:

借：应解汇款——承兑申请人户

贷：辖内上存款项

将委托收款凭证第四上填注支付日期后,同联行报单一并寄持票人开户行,或向持票人开户行拍发电报。

6. 持票人开户行收账

持票人开户行接到承兑银行寄来的联行报单及委托收款凭证或拍来的电报,按照委托收款款项划回的手续处理,将留存的第二联委托收款凭证抽出,与收到的第四联凭证相核对,核对无误后,在第二联凭证上填注转账日期,并以之作为贷方凭证。其会计分录如下:

借：辖内上存款项

贷：活期存款——持票人户(或其他有关科目)

转账后,第四联委托收款凭证加盖转讫章后,作为收账通知交给持票人。

7. 已承兑的银行承兑汇票的注销、挂失和丧失

出票人对未使用已承兑的银行承兑汇票,应到承兑银行申请注销。申请注销时交回第二联、第三联汇票,银行从专夹中抽出该份第一联汇票和承兑协议副本核对相符后,在第一联、第三联汇票备注栏和承兑协议副本上注明"未用注销"字样,将第三联汇票加盖业务公章退交出票人。

已承兑的银行承兑汇票丧失,失票人到承兑银行挂失时,应提交三联挂失止付通知书。承兑银行接到挂失止付通知书,应从专夹中抽出第一联汇票卡片和承兑协议副本,核对相符确未付款的,方可受理。在第一联挂失止付通知书上加盖业务公章作为受理回单,第二、第三联于登记汇票挂失登记簿后,与第一联汇票卡片一并另行保管,凭以控制付款。

已承兑的银行承兑汇票丧失,失票人凭人民法院出具的其享有票据权利的证明向承兑银行请求付款时,银行经审查确未支付的,应根据人民法院出具的证明,抽出原专夹保管的第一联汇票卡片,核对无误后,将款项付给失票人。

四、银行本票的核算

(一)银行本票的定义

银行本票是银行签发的,承诺自己在见票时无条件支付确定的金额给收款人或者持票人的票据。银行本票由银行签发,保证兑付,而且见票即付,信用高,支付功能强。

(二)银行本票的基本规定

银行本票的基本规定包括以下内容:

(1)单位和个人在同一票据交换区域需要支付各种款项时,均可使用银行本票。

(2)银行本票可以用于转账,注明"现金"字样的银行本票可以用于现金支取。

(3)银行本票的出票人为经中国人民银行当地分支行批准办理银行本票业务的银行机构。

(4)银行本票的提示付款期自出票日起最长不得超过2个月。持票人超过提示付款期付款的,代理付款人不予受理。银行本票的代理付款人是代理出票银行审核支付银行本票款项的银行。

(5)申请人因本票超过提示付款期限或其他原因要求退款时,应将银行本票提交到出票银行,并提交单位证明或个人身份证明。出票银行对于在本行开有存款账户的申请人,只能将款项转入其存款账户;对于现金银行本票和

未在银行开立存款账户的申请人,应退付现金。

（6）银行本票丧失,失票人可以凭人民法院出具的其享有票据权利的证明,向出票银行请求付款或退款。

（三）银行本票流程图

银行本票的流程图,如图表5-9所示。

图表5-9

银行本票的流程图

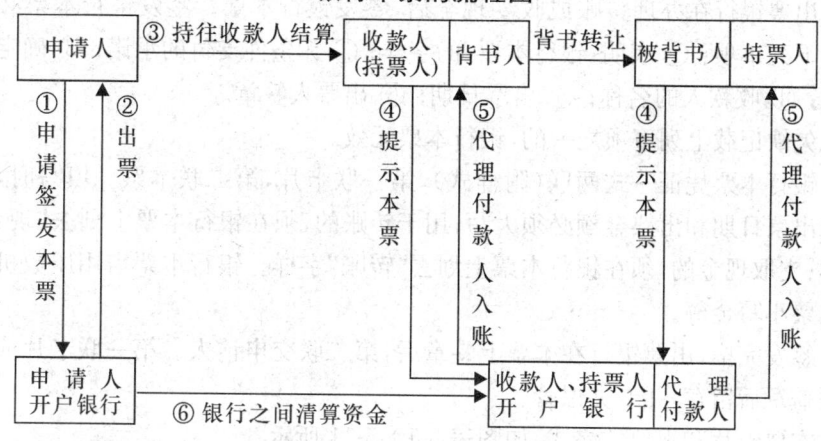

（四）银行本票的会计核算

1. 银行本票出票的核算

申请人使用银行本票,应向银行填写"银行本票申请书"（样式可参考银行汇票申请书）,填写收款人名称、申请人名称、支付金额、申请日期等事项并签章。申请人和收款人均为个人,需要支取现金的,应在"支付金额"栏先填写"现金"字样,后填写支付金额。申请人或收款人为单位的,不得申请签发现金银行本票。

银行本票申请书一式三联,第一联存根,第二联借方凭证,第三联贷方凭证。交现金办理本票的,第二联注销。

出票银行受理银行本票申请书,应认真审查其填写内容是否齐全、清晰;申请书填明"现金"字样的,要审查申请人和收款人是否均为个人。审查无误后,收妥款项并签发银行本票,通过"开出本票"科目进行核算。

出票银行签发银行本票的账务处理如下:

（1）转账交付的,以第二联申请书作为借方凭证,第三联作为贷方凭证。其会计分录如下:

借：活期存款——申请人户(或其他有关科目)

　　贷：开出本票

(2) 现金交付的，以第三联作为贷方凭证。其会计分录如下：

借：库存现金

　　贷：开出本票

出票银行在办理转账或收妥现金后，签发银行本票。签发银行本票必须记载下列事项：① 表明“银行本票”的字样；② 无条件支付的承诺；③ 确定的金额；④ 收款人的名称；⑤ 出票日期；⑥ 出票人签章。

欠缺记载上列事项之一的，银行本票无效。

银行本票凭证一式两联(附样式)，第一联卡片，第二联本票。填写时，本票的出票日期和出票金额必须大写；用于转账的，须在银行本票上划去“现金”字样；支取现金的，须在银行本票上划去“转账”字样。银行本票需用压数机压印出票小写金额。

签发完毕，出票银行在本票上签章后，第二联交申请人。第一联卡片或存根联盖章后留存，并专夹保管。

本票卡片和本票的格式，如图表 5-10、5-11 所示。

图表 5-10

付款期限 ×个月	××银行 本　票(卡片) 1	地名	本票号码
	出票日期(大写)　　年　月　日		第　　号
收款人：			
凭票即付　人民币(大写)			
转　账　　现　金			
备注：		出纳　复核　经办	

此联出票行留存，结清本票时作借方凭证附件

8×17 公分(白纸红油墨)

图表 5-11

××银行本票存根		付款期限 × 个 月	××银行 本　票	地　名　　本票号码
本票号码：IX V00000000				
地名				
收　款　人：		收款人	出票日期　　　年　月　日 （大写）	
金　　额：壹万圆整				
用　　途：		**壹万圆整**		
科　目(借) ………		凭票即付人民币		
对方科目(贷) ………		￥10 000		
出票日期：年　月　日		转账　　现金		
出纳　复核　经办				出票行签章

8×22.5公分　其中正联 17 公分(专用水印纸黑油墨)

2. 银行本票付款的核算

(1) 本票收款人的处理。本票的申请人取得银行本票后,将其用于债权债务的结算,将本票转给相关的收款人。收款人受理银行本票时,应审查下列事项：① 收款人是否确为本单位或个人；② 银行本票是否在提示付款期限内；③ 必须记载的事项是否齐全；④ 出票人签章是否符合规定,不定额银行本票是否有压数机压印的出票金额,并与大写出票金额一致；⑤ 出票金额、出票日期、收款人名称是否更改,更改的其他记载事项是否由原记载人签章证明。

收款人可以将银行本票背书转让给被背书人。收款人或被背书人需在付款期内持本票向银行兑付。

(2) 代理付款行的处理。代理付款行接到在本行开户的持票人直接交来的本票和两联进账单时,应认真审查下列内容：① 本票是否为统一印制的凭证,本票是否真实,提示付款期是否超过；② 本票填明的持票人是否在本行开户,持票人名称是否为该持票人,与进账单上的名称是否相符；③ 出票行的签章是否符合规定,加盖的本票专用章是否与印模相符；④ 银行本票是否有统一制作的压数机压印金额,与大写的出票金额是否一致；⑤ 本票必须记载的事项是否齐全,出票金额、出票日期、收款人名称是否更改,其他记载事项的更改是否由原记载人签章证明；⑥ 持票人是否在本票背面"持票人向银行提示付款签章证明"处签章,背书转让的本票是否按规定的范围转让,其背书是否连续,签章是否符合规定,背书使用粘单的是否按规定在粘接处盖章。

审查无误后,即可办理兑付手续。

当持票人与原申请人在同一行处开户时,代理兑付行兑付的就是本行签发的本票。此时,应以本票第一联代借方凭证,进账单第二联代贷方凭证办理转账。其会计分录如下:

> 借:开出本票
>   贷:活期存款——持票人户(或其他有关科目)

第一联进账单加盖转讫章交持票人作收账通知。

当持票人与原申请人不在同一行处开户时,代理兑付行以进账单第二联代贷方凭证办理转账。其会计分录如下:

> 借:存放中央银行款项(或其他有关科目)
>   贷:活期存款——持票人户(或其他有关科目)

第一联进账单加盖转讫章交持票人作收账通知,本票加盖转讫章。通过同城票据交换将其转给出票银行。

对于跨系统银行代理付款的,根据中国人民银行的规定,代理付款银行可以按同业往来利率向出票银行收取 1 天的利息。代理付款行填制计收利息凭证,加盖同城签证章和票据清算章后,同本票一起通过同城票据交换向出票银行收取款项。其会计分录如下:

> 借:存放中央银行款项
>   贷:金融企业往来收入

持票人向银行兑取现金时,需要认真查验本票上填写的申请人和收款人是否均为个人、收款人和被委托人的身份证件,并要求提交收款人和被委托人身份证件的复印件留存备查。审查无误后,办理付款手续,将本票作为借方凭证,本票卡片或存根联作为附件。其会计分录如下:

> 借:开出本票(或存放中央银行准备金)
>   贷:库存现金

3. 银行本票结清的核算

当持票人与申请人在同一行处开户时,本票付款时即可结清"开出本票"科目;当持票人与申请人不在同一行处开户时,代理付款行通过同城票据交换提出本票,出票行收到交换提入的本票时,抽出专夹保管的本票卡片或存根,经核对相符,确属本行出票,则将本票作为借方凭证,本票卡片或存根作为附

件,办理本票的结清。其会计分录如下:

借:开出本票
　贷:存放中央银行款项

对于同时收到的跨系统银行通过交换划来的计收利息凭证,经核对无误后,办理转账。其会计分录如下:

借:金融企业往来支出
　贷:存放中央银行款项

4. 银行本票的退款、超期付款和挂失

(1) 退款的核算。申请人因本票超过提示付款期限或其他原因要求出票行退款时,应填制一式二联的进账单,连同本票一并交给出票银行,并提交必要的证明或身份证件。出票银行经与原来专夹保管的卡片或存根核对无误后,在本票上注明"未用退回"字样。出票银行将第二联作为贷方凭证,本票作为借方凭证,本票卡片或存根作为附件,办理转账。其会计分录如下:

借:开出本票
　贷:活期存款——申请人户
　　库存现金(或其他有关科目)

第一联进账单加盖转讫章交原申请人作为收账通知。

(2) 超期付款的核算。持票人超过付款期不获付款的,在票据权利时效期内请求付款时,应向出票银行说明原因,并将本票交给出票银行。出票银行经与原专夹保管的本票卡片或存根核对无误,即在本票上注明"逾期付款"字样,办理付款手续。

持票人在出票银行开户的,出票银行以持票人提交的进账单第二联作为贷方凭证,本票作为借方凭证,本票卡片或存根作为附件,办理转账。其会计分录如下:

借:开出本票
　贷:活期存款——持票人户(或其他有关科目)

第一联进账单加盖转讫章交持票人作为收账通知。

作为个人的持票人提交注明"现金"字样的本票,银行应查验取款人的身份证件,查验无误后,作会计分录如下:

借:开出本票
　贷:库存现金

持票人未在出票银行开户的,需填制三联进账单,出票银行以本票作为借方凭证,本票卡片或存根作为附件,办理转账。其会计分录如下:

借:开出本票
　贷:存放中央银行款项

第一联进账单加盖转讫章交持票人作为收账通知,第二联、第三联进账单向持票人开户行提出交换。

持票人开户行收到交换提入的进账单时,以第二联进账单作为贷方凭证办理转账。其会计分录如下:

借:存放中央银行款项
　贷:活期存款——持票人户(或其他有关科目)

第三联进账单加盖转讫章交持票人作为收账通知。

(3) 银行本票的挂失。填明"现金"字样的银行本票丧失,失票人到出票银行挂失止付时,应提交第一联、第二联挂失止付通知书,经出票银行审核无误后,方可受理。出票银行将第一联挂失止付通知书加盖业务公章作为回单交给失票人,第二联登记本票挂失登记簿后,与原本票卡片或存根一并专夹保管,凭以控制付款或退款。

(4) 丧失银行本票付款或退款。丧失的本票,失票人凭人民法院出具的其享有票据权利的证明,向出票银行请求退款或付款时,出票银行经审查确未付款的,分别情况做如下处理:① 出票银行向持票人付款时,应抽出原专夹保管的本票卡片或存根进行核对,无误后,比照超期付款的处理手续,将款项付给收款人。② 出票银行向原申请人退款,应抽出原专夹保管的本票卡片或存根进行核对,无误后,比照银行本票退款的有关手续处理。

五、支票的核算

(一)支票的定义

支票是出票人签发的,委托办理支票存款业务的银行在见票时无条件支付确定的金额给收款人或者持票人的票据。

支票是一种委托式信用证券,分为转账支票和现金支票两种。支票上印有"现金"字样的为现金支票,现金支票只能用于支取现金。支票上印有"转账"字样的为转账支票,转账支票只能用于转账。支票上未印有"现金"或"转账"字样的为普通支票,普通支票即可以用于转账,也可以用于支取现金。在普通支票左上角划有两条平行线的,为划线支票,划线支票只能用于转账,不能提取现金。

支票的格式,如图表 5-12 所示。

图表 5-12

银行支票存根	××银行支票　支票号码: AT045645
支票号码: 出票日期　　年 月 日 收款人: ┈┈┈┈┈ 金　额: ┈┈┈┈┈ 用　途: ┈┈┈┈┈	付款期十天;可以流通转让 ∥ 出票日期(大写)　　年 月 日　　付款行名称: 收款人:　　　　　　　　　　　　出票人账号: 人民币(大写) ┃千百十万千百十元角分 用途━━━━　　　　　　　　复核 上列款项请从 我账户内支付　　　　　　　　记账 出票人签章　　　　　　　　　验印

(二)支票的基本规定

支票的基本规定包括以下内容:

(1)支票的使用范围为同一票据交换区,单位和个人在同一票据交换区域的各种款项结算均可使用支票。

(2)支票的使用涉及出票人、付款人和受款人等。出票人即填制支票的单位或个人。支票的出票人必须是在经中国人民银行当地分行批准办理支票业务的银行机构开立支票存款账户的单位或个人;支票的付款人为支票上记载的出票人开户银行;支票的受款人,即支票上标明的收款单位或个人。

(3)支票的提示付款期限自出票日起 10 日,但人民银行另有规定的除外。对超过提示付款期限的,持票人开户银行不予受理,付款人不予付款。

(4)出票人签发的支票必须记载以下内容:① 表明"支票"的字样;② 无条件支付的委托;③ 确定的金额;④ 付款人的名称;⑤ 出票日期;⑥ 出票人签章。缺乏记载上列事项之一的,支票无效。银行、单位和个人填写的支票是办理支付结算和现金收付的重要依据,直接关系到支付结算的准确、安全和及时。签发支票应使用碳素墨水或墨汁填写。支票的填写必须做到标准化、规范化,要求要素齐全、数字正确、字迹清晰、不错漏、不潦草,不得对支票进行涂改。

(5)禁止出票人签发空头支票,否则银行将按规定予以退票,并按票面金额处以一定比例的罚款。对屡次签发空头支票的,银行应停止其签发支票。出票人签发支票上的签章必须与预留银行的签章相符,使用支付密码的支票,出票人签发的支票上的密码必须与使用的支付密码相符。对签章与预留银行签章不符的支票和支付密码错误的支票，银行应予以退票，并按票面金额处以一定比例的罚款。对屡次发生上述问题的，银行应停止其签发支票。

（三）转账支票的核算

1. 持票人与出票人在同一行处开户的处理手续

持票人与出票人在同一行处开户的处理手续如下：

（1）银行受理持票人交存的支票。银行接受持票人交来的支票和两联进账单时，应对其内容进行严格的审查。具体审查的内容主要包括：① 支票是否为统一规定印制的凭证，支票是否真实，提示付款期是否超过；② 支票填明的持票人是否在本行开户，持票人的名称是否为持票人，与进账单上的名称是否一致；③ 出票人账户是否有足够支付的款项；④ 出票人的签章是否符合规定，与预留银行的签章是否一致，使用密码的，密码是否正确；⑤ 支票的大小写金额是否一致，与进账单的金额是否相符；⑥ 支票必须记载的事项是否齐全，出票金额、出票日期、收款人名称是否更改，其他事项的更改是否由原记载人签章证明；⑦ 背书转让的支票是否按规定的范围转让，其背书是否连续，签章是否符合规定，背书使用的粘单是否按照规定在粘接处签章；⑧ 背书人是否在支票背面做委托收款背书。

转账支票和进账单的格式，如图表 5-13、5-14 所示。

图表 5-13

<table>
<tr>
<td>
××银行转账支票存根
支票号码
科　　目
对方科目
出票日期　　　年　月　日
收款人：
金　额：
用　途：
单位主管　　会计
</td>
<td>本支票付款期限十天</td>
<td>
××银行转账支票　地名　　支票号码：
出票日期（大写）　　年　　月　　日　　付款行名称：
收款人：　　　　　　　　　　　　　　　出票人账号：
人民币（大写）　｜千｜百｜十｜万｜千｜百｜十｜元｜角｜分｜
用途＿＿＿＿　　　　科目（借）＿＿＿＿
上列款项请从　　　　对方科目（贷）＿＿＿＿
我账户内支付　　　　转账日期　　年　月　日
出票人签章　　　　　复核　　　　记账
（使用清分机的，此区域供打印磁性字码）
</td>
</tr>
</table>

8×22.5 公分，正联第 17 公分（底纹按行别分色，大写金额栏加红水纹）

图表 5-14

××银行进账单（贷方凭证）

年　　月　　日　　　　　　　　　　第　　号

出票人	全　称		持票人	全　称		此联由持票人开户银行作贷方凭证
	账　号			账　号		
	开户银行			开户银行		
人民币（大写）					千 百 十 万 千 百 十 元 角 分	
票据种类			科目（贷）			
票据张数			对方科目（借）			
备注：			转账日期　　年　月　日			
			复核　　　　记账			

8.5×17.5公分（白纸红油墨）

对支票进行上述审查无误后，将支票作为借方凭证，以进账单第二联作为贷方凭证办理转账。其会计分录如下：

借：活期存款——出票人户

贷：活期存款——持票人户（或其他有关科目）

进账单第一联加盖转讫章交持票人作为收账通知。

（2）银行受理出票人送交的支票。出票人向银行送交支票时，应填写三联进账单，连同支票一并送交开户银行。银行仍按审查的内容予以审查，审查无误，进行账务处理，会计分录与受理持票人交存支票时相同。转账后，进账单第一联加盖转讫章后，交出票人作为回单；进账单第三联加盖转讫章后作为收账通知，转交收款人。

2. 持票人与出票人不在同一行处开户的处理手续

（1）持票人开户银行受理持票人交存的支票。持票人开户银行收到持票人交存的支票和两联进账单时，仍按前述内容进行审查，审查无误后，在第二联进账单上加盖"收妥后入账"戳记，将第一联进账单加盖转讫章交持票人，支票按照同城票据交换的有关规定，及时提出交换，待退票时间过后，以第二联进账单作为贷方凭证，办理转账。其会计分录如下：

借：存放中央银行款项

贷：活期存款——持票人户

出票人开户银行收到交换提入的支票,也应当按照上述规定对支票的内容进行审查,审查无误后,以支票作为借方凭证,办理转账。其会计分录如下:

借:活期存款——出票人户
　　贷:存放中央银行款项

若支票发生退票,出票人开户银行应将其作为"其他应收款"处理;持票人开户银行则作为"其他应付款"处理。

(2)出票人开户银行受理出票人送交的支票。出票人开户银行接到出票人交来的转账支票和三联进账单时,仍按上述内容进行审查,审查无误后,以支票作为借方凭证办理转账。其会计分录如下:

借:活期存款——出票人户
　　贷:存放中央银行款项

第一联进账单加盖转讫章,交出票人作为回单;第二、第三联进账单盖章后,按照同城票据交换的有关规定,及时提出交换。

收款人开户银行收到交换提入的第二、第三联进账单,审查无误后,以第二联进账单作为贷方凭证,办理转账。其会计分录如下:

借:存放中央银行款项
　　贷:活期存款——收款人户

第三联进账单加盖转讫章交收款人作为收账通知。

现金支票的核算可参照《存款业务的核算》一章中的有关内容。

(四)支票的领购和挂失

银行的存款人需领购支票时,应填写"票据和结算凭证领用单"加盖与预留银行签章相同的签章。银行审核后,收取支票工本费和手续费,在"重要空白凭证领用登记簿"上注明领用日期、存款人名称、支票起止号码等以备核查,然后将支票交存款人。支票账户的存款人结清账户时,必须将全部剩余空白支票交回银行,由银行统一处理。

支票丢失,失票人应及时到支票的付款行办理有关挂失手续,并提交挂失止付通知书,银行审核无误并确定票款未付后,登记"支票挂失登记簿",并在出票人分户账做出标记,凭以掌握止付。

第三节　结算方式的核算

所谓结算方式,是指汇兑、托收承付和委托收款等不使用票据的结算方式。

一、汇兑结算方式的核算

（一）汇兑结算的定义

汇兑结算，是汇款人委托银行将款项汇给收款人的结算方式。作为一种传统的结算方式，汇兑结算便于汇款人向异地的收款人主动汇款。汇兑结算广泛应用于单位和个人的各种款项的结算。

（二）汇兑结算的基本规定

汇款人到银行办理汇兑结算，签发汇兑凭证时，在汇兑凭证上必须记载下列事项：① 表明"信汇"或"电汇"的字样；② 无条件支付的委托，即汇款人对于汇款不得有任何限制付款的条件；③ 确定的金额；④ 收款人的名称；⑤ 汇款人的名称；⑥ 汇入地点、汇入行名称；⑦ 汇出地点、汇出行名称；⑧ 委托日期，指汇款人向汇出银行提交汇兑凭证的当日；⑨ 汇款人签章（或签名）。

欠缺上述记载事项之一的，银行不予受理。

汇兑凭证记载的收款人为个人的、收款人需要到汇入银行领取款项的，汇款人应在汇兑凭证上注明"留行待取"字样；对于留行待取的汇款，需要指定该单位的某个收款人领取的，还应注明收款人的单位名称；信汇凭证上指明凭收款人签章收取的，应在信汇凭证上预留收款人签章。

汇款人如果限定所汇款项不得进行转汇时，应在汇兑凭证的备注栏内写明"不得转汇"的字样。

汇款人和收款人均为个人，需要在汇入行支取现金的，应在信汇或电汇凭证的"汇款金额"大写栏内，先填写"现金"字样，后填写汇款金额。

（三）汇兑结算流程图

汇兑结算的流程图，如图表5-15所示。

图表5-15

汇兑结算的流程图

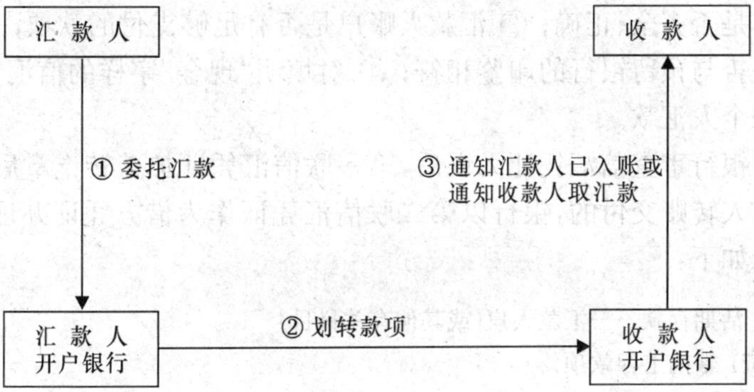

（四）信汇结算业务的核算

信汇,是汇款人委托银行用邮寄凭证的方式通知汇入行向收款人兑付款项的一种结算方式。

汇款人委托银行办理信汇结算时,应按照信汇凭证的填写要求,认真填制信汇凭证一式四联。填妥后盖章,交银行工作人员办理。信汇凭证第一联为回单,第二联为支款凭证,第三联为收款凭证,第四联为收账通知。如果汇款人是以现金交付的,应将现金和信汇凭证一并交付汇出行办理。

信汇凭证的格式,如图表5-16所示。

图表5-16

××银行信汇凭证（借方凭证）

委托日期　　年　月　日　　　　　　第　号

汇款人	全　称		收款人	全　称											此联汇出行作借方凭证
	账　号或住址			账　号或住址											
	汇出地点	省　市县 汇出行名称		汇入地点	省　市县 汇入行名称										
金额	人民币（大写）					千	百	十	万	千	百	十	元	角	分	
汇款用途： 此汇款支付给收款人。 　　　　汇款人签章 8.5×17.5公分（白纸蓝油墨）			科目（借）⋯⋯⋯⋯⋯⋯ 对方科目（贷）⋯⋯⋯⋯ 汇出行汇出日期　年　月　日 复核　　　记账												

1. 汇出行的核算

汇出银行在受理信汇凭证时,应认真审查以下内容：① 信汇凭证填写的各项内容是否齐全、正确；② 汇款人账户是否有足够支付的款项；③ 汇款人的印章是否与预留银行的印鉴相符；④ 对填明"现金"字样的信汇凭证,还应审查是否个人汇款。

汇出银行审查信汇凭证无误后,第一联信汇凭证加盖转讫章后退给汇款人。汇款人转账交付的,银行以第二联信汇凭证作为借方凭证办理转账。其会计分录如下：

　　借：活期存款——汇款人户（或其他有关科目）

　　　　贷：辖内上存款项

汇款人以现金交付的,银行另填一联特种转账贷方凭证,以第二联信汇凭证作为借方凭证记账。其会计分录如下:

借:库存现金
　　贷:应解汇款

借:应解汇款
　　贷:辖内上存款项

转账后第三联信汇凭证加盖联行专用章,与第四联随同联行报单一并寄给汇入行。

2. 汇入行的核算

汇入行收到汇出行寄来的联行报单和第三、第四联信汇凭证,应审查第三联信汇凭证上的联行专用章与联行报单印章是否一致,审核无误后按下列手续处理:

(1)直接收账的汇款。收款人在汇入行开有存款账户,银行应将汇款直接转入收款人账户,并向收款人发出收账通知。银行以第三联信汇凭证作为贷方凭证办理转账。其会计分录如下:

借:辖内上存款项
　　贷:活期存款——收款人户

第四联信汇凭证加盖转讫章交收款人作为收账通知。

(2)不直接收账的汇款。如果收款人未在汇入行开有存款账户,银行先将款项转入"应解汇款"科目;即以第三联信汇凭证作为贷方凭证。其会计分录如下:

借:辖内上存款项
　　贷:应解汇款

同时登记应解汇款登记簿,在信汇凭证上编列应解汇款顺序号,第四联信汇凭证留存保管,另以便条通知收款人来行取款。"应解汇款"账户只付不收,付完清户,不计付利息。

收款人需凭信汇取款通知取款或"留行待取"取款的,必须向银行交验本人的身份证件;银行应抽出留存的第四联信汇凭证,并审查取款人的身份证件是否与信汇凭证上填写的证件名称、号码及发证机关等内容一致、收款人是否签章;凭签章取款的,应查验收款人签章是否与预留签章一致。审核无误后,分别以下几种情况办理付款手续：

第一，信汇凭证上已填有"现金"字样的，应一次办理现金支付手续。银行填制一联应解汇款借方凭证，以第四联信汇凭证作为附件转账。其会计分录如下：

借：应解汇款
　　贷：库存现金

第二，分次支取的，应根据第四联信汇凭证注销应解汇款登记簿中的该笔汇款，并如数转入应解汇款科目的分户账内。银行审核收款人填写的取款凭证、预留银行签章和取款人的身份证件，审核无误后，办理分次支付手续。待最后结清时，将第四联信汇凭证作为借方凭证的附件。分次支付的会计分录同上。

第三，需要转汇的，应重新办理汇款手续。收款人和款项用途必须与原汇款人和用途相同，并需在第三联信汇凭证上加盖"转汇"戳记。如果第三联信汇凭证上已注明不得转汇，银行不予办理。

（五）电汇结算业务的核算

汇款人委托银行办理电汇时，应按照信汇凭证的填写要求向银行填制一式三联的电汇凭证，第一联回单，第二联借方凭证，第三联发电依据。

电汇凭证的格式，如图表5-17所示。

图表5-17

××银行电汇凭证（借方凭证）

委托日期　年　月　日　　　　第　号

汇款人	全　称		收款人	全　称													此联汇出行作借方凭证
	账　号或住址			账　号或住址													
	汇出地点	省市县 / 汇出行名称		汇入地点	省市县 / 汇入行名称												
金额	人民币（大写）					千	百	十	万	千	百	十	元	角	分		

汇款用途：　　　　　　　　　｜　科目（借）..............

此汇款支付给收款人。　　　｜　对方科目（贷）..........

　　　　　　　　　　　　　　｜　汇出行汇出日期　年　月　日

电汇　　　汇款人签章　　　｜　复核　　　记账

1. 汇出行的核算

汇出行受理电汇凭证时,审查的内容与受理信汇业务基本相同。审核无误后,第一联电汇凭证加盖转讫章交汇款人,并以第二联信汇凭证作为借方凭证办理转账,会计分录与信汇业务分录相同。然后,根据第三联电汇凭证编制联行报单,并向汇入行拍发电报。对填明"现金"字样的电汇凭证,应在电文的金额前加拍"现金"字样。

2. 汇入行的核算

汇入行接到汇出行发来的电报,经审核无误后,应填制三联电划贷方补充报单,第一联代联行凭证,第二联代贷方凭证,第三联代收账通知交收款人。其他各项处理手续均与信汇结算业务相同。

（六）退汇的处理手续

退汇就是将已经汇出,但尚未解付的汇款退回给汇款人。退汇的情况包括汇款人申请退汇和汇入行主动退汇两种情况:

1. 汇款人申请退汇

（1）汇出行办理退汇。汇款人要求退款时,对收款人在汇入行开立账户的,由汇款人与收款人自行联系退汇;对收款人未在汇入行开立账户的,应由汇款人备函或出具本人身份证件,连同原信、电汇回单,一并交汇出行办理退汇手续。

汇出行接到退汇函件或身份证件及回单,应填制四联"退汇通知书",第一联交给原汇款人,第二、第三联寄交汇入行,第四联与函件和回单联一起保管。汇款人要求使用电报通知退汇时,退汇通知书只需两联,第一联用途同上,第二联凭以向汇入行拍发电报,然后与函件和回单联一起保管。

（2）汇入行的处理手续

汇入行接到退汇通知书或电报,经查,如果该笔汇款已经转入"应解汇款"但尚未解付的,应向收款人索回取款通知便条,并以第二联退汇通知书代借方凭证,第四联汇款凭证作为附件转账。其会计分录如下:

借：应解汇款
　　贷：辖内上存款项

转账后,第三联退汇通知书随同联行报单寄回原汇出行。也可以拍发电报通知原汇出行。

如果该笔款项已经解付,应在第二、第三联退汇通知书或电报上注明解付情况及日期,留存第二联退汇通知书或电报,以第三联退汇通知书（或拍发电报通知原汇出行）。

（3）汇出行接到汇入行寄来退汇通知书及报单或退汇电报的处理手续。

应以第三联退汇通知书代贷方凭证办理转账。其会计分录如下：

　　借：辖内上存款项
　　　贷：活期存款——汇款人户（或其他有关科目）

如汇款人未在银行开立账户，应另外填制一联现金借方凭证，将现金退还汇款人。其会计分录如下：

　　借：辖内上存款项
　　　贷：其他应付款——原汇款人户

　　借：其他应付款——原汇款人户
　　　贷：库存现金

然后，在留存的第二联汇款凭证上注明"此款已于×月×日退汇"字样存档，以备查考。在留存的第四联退汇通知书上注明"退汇款退回已代进账"字样，加盖转讫章后作为收账通知交给原汇款人。

2. 汇入行主动退汇

汇入行对于收款人拒绝接受的汇款，应即办理退汇；汇入行对向收款人发出取款通知，经2个月无法交付的汇款，也应主动办理退汇。

（1）汇入行的处理手续。汇入行办理退汇时，应填制一联特种转账借方凭证和两联特种转账贷方凭证，并在凭证上注明"退汇"字样，将第四联汇款凭证作为附件，办理转账。其会计分录如下：

　　借：应解汇款——原收款人户
　　　贷：辖内上存款项

两联特种转账贷方凭证连同联行报单一并寄交原汇出行，同时销记应解汇款登记簿。

（2）原汇出行接到原汇入行寄来联行报单和特种转账贷方凭证的处理手续。

应对退回的款项办理转账。其会计分录如下：

　　借：辖内上存款项
　　　贷：活期存款——原汇款人户

如汇款人未在银行开立账户,应另外填制一联现金借方凭证,将现金退还汇款人。其会计分录如下:

借:辖内上存款项
　　贷:其他应付款——原汇款人户

借:其他应付款——原汇款人户
　　贷:库存现金

二、托收承付结算方式的核算

(一)托收承付结算方式的定义

托收承付也称异地托收承付,是指收款人根据购销合同发货后,委托银行向异地付款人收取款项,并由付款人向银行承认付款的结算方式。

(二)托收承付结算方式的基本规定

托收承付的基本规定异地托收承付的适用范围规定如下:

(1)使用这种结算方式的收款单位和付款单位,必须是国有企业、供销合作社以及经营管理较好,并经开户银行审查同意的城乡集体所有制工业企业。

(2)办理托收承付结算的款项必须是商品交易以及因商品交易而产生的劳务供应款项。代销、寄售、赊销商品的款项,不得办理托收承付结算。

(3)使用托收承付结算方式时,收付双方必须签有符合《经济合同法》的购销合同,并在合同上订明使用托收承付结算方式。

(4)收款人办理托收,必须具有商品确已发运的证件,包括铁路、航运、公路等运输部门签发的运单、运单副本和邮局包裹回执等。没有发运证件,按照《支付结算办法》所规定的具体情况,可凭其他有关证件办理。

(5)托收承付结算每笔的金额起点为10 000元,新华书店系统每笔金额起点为1 000元。

(6)托收承付结算款项的划回方法,分邮寄和电报两种,由收款人选用。

(7)收付双方办理托收承付结算,必须重合同、守信用。收款人对同一付款人发货托收累计三次收不回款的,银行应暂停其向该付款人办理托收;付款人累计三次提出无理拒付的,银行应暂停其向外办理托收。

(三)托收承付结算方式流程图

托收承付结算的流程图,如图表5-18所示。

图表 5-18

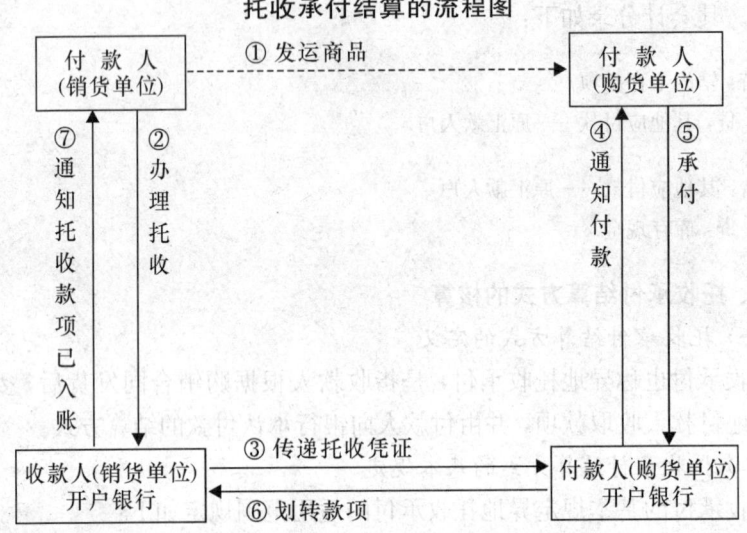

托收承付结算的流程图

（四）收款人开户银行受理托收承付的核算

全额支付的异地托收承付结算，其处理过程可分为四个阶段：① 收款人开户行受理并发出托收凭证；② 付款人开户行通知承付；③ 付款人开户行划款；④ 收款人开户行收账。

收款人按照签订的购销合同发货后，即可填制托收凭证一式五联（附样式）。第一联回单，第二联贷方凭证，第三联借方凭证，第四联收账通知，第五联付款通知。签发托收凭证必须记载下列事项：① 表明"托收承付"的字样；② 确定的金额；③ 收款人的名称及账号；④ 付款人的名称及账号；⑤ 付款人开户银行名称；⑥ 收款人开户银行名称；⑦ 托收附寄单证张数或册数；⑧ 合同名称及号码；⑨ 委托日期；⑩ 收款人签章。

托收承付凭证的格式，如图表 5-19 所示。

托收凭证按要求的内容填妥并盖章后，连同发运单证或其他符合托收承付结算的有关证明和交易单证（所附单证的张数应在托收凭证上注明）一并送交银行。收款人如需取回发运证件，银行应在托收凭证上加盖"已验发运单证"戳记。

开户银行接到托收凭证及其附件后，应当按照托收的范围、条件和托收凭证填写的要求认真进行审查，必要时，还应查验收付款人签订的购销合同。凡不合要求或违反购销合同发货的，不能予以办理。审查时间最长不得超过次日。

图表 5-19

托收承付凭证(贷方凭证)

㊞邮

委托日期　　　年　　月　　日　　　　托收号码：

付款人	全　称		收款人	全　称		
	账号或地址			账　号		
	开户银行			开户银行		行号
托收金额	人民币（大写）					千百十万千百十元角分
附　件		商品发运情况			合同名称号码	
附寄单证张数或册数						
备注：		本托收款项随附有关单证等件，请予办理托收。 收款人签章			科目(贷) 对方科目(借) 转账　　年　月　日 复核　　记账	

此联是收款人开户银行作贷方凭证

收款人开户银行收到日期　　年　月　日

开户银行将托收凭证、发运证件和交易单证审核无误后，托收凭证第一联加盖业务公章退给收款人，第二联托收凭证据以登记"发出托收结算凭证登记簿"，并留存保管，托收凭证的第三联、第四联、第五联连同所附单证一并寄交付款人开户行。如为电划方式，托收凭证第四联为发电依据。

（五）付款人开户行通知承付的处理方法

付款人开户行收到托收承付凭证和所附单证，应在两天内审查下列内容：① 托收款项是否符合托收承付结算及其他有关规定，如范围、条件、金额起点等。② 商品交易的托收有无商品确已发运的证件。③ 托收凭证必须记载的各项内容是否齐全，是否符合填写凭证的要求。④ 托收凭证与所附单证的张数是否相符。⑤ 第二联托收凭证上是否有收款人签章并符合规定。

审查无误后，在各联凭证上批注到期日及承付期限，第三联、第四联托收凭证按承付到期日顺序保管，并登记"定期代收结算凭证登记簿"，以监督付款人及时付款，并控制所收托收凭证的处理情况。托收凭证第五联连同所附单证送付款人，通知其准备到期付款。通知的方法，可以根据具体情况，与付款人签订协议，分别采取付款人来行自取、派人送达，以及对距离较远的付款人邮寄等方法。付款人在承付期内审查核对，安排资金。

承付货款分为验单付款和验货付款两种,由收付款双方商量选用,并在合同中明确规定。

验单付款的承付期为三天,从付款人开户银行发出承付通知的次日算起(承付期内遇例假日顺延)。付款人在承付期内,未向银行表示拒绝付款,银行即视作承付,并在承付期满的次日(例假日,顺延)上午银行开始营业时,将款项主动从付款人账户内付出,按照收款人指定的划款方式,划给收款人。

验货付款的承付期为十天,从运输部门向付款人发出提货通知的次日算起。对收付双方在合同中明确规定,并在托收凭证上注明验货付款期限的,银行从其规定。付款人收到提货通知后,应即向银行交验提货通知。若付款人在收到银行发出的承付通知后(次日算起)的十天内仍未收到提货通知,应在第十天将货物尚未到达的情况通知银行,否则,银行将视同已经验货,于十天期满的次日上午开始营业时,将款项划给收款人。付款人在通知银行以后又收到提货通知,需及时送交银行,以免银行计扣逾期付款赔偿金。

采用验货付款的,收款人必须在托收凭证上加盖明显的"验货付款"字样戳记。托收凭证未注明验货付款,经付款人提出合同证明是验货付款的,银行可按验货付款处理。不论验单付款还是验货付款,付款人都可以在承付期内提前向银行表示承付,并通知银行提前付款,银行应立即办理划款;因商品价格、数量或金额变动,付款人需多付款项的,应在承付期内书面通知银行,银行据以随同当次托收款项划给收款人。

(六)付款人开户行划款的处理方法

承付期满次日上午,付款人开户行主动将托收款项从付款人账户付出,划往收款人开户行,以第三联托收凭证代借方传票办理转账。其会计分录如下:

借:活期存款——付款人户

贷:辖内上存款项

在第四联托收凭证上填注支付日期,并在"定期代收结算凭证登记簿"的销账日期栏登记销账日期,凭证随同联行贷方报单寄收款人开户行。在电划方式下,则向收款人开户行拍发电报。

(七)收款人开户行收账的处理方法

收款人开户行收到付款人开户行寄来的联行报单及所附第四联托收凭证后,先同留存的第二联托收凭证核对相符,然后以第二联托收凭证代贷方传票办理转账。其会计分录如下:

借：辖内上存款项

贷：活期存款——收款人户

销记"发出托收结算凭证登记簿"，并将第四联托收凭证代收账通知交收款人。至此，全额解付的托收承付结算业务处理完毕。

（八）逾期付款的处理方法

付款人在承付期满日银行营业终了时，如无足够资金支付，其不足部分，即为逾期未付款项，按逾期付款处理。

1. 逾期天数及赔偿金

逾期天数应从承付期满日算起。承付期满日银行营业终了时，付款人如无足够资金支付，其不足部分，应当算作逾期1天，计算1天的赔偿金；在承付期满的次日（如遇例假日，逾期付款赔偿金的天数计算也相应顺延，但在以后遇到例假日应当照算逾期天数）银行营业终了时，仍无足够资金支付，其不足部分；应当算作逾期两天，计算2天的赔偿金。赔偿金为每天按逾期付款金额的5‰计。在各单位流动资金账户内扣付货款，应从企业销售收入中预留工资后，按照应缴纳税款、到期贷款、应偿付货款、应上缴利润的顺序扣付。

另外，银行审查拒绝付款期间，不能算作付款人逾期付款，但对无理拒付而增加银行审查时间的，则要从承付期满日起，计算逾期付款赔偿金。

逾期付款的赔偿金实行定期扣付，每月计算一次，于次月3日内单独划给收款人。在月内有部分付款的，其赔偿金随同部分支付的款项划给收款人，对尚未支付的款项，月终再计算赔偿金，于次月3日内划给收款人；次月又有部分付款时，从当月1日起计算赔偿金，随同部分支付的款项划给收款人，对尚未支付的款项，从当月1日起至月终再计算赔偿金，于第三个月3日内划给收款人。第三个月仍有部分付款的，按照上述方法计扣赔偿金。

赔偿金的扣付列为企业销售收入扣款顺序的首位，如付款人账户余额不足全部支付时，应排列在工资之前，并对该账户采取"只收不付"的控制方法，待一次扣足赔偿金后，才准予办理其他款项的支付。因此而产生的经济后果由付款人自行负责。

2. 付款人开户银行应注意的其他问题

付款人开户银行应注意的其他问题主要有：

（1）付款人开户银行对付款人逾期未能付款的情况，应当及时通知收款人开户银行，由其转告收款人。

（2）付款人开户银行要随时掌握付款入账户逾期未付的资金情况，俟账户有款时，必须将逾期未付款项和应付赔偿金及时扣划给收款人，不得拖延扣划。

（3）付款人开户银行对不执行合同规定、三次拖欠货款的付款人，应当通知收款人开户银行转告收款人，停止对该付款人办理托收。如果收款人不听劝告，继续对该付款人办理托收，付款人开户行对发出通知的次日起一个月之后收到的托收凭证，可以拒绝受理，注明理由，退回原件。

（4）付款人开户银行对逾期未付的托收凭证，负责进行扣款的期限为3个月（从承付期满日算起）。在此期限内，银行必须按照扣款顺序继续扣款。期满时，如果付款人仍无足够资金支付该笔尚未付清的欠款，银行应于次日通知付款人将有关交易单证（单证已作账务处理或已部分支付的，可以填制"应付款项证明单"），在两日内退回银行。银行将有关结算凭证连同交易单证或应付款项证明。单退回收款人开户银行转交收款人，并将应付的赔偿金划给收款人。对付款人逾期不退回单证的，开户银行应当自发出通知的第3天起，按照尚未付清欠款的金额，每天处以5‰但不低于50元的罚款，并暂停付款人向外办理结算业务，直到退回单证时止。

（九）拒绝付款的处理方法

对下列情况，付款人在承付期内，可向银行提出全部或部分拒绝付款：① 没有签订购销合同或未订明使用异地托收承付结算方式购销合同的款项；② 未经双方事先达成协议，收款人提前交货或因逾期交货付款人不再需要该项货物的款项；③ 未按合同规定的到货地址发货的款项；④ 代销、寄售、赊销商品的款项；⑤ 验单付款，发现所列货物的品种、规格、数量、价格与合同规定不符，或货物已到但经查验货物与合同规定或发货清单不符的款项；⑥ 验货付款，经查验货物与合同规定或发货清单不符的款项；⑦ 货款已经支付或计算有错误的款项。

不属于上述情况的，付款人不得向银行提出拒绝付款。

付款人对以上情况提出拒付时，必须填写"拒绝付款理由书"一式四联。拒绝付款理由书的格式，如图表5-20所示。

理由书上应加盖单位公章，注明拒付理由，涉及合同的应引证合同上的有关条款；属于商品质量问题，需要提出商检部门的检验证明；属于商品数量问题，需要提出证明及有关数量的记录；属于外贸部门进口商品，应当提出国家商品检验或运输部门出具的证明，一并送交开户银行。

开户银行必须认真审查拒绝付款理由，查验合同。对于付款人提出拒付的手续不全、依据不足、理由不符合规定和不属于前述七种拒付情况的，以及超过承付期拒付和应当部分拒付提为全部拒付的，银行均不得受理，银行不同

图表 5-20

托收承付结算全部
部分 拒绝付款理由书(借方凭证)

托收承付结算 全部 拒绝付款理由书(借方凭证)
　　　　　　部分

拒付日期　　　年　　月　　日　　　　　原托收号码：

付款人	全　　称		收款人	全　　称											
	账　　号			账　　号											
	开户银行	行号		开户银行	行号										
托收金额			拒付金额		部分付款金额	千	百	十	万	千	百	十	元	角	分
附寄单证	张	部分付款金额(大写)													
拒付理由：				科目(借)_____ 对方科目(贷)_____ 转账日期　　年　月　日											
	付款人盖章			复核　　　　　记账											

此联银行作借方凭证或存查

10×17.5公分(白纸蓝油墨)

意拒付的,应实行强制扣款。

　　银行同意部分或全部拒付的,应在拒付理由书上签注意见。如果是部分拒付款,除办理部分付款外,应将拒付理由书连同拒付证明及拒付商品清单邮寄收款人开户银行转交收款人;如果是全部拒付,则应将拒付理由书、拒付证明和有关单证邮寄收款人开户银行转交收款人。

　　付款人提出的拒绝付款,银行经审查无法判明是非的,应由收付双方自行协商处理,或向仲裁机关、人民法院申请调整或裁决。

　　(十)重办托收的处理方法

　　收款人对被无理拒付的托收款项,在收到退回的结算凭证及所附单证后,如需委托银行重办托收,应当填写四联"重办托收理由书",将其中三联连同购销合同、有关证据和退回的原托收凭证及交易单证,一并送交银行,经开户银行审查,确属无理拒付,可予重办托收。付款人提出的无理拒付,银行无法判明是非的,对收款人重办的托收,付款人在付款时应担负自第一次托收承付期满日起逾期付款赔偿金的责任。

三、委托收款结算方式的核算

(一)委托收款结算方式的概念

委托银行收款,是收款人向银行提供收款依据,委托银行向付款人收取款项的结算方式。

(二)委托收款结算方式的基本规定

委托收款结算方式的基本规定包括以下内容:① 在银行或其他金融机构开立账户的单位和个体工商户的商品交易、劳务款项和其他应收款项的结算,均可使用委托收款结算方式。② 委托收款在同城和异地均可使用。③ 委托收款不受金额起点的限制。④ 委托收款结算款项的划回方式有邮寄和电报划回两种,由收款人根据需要选择使用。

(三)委托收款结算方式流程图

可参考托收承付结算流程,不另赘述。

(四)委托收款结算方式的核算

全额支付委托收款结算,其处理过程也可分为四个阶段:

收款人开户行受理并发出委托收款凭证;付款人开户行通知付款;付款人开户行划款;收款人开户行收账。

1. 收款人开户银行受理委托收款

收款人办理委托收款时,填制委托收款凭证一式五联(附样式)。第一联回单,第二联贷方凭证,第三联借方凭证,第四联收账通知,第五联付款通知。签发托收凭证必须记载下列事项:① 表明"委托收款"的字样;② 确定的金额;③ 付款人的名称;④ 收款人的名称;⑤ 委托收款凭据名称及附寄单证张数;⑥ 委托日期;⑦ 收款人签章。

委托收款凭证的格式,如图表 5-21 所示。

填妥凭证后,收款人在委托收款凭证的第二联加盖单位印章或个人签章后,将结算凭证和债务证明提交开户银行。开户银行按照委托收款凭证的填写要求审查无误后,比照托收承付结算方式的处理方法,向付款人开户银行发出委托收款凭证,或通过同城票据交换提出委托收款凭证。

2. 付款人开户银行通知划款

付款人开户银行收到委托收款凭证及有关单证,审查是否确属本行受理,审查无误后,登记"收到委托收款凭证登记簿",将第五联凭证加盖业务公章,连同其他有关单证一并交付款人签收。

图表 5-21

| | | **委托收款凭证**(贷方凭证) | | 第 号 |
| | | 委托日期 年 月 日 | | 委托号码： |

委邮

付款人	全 称		收款人	全 称												
	账号或地址			账 号												
	开户银行			开户银行		行号										
委收金额	人民币(大写)					千	百	十	万	千	百	十	元	角	分
款项内容		委托收款凭据名称		附寄单证张数											
备注：		上列委托收款随附有关单证请予办理收款。	科目(贷) _____												
			对方科目(借) _____												
			转账 年 月 日												
		收款人签章	复核 记账												

此联收款人开户银行作贷方凭证

收款人开户银行收到日期 年 月 日

3. 付款人开户银行划款

付款人接到通知后,应于当日书面通知银行付款,如付款人未在接到通知的次日起 3 日内通知银行付款,银行应于付款人接到通知的次日起第 4 日上午开始营业时(遇例假日顺延),将款项划给收款人。其会计分录如下:

借:活期存款——付款人户
　贷:辖内上存款项(异地)
　　　存放中央银行款项(同城)

付款人在付款期满时,账户上如果没有足够的资金支付全部款项,银行应索回全部单证,并填写付款人未付款通知书,连同第四联委托收款凭证一并退回收款人开户银行。

付款人若提出全部或部分拒付,应填制拒付理由书,连同委托收款凭证及所附单证送交开户银行,由银行转交收款人开户银行。付款人开户银行不负责审查拒付理由,对部分支付的款项按全额划款的手续处理。

4. 收款人开户银行收账

收款人开户银行收到划款的凭证或电报,将原留存保管的委托收款凭证抽出进行核对,无误后办理转账,手续与托收承付基本相同。其会计分录如下：

借：辖内上存款项（异地）

存放中央银行款项（同城）

贷：活期存款——收款人户

对于无款支付和拒付的情况，收款人开户银行应将未付款通知书、拒付理由书及债务证明转交收款人。

第四节　信用卡的核算

一、信用卡的概念和基本功能

信用卡是指商业银行向个人和单位发行的、凭以向特约单位（如商店、旅馆、娱乐场所、饭店等）购物、消费和向银行存取现金，且具有消费信用的特制载体卡片。信用卡的外观为带有卡名、卡号、持卡人姓名、有效期、信息磁条、防伪标志等内容的卡片。信用卡广泛运用于商品经济的支付与结算，具有"电子货币"功能。

二、信用卡结算的基本规定

1997 年由中国人民银行印发的《支付结算办法》对信用卡结算做出了明确的规定。

（一）限制信用卡备用金账户的资金来源

单位卡账户的资金必须从其基本存款账户转入，不得交存现金，不得将销售收入的款项存入该账户；个人卡账户的资金以其持有的现金存入，或以其工资性款项及属于个人的劳动报酬收入转账存入，严禁将单位的款项存入个人卡账户。

这些规定有利于防止将信用卡账户变相作为基本存款账户使用，遏制公款私存和公款消费。

（二）严格信用卡的使用范围

信用卡应主要用于消费性支付。单位卡不得用于 100 000 元以上的商品交易、劳务供应款项的结算。

（三）加强现金管理

单位卡一律不得支取现金。个人卡提取现金时，超过支付限额的，代理银行应向发卡银行索权。这些规定有利于限制利用信用卡大量套取现金，有利于加强对消费基金的控制。

（四）控制支付风险

1. 限定透支额度

信用卡透支额，金卡最高不得超过 10 000 元，普通卡最高不得超过5 000 元。

2. 限定透支期限

信用卡透支期限最长为六十天。

3. 明确透支利息的计算

信用卡透支利息，自签单日或银行记账日起，十五天内按日息 5‰计算，超过十五天按日息 10‰计算，超过三十天或透支金额超过规定限额的，按日息 15‰计算。透支利息不分段，按最后期限或者最高透支额的最高利率档次计算。

4. 禁止恶意透支。

恶意透支是指持卡人超过规定限额或规定期限，并且经发卡银行催收无效的透支行为。

5. 设立备用金存款制度和担保制度。

申领信用卡要向发卡行交存一定的备用金。发卡银行根据申请人的资信程度，要求其提供担保。担保的方式可采用保证、抵押或质押。

三、信用卡结算业务的会计核算

下面，我们仅以单位卡为例，介绍信用卡发卡及消费业务的会计核算。

（一）信用卡的发放

单位申请使用信用卡，应按发卡银行规定向发卡银行填写申请表。发卡银行审查同意后，应及时通知申请人前来办理领卡手续，并按规定向其收取备用金和手续费。申请人从其基本存款账户支付以上款项。具体分以下两种情况。

1. 申请人已在发卡银行机构开有基本存款账户

申请人开具支票、填写三联进账单，交发卡行经办人员。经办人员审查无误后，支票作借方凭证，第二联进账单作贷方凭证，另填制一联特种转账贷方凭证，作收取手续费贷方凭证。其会计分录如下：

借：活期存款——申请人户

贷：信用卡备用金存款——申请人信用卡户

　　手续费收入

银行经办人员将第一联进账单加盖转讫章作回单交给申请单位。

2. 申请人未在发卡银行机构开立基本存款账户

申请人开具支票、填写二联进账单，交发卡银行经办人员。发卡银行经办人员审核无误后,在第二联进账单上按票据交换场次加盖"收妥后入账"的戳记,将第一联加盖转讫章交给持票人。支票按照票据交换的规定及时提出交换。侯退票时间过后,第二联进账单作贷方凭证;并另填制一联特种转账贷方凭证,作收取手续费贷方凭证。其会计分录如下:

借:存放中央银行款项
　　贷:信用卡备用金存款——申请人信用卡户
　　　　手续费收入

(二) 信用卡直接消费业务的核算手续

直接消费是信用卡的主要功能。持卡人凭卡在特约单位购物或消费之后,无需支付现金。由于银行为特约单位介绍了客户,所以特约单位要向银行支付一定比例的结算手续费。

1. 特约单位接受信用卡的处理手续

特约单位受理客户信用卡,经审查无误后,在签购单上压卡,并填写实际结算金额、用途、持卡人身份证件号码、单位名称和编号。如超过支付限额的,应向发卡银行索权并填写授权号码,交持卡人签名确认,同时核对其签名与卡片背面签名是否一致。无误后,由持卡人在签购单上签名确认,并将信用卡、身份证件和第一联签购单交还给持卡人。

每日营业终了,特约单位应将当日受理的信用卡签购单汇总,并按规定比率计算出应交给银行的手续费用,在交易总额中扣除后得出净额。然后将总额、银行手续费、净额、签购单张数、结算日期等记入"汇计单"(或"总计单")。汇计单(一式三联)、签购单(第二联、第三联)、进账单(一式二联)一并送交收单银行办理进账。

2. 款项清算的账务处理

信用卡资金的清算分为以下几种情况:

(1) 特约单位与持卡人在同一城市不同银行机构开户。对特约单位交来的第二联进账单、第三联汇计单及第二联、第三联签购单,收单银行应认真审查。审查无误后,在第一联进账单加盖转讫章作收账通知和第一联汇计单加盖业务公章作交费收据,退给特约单位。

收单银行应将第二联进账单作贷方凭证,第三联签购单作其附件,并根据第二联汇计单的手续费金额填制一联特种转账贷方凭证;将第二联签购单加盖业务公章,连同第三联汇计单向持卡人开户行提出票据交换(对跨系统银行发行的信用卡需待款项收妥办理转账)。其会计分录如下:

借：存放中央银行款项

贷：活期存款——特约单位户

　　手续费收入

持卡人开户银行收到交换提入的第三联汇计单，审核无误后办理转账。其会计分录如下：

借：信用卡备用金存款——持卡人户

贷：存放中央银行款项

（2）发卡银行是异地跨系统银行。在发卡行是异地某家跨系统银行的情况下，特约单位开户银行（收单银行）应向本地的跨系统发卡银行的通汇行按上述手续提出票据交换。其会计分录同（1）。

通汇行接到收单银行交换来的签购单和汇计单，随联行借方报单寄持卡人开户行。其会计分录如下：

借：辖内上存款项

贷：存放中央银行款项

发卡行收到通汇行寄来的第二联签购单和第三联汇计单，应认真进行审查。审查无误后，第二联签购单作借方凭证，第三联汇计单留存。其会计分录如下：

借：信用卡备用金存款——持卡人户

贷：辖内上存款项

（3）特约单位与持卡单位不在同一城市，但两者在同一系统银行开户。收单银行应将第二联进账单作贷方凭证，第三联签购单作其附件，根据第二联汇计单的手续费金额填制一联特种转账贷方凭证后作其附件；第二联签购单加盖转讫章连同第三联汇计单随联行借方报单寄持卡人开户行。其会计分录如下：

借：辖内上存款项

贷：活期存款——特约单位户

　　手续费收入

发卡行收到联行寄来的报单及第二联签购单和第三联汇计单时，认真进行审查。审查无误后，第二联签购单作借方凭证，第三联汇计单留存。其会计分录如下：

借：信用卡备用金存款——持卡人户

贷：辖内上存款项

第六章

现金出纳业务的核算与管理

第一节 现金出纳业务概述

一、现金出纳的概念和分类

现金出纳是专指银行的本外币现钞、有价单证、贵重物品等的收付及保管工作。它的服务对象是与其有往来关系的客户。一方面通过为客户办理现金结算，使其经济活动正常进行；另一方面还担负执行国家货币政策、落实货币发行和回笼计划，调剂市场流通票币的比例等重要工作，是银行及金融机构的一项基础业务。

按照与货币发行的关系，现金出纳可分为中央银行货币发行与商业银行现金出纳两个部分。

中央银行货币发行，其方式不是直接向社会投放货币，而是间接地通过商业银行将发行基金（未发行的货币）投入流通领域实现货币发行。商业银行通过其现金支付活动，将货币现金投向社会，在实现其货币发行职能后，又相继通过商业银行出纳汇集起来的现金，经过整理、筛选再缴回到中央银行发行部门，实现货币回笼，重新成为货币发行基金的一部分，构成了货币发行与现金流通的循环过程。中央银行货币发行工作在货币流通循环过程中处于中心环节，既是货币发行的起点，又是货币回笼的终点。商业银行现金出纳在现金流通循环过程中，是货币流通的桥梁和纽带，既向社会经济活动供应现金，又不断将社会现金汇集起来。中央银行的货币发行和商业银行的现金出纳之间联系密切，互为依存，共同为执行国家货币政策，支持社会经济发展，推动社会扩大再生产服务。

现金出纳业务是银行业开展各项业务的基础，现金出纳通过货币发行和现金收付等业务活动,使银行与社会经济活动及人民生活紧密联系起来。为了保证现钞货币正常流通,维护人民币信誉,保持现钞券别比例恰当,是社会经济活动和人民生活的客观要求。商业银行出纳业务直接与客户接触,对于观察社会现金流通状况、了解市场票币需求、跟踪社会经济动向、捕捉各种经济情报、汇集相关信息资料,为国家制定宏观经济决策提供重要的依据。

二、现金出纳工作的任务

现金出纳工作的主要任务是:① 贯彻执行中华人民共和国的金融法令和有关规章制度;② 办理现金(包括本国货币和外币)收付、整点、保管和调运业务,做好现金回笼和供应工作;③ 办理人民币兑换和挑残业务,调剂好市场流通人民币券别比例;④ 接受委托代理人民银行货币发行部分业务,代理其他银行及金融机构的部分现金收付业务;⑤ 做好爱护人民币,维护人民币信誉的公众宣传工作,做好本、外币反假、反破坏工作;⑥ 经人民银行授权,承担对社会公众残损人民币和外币兑换,假人民币和外币的最终鉴定工作。

三、现金出纳工作的原则

商业银行现金出纳与转账结算业务比较,具有直接高风险的特性,它既琐碎繁杂,占用服务时间长,又是客户要求高效服务的业务。它既要建立必要的风险防范规程,又要简化手续,提高工作效率争取用最简单的程序完成最繁复的工作,明确最清晰的责任。现金出纳的一般原则如下。

(一)钱账分管原则

钱账分管原则就是管钱不管账,管账不管钱,做到钱账分管,责任分明。这样有利于会计出纳各自发挥不同的专业职能,并便于相互核对和制约,确保账款相符。

(二)收付分开原则

收付分开原则是指收款业务与付款业务分开经办,实行收付两条线,不能由一人既管收款又管付款。

(三)双人经办原则

双人经办原则是指在现金出纳工作中,坚持双人管库、双人守库、双人押送。这样便于相互监督,防止差错和意外事故的发生。

(四)先收款后记账,先记账后付款原则

收入现金时,必须先经出纳人员收妥后才能给缴款单位记账;支付现金时,必须先替支款单位记账后方能付款。

(五)复核制度原则

收款要另人复点,付款要另人复核。在一人临柜时,经办人要自行复点和复核。

（六）交接手续和查库原则

款项交接或出纳人员调换时，须办理交接手续，分清责任。库房管理须坚持双人管库、双人守库，与此同时，还应定期或不定期进行查库，确保账实相符。

四、现金出纳柜员制

（一）现金出纳柜员制特点

出纳柜员制是由柜员一人对外办理现金收付业务的一种劳动组织形式。随着银行服务业不断地发展，银行营业网点的柜员在其业务范围和操作权限内，由单个柜员或多个柜员组合，为客户提供本外币储蓄、对公、信用卡、代理等业务的全部或部分金融服务，并独立或共同承担相应职责、享有相关权限的劳动组织方式，以其方便的管理、快捷的服务，逐渐取代传统银行工作的模式。

（二）实行柜员制要求

1. 银行柜员制类型

柜员制的基本形式是单人临柜，独立为客户提供金融服务。根据滞后复核方式和人员配备情况，可建立多种柜员制形式。在考虑营业网点的业务种类、日均业务量、人员素质、辅助设备、经营管理需要和经济环境等因素的条件下，严格区分前台业务和后台业务的基础上，将前台柜员划分为可以办理单项或多项业务的单项柜员、多项柜员和综合柜员。

前台柜员负责直接面向客户的柜面业务操作、查询、咨询工作。对其经办的每笔业务必须按规定逐笔认真审核原始凭证的真实性、合法性，并确保交易选择及要素录入的准确性、完整性，辅之以监控系统的实时监控。

后台柜员负责客户的联行往来、票据交换、内部账务等业务处理及对前台业务的复核、确认、授权等后续处理。后台柜员或者主管人员进行实时逐笔确认或授权；柜员及主管必须对现金箱、凭证箱及平账器进行适时的检查核对。

2. 银行柜员制管理原则

在按照安全、高效、科学的总原则下，切实做到：

（1）规范和细化业务操作流程。按照不同的业务种类制定科学、严谨的业务操作流程，明确界定操作者、操作依据（如所需单据）、操作内容（如交易选择和录入要素）、操作结果（如打印记账凭证和客户回单）及各个操作环节之间的责任划分。

（2）建立健全柜员岗位责任制。根据授权业务种类和操作流程，明确柜员的职责权限，并据此作为考核柜员工作绩效、兑现奖惩的依据。独立为客户提供服务并独立承担相应责任的前台柜员必须自我复核、自我约束、自我控制、自担风险；按规定必须经由专职复核人员进行滞后复核的，前台柜员与复核人员必须明确各自的相应职责，相互制约、共担风险。

（3）建立安全、有效的监督复核机制。根据业务的重要性、风险程度和柜员素质，对柜员的业务操作范围和限额进行事前授权控制；根据业务的实效性要求、金额大小和应用系统设计情况，分别采用不同的事中监督；复核员应对柜员已办理的业务，采取录入凭证主要要素、翻看凭证填写内容和打印内容是否相符等方式，进行滞后复核；在营业网点日终平账前，会计主管必须审查核对所有柜员日间操作的完整性和准确性；上级管理行对营业网点应进行定期和不定期的事后监督。

实行现金出纳柜员制，可以提高工作效率，减少客户等待时间，优化柜台服务，增强同业竞争力，适应市场经济发展的需要。但实行出纳柜员制必须具备一定条件，即：营业机构会计出纳基础工作必须达到国家或银行系统内会计达标升级标准；现金收付业务必须全部使用微机处理；配有对柜员办理业务全过程的录像监控。这样，既能提高柜台办理业务效率，又能保障办理每一笔业务安全。实行出纳柜员制的银行，在每日营业终了，进行事后监督是也是非常重要的工作。

第二节　现金收付业务的核算

现金收付业务主要指人民币、外币现钞的收付和兑换业务，其包括柜面现金收付、内部现金调拨、差错处理等内容。银行在受理此类业务时，必须坚持现金收入"先收款后记账"、现金付出"先记账后付款"的原则。

一、现金收付业务核算

现金收付业务核算要求是实行操作间隔离，全方位监控纳入计算机系统核算，实行事权划分，凭证、印章控制，确保安全；大额款项必须换人复核；未经复点的款项不得调出、存入人民银行对外支付。

为了加强对银行现金出纳业务的核算与管理，银行设置"库存现金"账户，用于反映现金增减变化情况。银行收入现金记入该账户的借方，支出现金记入该账户的贷方，余额在借方，反映现金结存数，本科目应按现金类别设置明细账户核算。

（一）现金收入的核算

1. 人民币现金收入

收到客户交存的现金及存款凭证，认真审查存款凭证是否合法、有效。即凭证上填写的日期、户名、账号、开户行、金额、券别明细、款项来源等要素是否完整、准确,有无涂改;大小写金额是否相符;各联张数是否齐全,内容是否套写一致;审查凭证无误后,根据存款凭证相关项目入存款人账号、存款金额及相关要素;清点现金实物。按券别顺序由大到小核对大数(整把、捆),再逐张清点零张数,并按券别、张数录入终端;款项清点无误后打印存款凭证(一式二联),加盖业务清讫章及收款员名章,回单联交客户,记账联作为轧账依据留存,客户的存款凭证作为记账联附件。会计分录如下:

　　借:库存现金
　　　贷:吸收存款——活期存款××单位户——本金

现金归位入箱。将收妥的现金按券别和完整、残损情况归位入箱,做到一笔一清,保管安全。

2. 外币收款

必须认真审查收入来源是否符合外汇管理有关规定,货币符号有否遗漏、是否正确;凡当日收付超过限额的,存款人出示其真实的身份证明并记录备案后,方可受理;收入外币现钞,应根据规定的业务凭证办理。注意分清币种,当面点清,一笔一清;在办理外币现钞收入时,注意流通期、托收期、最低收兑面额和钞票的质量,发现不合要求的钞票一律不得办理款项收入。在托收期内可根据客户要求代办托收,按规定收取托收费用。

(二)现金付款业务核算

1. 人民币现金支取

收到客户提交支款凭证后,审查凭证是否合法、有效,有无涂改,大小写金额是否相符,预留印鉴是否相符,支付密码账户是否填写了支付密码等;审查凭证无误,将取款人账号、金额及相关要素录入终端;按凭证金额从大到小顺序进行逐位配款,并依次按实物录入终端;配妥后,重新加计所配款项进行自复平衡,无误后方可对外付款。支付大额款项,经有权人授权,并加盖印章;配款和系统操作无误后,打印取款信息,并在取款凭证上加盖业务清讫章,取款凭证作为轧账依据。会计分录如下:

　　借:吸收存款——活期存款××单位户——本金
　　　贷:库存现金

对外支付时应做到,核对取款人名;询问并核对取款金额,无误后付款;核对付款金额,逐位核对唱付,向客户交代清楚。款项付出后,在凭证上加盖个人名章。当面付清、一笔一清。

2. 外币付款

首先必须认真审查付出是否经外管局批准,货币符号有否遗漏、是否正确;凡一次性从现汇户中解付外币现钞或兑换人民币等值 1 万美元(含)以上、5 万美元以下的,必须要求提取人出示其真实的身份证明记录备案,并索取存款人的有关收入证明复印件;凡一次性从外币现汇户中解付外币现钞或兑换人民币等值 5 万美元(含)以上,必须要求提取人出示其真实的身份证明并记录备案,并索取外汇局的核准件,应根据规定的业务凭证办理。注意分清币种,当面点清,一笔一清;外币付款、结账,参照人民币操作程序相同。

二、人民币票币兑换业务

人民币票币兑换是银行柜面常见的服务性业务。人民币的市场流通不仅要在总量上,而且必须在结构和质量上适应商品流通的需要。人民币在流通中如果出现券别比例失当,银行需及时调节人民币的券别比例结构,适时回收、兑换残损人民币票券和办理人民币主辅币之间的兑换。

(一)人民币票币兑换业务的种类

人民币票币兑换业务可分为三类:第一种是用大面额人民币兑换小面额人民币,这项业务是调剂市场主辅币流通比例的主要手段;第二种是用小面额人民币兑换大面额人民币,这项业务是为了方便客户携带、存储的需要;第三种是残损人民币兑换,这项业务是为了保持市场流通人民币的整洁,维护人民币信誉和客户的利益。

(二)人民币票币兑换业务处理

办理人民币票币兑换业务应遵循先收入后付出的操作程序,由客户填写相关凭证,大宗款项兑换,必须经兑换人复核,确保准确。

三、营业终了现金收付的汇总核对

(一)柜员清点

柜员清点整理本外币库存现金、有价证券、各种凭证,做好日终结账前的准备工作。

(二)办理入库手续

打印相关凭证,柜员签章后,将本外币现金实物交管库员办理入库手续。

(三)账账核对、账实核对

用代表当日现金业务活动的现金汇总结数表与相应的会计科目借贷方发生额核对,查证当日现金收付业务是否正确。用代表库存现金保管登记簿当日库存余额与相应科目余额核对,查证库存现金是否正确。

四、出纳现金错款的核算

（一）出纳现金错款的类型

1. 出纳现金错款

出纳现金错款，指对外营业机构在与外部客户的现金收付业务中，日终结账所发生的现金溢出或现金短缺。现金溢出又称做长款；现金短缺又称为短款。现金溢出、短缺以及误收假币也属于出纳业务现金错款。

2. 自助取（存）款机错款

自动取（存）款机错款，指由客户自行操作的自助设备应有金额与自助取（存）款机内清点时现金实物不符，其差额即为自助取（存）款机错款，现金溢出又称做自助取（存）款机长款，现金短缺又称作自助取（存）款机短款。

3. 工作事故错款

工作事故错款，指非与外部客户现金收付业务中所发生的现金溢出或现金短缺，如现金内部出入库交接，现金调拨应有金额与实物不符等属于内部现金流动和保管所发生的错款。

4. 舞弊现金损失

舞弊现金损失，指银行内部工作人员利用职务之便，侵吞、窃取、骗取或以其他手段非法占有客户资金或本行库存现金造成的现金损失。

（二）出纳业务现金错款的处理

发生现金错款，无论金额大小，无论长款或短款，确认错款金额后，经积极查找，当日未能处理的，按以下程序处理：错款金额全额经审核批准签章后转入"待处理流动资产损溢"科目，并登记错款登记簿，须做到长款不寄库，短款不空库，同时采取相应的办法查找。

1. 发生长款的处理

发生长款时，如当日未能查明原因，应由出纳部门出具证明，经会计主管批准后，由会计部门填制现金收入凭证，作会计分录如下：

借：库存现金
　　贷：待处理财产损溢——待处理流动资产损溢

查明原因后，应区别不同情况处理。属于客户多交或银行少付的，应及时退回原主，作会计分录如下：

借：待处理财产损溢——待处理流动资产损溢
　　贷：库存现金

如经查找，确实无法归还时，经批准后，可以将长款列为银行的收益，作会计分录如下：

借：待处理财产损溢——待处理流动资产损溢
贷：营业外收入——出纳长款收入

2. 出纳短款的处理

发生短款时，如当日未能查清和找回，应由出纳部门出具证明，经会计主管批准后，由会计部门填制现金付出凭证，作会计分录如下：

借：待处理财产损溢——待处理流动资产损溢
贷：库存现金

查明原因后，追回短款时，作会计分录如下：

借：库存现金
贷：待处理财产损溢——待处理流动资产损溢

短款经过认真查找，确实无法收回时，属于技术性短款或一般责任事故的，按规定的审批手续予以报损，作会计分录如下：

借：营业外支出
贷：待处理财产损溢——待处理流动资产损溢

第三节　现金库房管理与款项运送

银行出纳现金库房是人民银行发行基金保管库（简称发行库）和金融机构的出纳现金业务库（简称业务库）的统称。出纳现金库房由于保管大量的人民币、外币现钞及各种贵重物品，所以，它不仅是银行出纳业务极为重要的组成部分，而且是银行的要害部门。

一、出纳现金库房管理的重要性

出纳现金库房工作是保障货币发行、现金流通正常进行和维护银行资金安全的重要工作。做好出纳现金库房工作，需要严肃的纪律，严密的制度和明确的责任。出纳库房管理工作的重要性是确保国家资产、银行资金的安全，关乎国家经济建设的发展、金融的稳定；确保货币发行和现金供应，满足市场和人民生活的货币需求；确保库存额度适当，结构合理，资金周转速度快、效益高；确保库款质量，为保证市场流通票币的整洁、维护人民币的信誉发挥作用。

二、现金库房的主要业务核算和业务处理程序

（一）现金库房的主要业务与核算

（1）保管与本行经办业务或代理业务有关的现钞及贵重物品。

（2）办理辖内现金调拨和券别调剂的出入库业务。

当调出款项时，作会计分录如下：

借：联行科目
　　贷：库存现金

当调出款项时，作相反的会计分录。

3. 办理向上级行或人民银行现金存取业务

当向上级行或人民银行现金存入现金时，作会计分录如下：

借：联行科目
或：存放中央银行款项——××银行存款户
　　贷：库存现金

当向上级行或人民银行现金提取现金时，作相反的会计分录。

（二）现金库房业务的处理程序

（1）管库员办理现金实物出入库须填制出入库凭证，并由业务主管审核签章。

（2）出库现金先记账后出库，入库现金先入库后记账。

（3）办理库房业务须建立两套账（会计相关科目账和实物登记簿），以便于日清月结，相互核对。

（4）办理现金实物出入库，须双人以上进出库房。

（5）管理部门须通过监控系统对库区、库房进行实时监控。

三、现金库房管理

（一）综合管理

银行管理部门根据银行金库管理的相关法规、制度，制定管理办法和操作细则，并负责对所辖金库及本行的库房业务进行检查、指导、监督，按月向上级行报送检查报告。同时，建立现金库房严密的安全保卫体系及相关制度，负责基础设施、安全防范、防护设备以及守库、押运等规章制度的检查落实情况。

（二）现金信息管理

1. 大额领缴现金业务信息分析管理

根据临柜现金收付款业务信息和规律，对大额领缴现金业务进行控制监督，对异常领缴现金业务信息及时进行核实，进一步强化对现金业务的风险控制管理。

2. 库存现金情况的分析管理

根据现金收付的规律和库存现金情况的统计分析,在确保对外支付的前提下,核定辖属机构的日均库存现金限额,合理调剂辖内现金库存,及时向人行或代理行办理现金领缴手续,最大限度地压缩库存现金占用,并对银行现金库存限额执行情况进行监督和管理,不断提高银行本外币库存现金的营运效益。

3. 现金在途信息的分析管理

根据领缴现金出入库情况信息,监督银行按规定及时办理领缴现金业务的账务处理和出入库手续;对领缴现金业务过程中存在的安全隐患及时向有关部门汇报,并督促整改。

4. 现金业务信息的综合分析管理

通过对日均现金库存情况、每月领缴现金频率情况、领缴现金业务的成本等信息的统计分析,考核银行现金营运管理水平和效率,健全和完善辖内现金营运管理办法和模式,为正确考核银行利润、内部计价管理和经营决策提供真实、准确、完整的信息和依据。

5. 反假信息的分析管理

及时收集、汇总银行上缴假币和清点现金中发现的各种假币信息,对其进行综合分析,并及时通报,协助做好临柜现金收付款业务的反假工作。

第四节　代理收兑金银和代办配售金银的核算

一、金银业务核算的规定

(一) 金银的概念

金银是贵金属,是天然的货币,是现代工业、医疗和科研单位必需的重要原料,又是国际贸易支付的可靠手段,也是国家重要的储备物资。金银不是一般的商品,国家为了加强对金银的管理,颁布了《中华人民共和国金银管理条例》和《金银管理条例实施细则》,授权中国人民银行负责金银的统一管理与经营。中国人民银行在一定的条件下,可委托商业银行的基层业务机构根据授权范围代办金银收兑和配售的具体业务。

(二) 金银的管理范围

金银的管理范围包括:矿金、砂金和冶金副产品金银;金银条(块)、锭粉;金银边角料以及废渣、废液、废料所含的金银。

金银的收购与配售业务,由中国人民银行统一管理和经营。在未设中国人民银行或没有条件收售金银的地方,由中国人民银行委托商业银行在其授权范围内代办具体业务。商业银行代办金银收购限于的范围:群众采淘的;三废回收的;个人出售的;依法没收的。因此,一切单位持有的金银以及国有企业和集体经济组织等生产的金银,必须一律交售给中国人民银行或其委托机构,不得留用或储存;任何单位和个人都不准私自买卖金银,不得计价行使,不得在市场流通;个人所持有的金银需要出售时,可以按国家牌价交售给人民银行或其委托机构;工业、医疗、科研和其他正当用途的金银,可以向中国人民银行申请,按批准的计划额度配售。

金银的收兑和配售,是国家实施金银管理的重要内容之一。具体的收兑和配售工作,由经办行处安排专人负责,委托机构收购的金银,必须按原收购价格全部转售给中国人民银行,由中国人民银行计算付给手续费,因金银成色、称重量等情况所发生的损失,则由委托机构负责自行处理。

二、收购金银的核算

为了核算和监督金银的收兑、配售等情况,设置"贵金属"科目,在"贵金属"科目下,按金银的种类和品种设置明细科目,进行明细核算。"贵金属"科目属于资产类科目,借方登记金银的收入数,贷方登记金银的配售和调拨数,余额在借方,反映金银的实存数。

当单位或个人向银行出售金银时,应向其说明当时的牌价与检验成色的方法。经同意后再当面拆包,清点所售金银件数,称重量,鉴定成色,收妥后由经办员负责填制"收兑金银计价单"一式三联,复核员核实毛重、成色、纯色和金额,加盖复核员名章后,将收兑金银计价单交给会计部门。

会计部门对单证审核无误后,将第一联作金银鉴定凭证,出纳据以登记金银实物账,第二联作"贵金属"科目的现金付出传票凭以付款和记账,第三联连同价款给交售个人;如属于单位的则应通过同城相应的结算手续办理转账。其会计分录如下:

借:贵金属
　　贷:现金或××存款

收进的金银,不得抵充现金。每日收购的金银,应按规定进行封包,并填制入库票入库保管。封包工作必须由经办员和复核员共同负责,并在封包上签章,以明确责任。

商业银行收购的金银,应原物按原价全部交售中国人民银行,当收到中国

人民银行转账凭证时,其会计分录如下:

> 借:存放中央银行款项
> 　　贷:贵金属

三、配售金银的核算

配售金银时,需要使用单位编报申请金银配售计划明细表。并通过其主管部门签署意见向当地中国人民银行提出申请,经中国人民银行总行汇总平衡后,在其批准的年度金银配售计划内按下达的指标供应。各行因配售需要,可在批准的额度内按联行调拨价调入金银。对调入的金银由出纳部门验收后,按照调入数量填制"上划调入金银价款清单"交会计部门,以填制的三联特种转账传票,一联附上划的联行报单,两联分别作转账借贷方传票,清单作"贵金属"科目的传票附件。其会计分录如下:

> 借:贵金属
> 　　贷:存放中央银行款项(或辖内上存款项)

银行配售的金银,一律按配售金银的当天牌价计价,配售价与联行调拨价之间的差价,由银行作损益处理,当使用单位在批准的额度内按实际需要一次或分次向银行办理配售时,经检验有关证明文件和银行主管人员签章后,由经办人员填制"配售金银计价单"一式四联:一联凭以填制"金银出库票"办理实物出库后,由出纳部门留存据以登记金银实物账,另一联经过会计记账后连同实物交使用单位作报销凭证;其余两联,一联按联行调拨价作为"贵金属"科目转账贷方传票;另一联按配售价与联行调拨价的差额填列,作为配售金银的损益传票连同单位提交的转账支票或相应的同城结算支付凭证进行账务处理。

当配售价高于联行调拨价,则为收益。其会计分录如下:

> 借:活期存款——配售单位户
> 　　贷:贵金属
> 　　　　其他营业收入——金银买卖收益

如当天配售金银牌价低于联行调拨价,则为损失。其会计分录如下:

> 借:活期存款——配售单位户
> 　　其他营业支出——金银买卖损失
> 　　贷:贵金属

应当说明,根据钱账分管原则和相互核对的核算要求,出纳部门应用的金银实物账,一般虽都用会计部门的金银账页代替,但只登金银成色、数量,不登金额;在发生收兑或配售金银业务的当天营业终了,应与会计部门的金银账的相应栏核对相符。

四、金银损益的核算

贵金属在买卖时,如果因为贵金属纯重量的正常升降以及价格的变动与账面原值发生的差额,应记入当期损益进行核算。当发现贵金属纯重量正常升降时,应进行调整账务。

如果正常升重,应记入"其他营业收入"科目。其会计分录如下:

> 借:贵金属
>   贷:其他营业收入

如果正常降重,应记入"其他营业支出"科目。其会计分录如下:

> 借:其他营业支出
>   贷:贵金属

如果发现丢失、短缺数量较大或有可疑现象等非正常纯重降重,先在其他应收科目过渡,待查清后进行处理。其会计分录如下:

> 借:其他应收款——待出处理金银短款户
>   贷:贵金属

第七章

商业银行系统内往来的核算与管理

第一节　商业银行系统内往来概述

一、商业银行系统内往来核算的意义

商业银行系统内往来过去称为联行往来,随着各商业银行系统内网络数据集中工作的完成,电子联行做法已取消。各行系统内采用资金汇划系统,现称银行网内往来,它是银行系统内各行处对在资金上具有往来关系的业务处理,是系统内银行的资金账务往来的重要内容。它是由于系统内银行间办理资金的货币支付结算、相互间代收、代付款项和行内资金调拨等而引起的。网内往来是银行办理社会支付和银行内部资金汇划的基础,也是加速社会资金流动的有力工具。及时、准确、快捷、安全地组织网内往来核算是商业银行会计的重要任务。网内往来的实质是系统内各行处之间的应收应付款关系。目前各商业银行都分别有各自的网内系统和管理制度,一般都建立了处理同一数据中心内的往账行与来账行之间本外币资金汇划、查询查复等业务的应用系统,以提高和加快社会资金周转。

二、银行网内往来系统业务管理办法

银行网内往来系统是处理同一数据中心内的往账行与来账行之间本外币资金汇划、查询查复等业务的应用系统。银行应加强网内往来系统的业务管理,防范支付风险,确保网内往来系统安全、稳定运行。

网内往来系统的基本运行方式是:支付指令实时传输、汇划资金适时到达、汇差当日自动清算。

网内往来机构在工作时间内应及时处理往来账务,当日往来账业务应全

部处理完毕。

年终决算日必须完成全部网内往来系统往来账务及查询查复业务的处理。

第二节 会计科目、会计凭证及专用工具

由于各商业银行网内资金汇划系统具体做法不完全一致,所用网内往来的会计科目名称各有不同,但会计科目性质和作用相同,均为资产负债共同类。会计凭证格式有所不同,但使用原理和作用基本相同,均为网内往来的专用凭证,一般称为报单,有借方报单和贷方报单之分。这里对各行网内往来具体操作程序我们不做详细介绍,只阐述银行系统内往来汇划的基本原理和要求。

办理汇划业务的行处必须拥有总行颁发的相关营业行号,才有资格参加联行网内往来汇划款项,为了保证联行网内汇划款项的真实准确,确保资金安全,必须编制联行网内密押,应由专人负责保管、使用、编制。其他人不得接触,否则作泄密处理。

网内往来汇划业务是由社会支付及银行内部资金调拨、清算引起的。网内往来汇划业务范围具体包括汇兑、委托收款、托收承付、银行汇票、商业汇票、信用卡(银行卡)、个人旅行支票、储蓄的通存通兑、储蓄委托收款、定期借记支付、普通借记支付、银行内部资金清算等。同时办理联行间的查询、查复业务。

第三节 商业银行网内往来业务核算与管理

一、往账和来账

商业银行网内往来账务分为往账和来账两大系统,网内往来业务遵循"谁发出、谁负责"的原则,往账行办理往账,来账行办理来账。所谓往账行就是网内往来业务的发生行,是发出报单的营业机构,当发生代收业务时,发出贷方报单;发生代付业务时,发出借方报单。

所谓来账行就是往账行的对应行,即报单的接收行。专门处理来账事务。

代收业务又称划出款业务,是营业机构办理汇兑、委托收款、托收承付等代对方银行收款的业务,此时本行为付款行(债务行),对方银行是收款行(债权行)。本行所使用联行会计科目属负债性质。

代付业务又称划入款业务,是营业机构办理银行汇票、信用卡、定期借记等代对方银行付款业务,此时本行为收款行(债权行),对方银行是付款行(债务行)。本行所使用联行会计科目属债权性质。

由于银行在办理业务过程中所处的角色不同,有时是往账行,有时是来账行,因此当发出报单时办理往账账务,接收报单时办理来账账务。两者分别进行,互不干扰。

二、营业机构(往账行)往账业务处理

营业机构的往账业务一般采用"录入、确认"双人操作模式。录入、确认必须依据审核无误的原始凭证处理,确保业务信息真实、准确。往账贷报录入或借报确认超过规定限额的,必须经相应级别的主管授权。客户办理电汇业务须在原始凭证上加注"普通"或"加急"标志;办理托收业务须在原始凭证上加注"邮划委托收款"、"电划委托收款"或"邮划托收承付"、"电划托收承付"等标志。

来账业务处理,采用自动核销的来账业务,次日由来账行或入账行打印客户入账通知书。需手工核销的来账业务,必须认真审核并做相关处理。来账手工核销超过规定限额的,必须经相应级别的主管授权。来账行退回来账业务或往账行收到被退回业务,须经会计主管审核签章后再做处理。来账行对需退回的网内来账业务,必须通过网内往来系统办理。

(一)往账借报录入与确认

当营业机构办理代付业务时,录入柜员审核原始凭证无误后,选择往账录入交易,根据不同业务种类,输入相关要素,发出借方报单信息。交易成功后,打印记账凭证及录入清单。

记账凭证加盖有关业务印章和经办员章,原始凭证加盖经办员章后与录入清单一并传递给确认柜员。待确认后,作会计分录如下:

借:网内往来相应科目(往账)
　　贷:××存款科目

(二)往账贷报录入与确认

当营业机构办理代收业务时,录入柜员审核原始凭证无误后,选择往账录入交易,根据不同业务种类,输入相关要素,发出贷方报单信息。交易成功后,打印记账凭证及录入清单,批量打印往账录入清单操作同往账借报录入。根据借方账户类型的不同,做相应处理。待确认后,作会计分录如下:

借：××存款科目

　　贷：网内往来相应科目（往账）

三、来账行来账业务处理

（一）查询来账业务

营业期间，柜员应及时查询来账未处理信息，查询本行是否有未核销的来账业务。

收到"确认"的来账报单时，打印未核销来账凭证及三联联行来账凭证，并在来账凭证第一联加盖经办员章。

收到"自动核销"的来账报单时，只需次日打印客户回单。

（二）对来账凭证审查

（1）来账业务是否为本行受理业务。

（2）来账凭证要素是否齐全、正确；收款人或付款人为本行账户，账号与户名是否相符。

（3）退回来账凭证与原汇划凭证相关要素是否一致。

（三）来账单笔核销

来账凭证审核无误后，选择来账单笔核销交易，根据来账报单借、贷标志及不同核销类型，输入相关要素。交易成功后进行账务处理。

对来账借方报单，先在相关子系统做贷记过渡再核销，交易成功后，作会计分录如下：

借：××存款科目

　　贷：网内往来相应科目（来账）

对来账贷方报单，先核销再在相关子系统做借记过渡，交易成功后，作会计分录如下：

借：网内往来相应科目（来账）

　　贷：××存款科目

用联行来账凭证第一联打印记账凭证，加盖有关业务印章和经办员章；第二联作相关子系统记账凭证；第三联加盖有关业务印章作客户回单。

（四）来账手工批量核销

对"汇兑"和"托收"来账报单，可选择来账批量核销交易，交易成功后，进行账务处理。

汇差当日自动清算，若为应收汇差，数据中心自动清算，作会计分录如下：

借：存放上级行清算资金

　　贷：通存通兑往来

若为应付汇差，数据中心自动清算，作会计分录如下：

借：通存通兑往来

　　贷：存放上级行清算资金

四、差错改正及查询、查复

参加网内往来各营业机构的经办人员在办理资金汇划中发现有差错、错误或疑问时可以按有关规定进行改正处理或进行查询，被查询机构人员应及时回复。

发出查询的内容一般有报单查询、票据查询、其他查询。

第四节　商业银行系统内存、借款的核算与管理

商业银行系统内上、下级行之间因日常结算、资金清算和经营管理的需要，形成相互之间存放款项、缴存款项和借入、借出款项的业务。它是商业银行系统内资金往来业务内容之一。根据资金往来的性质和内容不同，主要有系统内存款业务、系统内借款业务、系统内票据业务。

一、系统内存款业务的核算

系统内存款是指下级行根据相关管理规定和业务经营需要将资金存入上级行，形成下级行的资产和上级行的负债。系统内存款包括缴存准备金、缴存其他准备金、存放约期存款、存放清算资金、存放专项资金等。

我们以存放清算资金为例，讲述系统内存款业务的会计核算。

（一）存入系统内存款的核算

下级行根据资金管理规定，上存清算资金，或上级行根据资金管理部门提供的资金调拨单主动调拨下级行清算资金上存的，经过上级行复核确认后，上级行确认一项系统内存入款项，下级行确认一项存放系统内款项。

上级行的会计分录如下：

借：缴存央行超额准备金/存放中央银行款项

　　贷：下级行存入清算资金

下级行的会计分录如下：

借：存放上级行清算资金

　　贷：缴存央行超额准备金/存放中央银行款项

（二）系统内存款利息的核算

系统内存款的计息方式有定期结息和利随本清两种，采用"定期结息"的系统内存款，在每季季末，按存款的本金和合同利率计算确定应结利息，并予以支付。

上级行的会计分录如下：

借：系统内资金往来利息支出
　　贷：下级行存入清算资金

下级行的会计分录如下：

借：存放上级行清算资金
　　贷：系统内资金往来利息收入

计息方式为"利随本清"的系统内存款，在每季季末，按存款的本金和合同利率计算确定应计利息，待存款到期时随本金一并支付。

上级行的会计分录如下：

借：系统内资金往来利息支出
　　贷：系统内往来款项应付利息

下级行的会计分录如下：

借：系统内往来款项应收利息
　　贷：系统内资金往来利息收入

（三）系统内存款支取的核算

下级行因需要支付清算资金时，上级行的会计分录如下：

借：下级行存入清算资金
　　贷：××科目

下级行的会计分录如下：

借：××科目
　　贷：存放上级行清算资金

二、系统内借款业务的核算

系统内借款是指下级行根据相关管理规定和业务经营需要将向上级行借入资金，形成上级行的资产和下级行的负债。系统内借款包括短期借款、长期借款、专项借款等。我们以短期借款为例，讲述系统内借款业务的会计核算。

（一）借入系统内借款的核算

下级行根据资金管理部门提供的资金调拨单向上级行借入资金的，或上级行根据资金管理部门提供的资金调拨单或其他借款单证主动借给下级行资金的，经过上级行复核确认后，上级行确认一项系统内借出款项，下级行确认一项系统内借入款项。

上级行的会计分录如下：

借：借给下级行短期款项
　　贷：下级行存入清算资金/缴存央行超额准备金/存放中央银行款项

下级行的会计分录如下：

借：存放上级行清算资金/缴存央行超额准备金/存放中央银行款项
　　贷：借入上级行短期款项

（二）系统内借款利息的核算

系统内借款的计息方式也有定期结息和利随本清两种，采用"定期结息"的系统内借款，每季季末按存款的本金和合同利率计算确定应结利息。

上级行的会计分录如下：

借：下级行存入清算资金
　　贷：系统内资金往来利息收入

下级行的会计分录如下：

借：系统内资金往来利息支出
　　贷：存放上级行清算资金

计息方式为"利随本清"的系统内借款，每季季末按存款的本金和合同利率计算确定应计利息。

上级行的会计分录如下：

借：系统内往来款项应收利息
　　贷：系统内资金往来利息收入

下级行的会计分录如下：

借：系统内资金往来利息支出
　　贷：系统内往来款项应付利息

（三）归还系统内借款的核算

下级行偿付借款时，应首先计算确定相应的利息，然后将利息与本金一并支付。

上级行的会计分录如下：

借：下级行存入清算资金/缴存央行超额准备金/存放中央银行款项

贷：借给下级行短期款项

贷：系统内往来利息收入

贷：系统内往来款项应收利息

下级行的会计分录如下：

借：借入上级行短期款项

借：系统内往来利息支出

借：系统内往来款项应付利息

贷：存放上级行清算资金/缴存央行超额准备金/存放中央银行款项

三、系统内票据业务的核算

系统内票据业务包括系统内票据和系统内票据回购。系统内票据是指总行资金管理部门和资金营运部门为调控系统内资金，以总行所持有的央行票据为依托，向系统内发行的短期债务凭证，其实质是向总行存款。系统内票据回购是指分行根据自身资金头寸情况，将已购买的系统内票据向总行申请回购，以融入资金，其实质是向总行质押借款。

（一）系统内票据发行和认购的核算

总行资金清算部门根据资金管理部门提供的系统内票据资金清算表进行资金交割后，总行确认一级分行存入系统内票据款项，一级分行确认存放总行系统内票据款项。

总行的会计分录如下：

借：一级分行存入清算资金

贷：一级分行存入系统内票据款项

一级分行的会计分录如下：

借：存放总行系统内票据款项

贷：存放总行清算资金

（二）系统内票据回购的核算

总行资金清算部门根据资金管理部门提供的系统内票据回购资金清算表进行资金交割后，总行确认借给一级分行系统内票据回购款项，一级分行确认借入总行系统内票据回购款项。

总行的会计分录如下：

借：借给一级分行系统内票据回购款项

　　贷：一级分行存入清算资金

一级分行的会计分录如下：

借：存放总行清算资金

　　贷：借入总行系统内票据回购款项

（三）系统内票据业务利息的核算

系统内票据业务采用"利随本清"的计息方式。每季季末按票据的面值和合同利率计算确定应计利息。

总行的会计分录如下：

借：系统内资金往来利息支出

　　贷：系统内往来款项应付利息

一级分行的会计分录如下：

借：系统内往来款项应收利息

　　贷：系统内资金往来利息收入

每季季末按票据回购的融资本金和合同利率计算确定应计利息。

总行的会计分录如下：

借：系统内往来款项应收利息

　　贷：系统内资金往来利息收入

一级分行的会计分录如下：

借：系统内资金往来利息支出

　　贷：系统内往来款项应付利息

（四）系统内票据到期兑付的核算

系统内票据到期兑付后，总行终止确认一级分行存入系统内票据款项，一级分行终止确认存放总行系统内票据款项。

系统内票据采用"利随本清"一次性兑付的方式，在兑付或偿付本金时按合同的利率计算确定利息，与本金一并支付。

总行的会计分录如下：

借：一级分行存入系统内票据款项

　　系统内资金往来利息支出

　　系统内往来款项应付利息

　　贷：一级分行存入清算资金

一级分行的会计分录如下：

借：存放总行清算资金
　　贷：存放总行系统内票据款项
　　　　系统内资金往来利息收入
　　　　系统内往来款项应收利息

（五）系统内票据回购到期偿付的核算

系统内票据回购到期偿还后，总行终止确认借给一级分行系统内票据回购款项，一级分行终止确认借入总行系统内票据回购款项。

系统内票据回购采用"利随本清"一次性兑付的方式，在兑付或偿付本金时按合同的利率计算确定利息，与本金一并支付。

总行的会计分录如下：

借：一级分行存入清算资金
　　贷：借给一级分行系统内票据回购款项
　　　　系统内资金往来利息收入
　　　　系统内往来款项应收利息

下级行的会计分录如下：

借：借入总行短期款项——票据回购
　　系统内资金往来利息支出
　　系统内往来款项应付利息
　　贷：存放总行清算资金

四、系统内资金清算

系统内资金清算是指对由系统内存借款业务、日常经营等引起的系统内资金往来按照一定的清算模式进行实际资金划转的过程。系统内资金清算通过网内往来系统进行，采用逐级清算原则，在省内由系统自动完成清算，一级分行与总行间资金清算由手工完成。

对系统内人民币清算采用日终汇总轧差清算模式，对系统内的外币业务采用逐笔全额清算模式。系统内资金往来日间通过"通存通兑往来"科目核算，日终按差额进行资金清算。

如为应收汇差行，会计分录如下：

借：存放上级行清算资金
　　贷：通存通兑往来

如为应付汇差行，会计分录如下：

借：通存通兑往来
　　贷：存放上级行清算资金

上级行的会计核算：

借：下级行存入清算资金——应收汇差行
　　贷：下级行存入清算资金——应付汇差行

第 八 章

金融机构往来的核算与管理

第一节 金融机构往来概述

一、金融机构往来的概念

金融机构往来是指中央银行与各商业银行及非银行机构之间,以及各商业银行、非银行金融机构之间的资金账务往来。它是由于资金的划拨、款项的汇划、货币结算、资金融通等原因而引起的,在市场经济环境下,银行与其他金融机构是社会资金活动的中心,国民经济各部门、各单位、各企业及个人的资金划拨和货币结算都必须通过他们来完成。由于金融机构的多元化,各收、付款单位大多在不同的商业银行开户,他们之间的货币结算必然引起各银行之间的资金账务往来;同时,信贷资金的横向融通,中央银行的宏观调控等也会引起金融机构往来的核算。金融机构往来的核算对商业银行和非银行金融机构的自主经营、独立核算,以及国家信贷资金的管理和充分发挥中央银行宏观调控作用,都有重要的现实意义。

二、金融机构往来的主要内容

金融机构往来主要包括两部分内容:一是金融业各商业银行、非银行金融机构之间由于资金划拨、融通或相互代理货币结算而发生的各类往来业务;二是金融机构与中央银行(人民银行)之间发生的各种资金划拨、清算业务,如向中央银行缴存准备金、向中央银行借款、再贴现等业务。

三、金融机构往来所涉及的主要账户和科目

(一)存放中央银行款项

各商业银行必须在当地中央银行开立准备金存款账户,该账户所存放的资金主要包括两类:一是法定存款准备金。即按照有关法律规定,商业银行必须将其吸收的存款的一定比例缴存于中央银行,同时每旬根据存款的增减调整法定存款准备金的余额；二是备付金。即银行为应付资金清算的需要而在中央银行所储存的一定数量的备付金。

商业银行的法定存款准备金与备付金可在中央银行同存于一定账户之内（只要其余额始终高于法定存款准备金的规定余额），通常该账户在各商业银行以"存放中央银行款项"科目进行核算。

（二）存放同业

商业银行有时将一部分资金存入其他商业银行或金融机构，其目的是为了同业间经营往来清算资金的需要。这部分资金通常以"存放同业"科目核算，一般又可具体分为存放其他商业银行款项、存放政策性银行款项、存放金融性公司款项等。

（三）拆出资金

商业银行间因业务需要而相互融通资金，对拆出方来说，这种业务通常以"拆出资金"科目进行核算，具体又可分为拆放其他商业银行、拆放政策性银行、拆放金融性公司、拆放资产管理公司、对证券公司拆放的股票质押贷款等。

（四）转贴现与再贴现

商业银行买入他行票据或贴现企业的商业汇票后，因融通资金的需要，可在符合有关规定的前提下，将这部分票据再转卖给其他商业银行或中央银行，即向其他商业银行办理票据的转贴现或向中央银行办理票据的再贴现。这类业务在商业银行一般通过"贴现资产"或"贴现负债"等科目进行核算。

（五）向中央银行借款

商业银行从中央银行融通资金，除了向中央银行办理再贴现外，还可以向中央银行借款，这类借款一般以"向中央银行借款"科目进行核算。

（六）同业存放

因业务往来需要，其他商业银行与金融机构也会有一部分资金存入本行，这类存款通常是活期存款，通常以"同业存放"科目进行核算。"同业存放"是负债类科目，与"存放同业"相对应，又可再细分为其他商业银行存款、政策性银行存款、证券公司存款、基金存款、其他金融性公司存款等。

（七）拆入资金

商业银行因资金需求，可向同业拆入资金，这类业务主要是为了资金融通，通常以"拆入资金"科目核算。"拆入资金"科目属负债类科目，与"拆出资金"相对应。又可细分为其他商业银行拆入、政策性银行拆入、金融性公司拆入等。

金融机构往来的会计管理和会计控制主要是通过对上述会计科目的正确

使用和科目账户余额的控制来达到目的。特别是注意和重视对金融机构的资产类会计科目账户余额的控制。

<h1>第二节　商业银行与中央银行
往来的核算与管理</h1>

商业银行与中央银行往来的会计管理和会计控制,主要内容是:商业银行在中央银行的存款准备金管理,商业银行缴存、支取现金的管理,商业银行向中央银行借款的管理,再贴现和商业银行通过中央银行汇划款项的管理。

对中央银行存款准备金,商业银行应重视和掌握存款准备金的余额控制和日常备付金的保持。首先,商业银行通过中央银行办理的业务活动,不能透支中央银行存款余额,而且应该保持足够的支付能力,以确保商业银行各项业务活动的顺利进行。如果商业银行在中央银行存款资金不足,应及时调度。其次,银行会计人员应随时把握在中央银行的存款增减变动情况,及时与中央银行会计进行账务核对。为了充分提高银行运用信贷资金的效率,商业银行会计应该熟悉和掌握经营规律,预测筹划在中央银行存款余额的风险控制点,确保商业银行资金高效运行。

一、商业银行向中央银行缴存(调整)法定存款准备金的处理

商业银行向中央银行缴存(调整)法定存款准备金分为财政性存款和一般性存款两种。

(一) 商业银行吸收的各种财政性存款要按规定比例向当地中央银行缴存财政性存款

每旬(月)末,各行应按有关存款科目余额,填制"缴存各种存款科目余额表",并按规定比例进行计算,然后填制缴存财政性存款划拨凭证一式四联,根据本调整期各科目余额总数与上调整期各科目余额总数相对比,分别情况办理缴存或调减存款,进行账务处理。

缴存或调增财政性存款,作会计分录如下:

借:缴存中央银行财政性存款科目
　贷:存放中央银行款项

调减存款,则作相反会计分录。

商业银行吸收的财政性存款是中央银行信贷资金,商业银行不能使用,应及时缴存中央银行,各商业银行应该如实反映各财政性存款户的资金活动情况,不能转移财政性存款资金。更不能将财政性存款作一般性存款处理。

（二）商业银行吸收的企业活期存款、定期存款、个人的活期储蓄存款、定期储蓄存款等要按央行规定的比例由总行向中央银行总行集中缴存一般性存款

目前,各商业银行在中央银行的备付金账户与一般存款准备金账户基本上是同一账户,因此,各商业银行在旬末只要确保其账户余额高于应缴一般存款准备金余额即可,而不必进行账务处理。

由于一般存款准备金是由商业银行总行统一向中央银行上缴的,因此,总行还要根据一级分行和直属分行"缴存存款科目余额表",填制有关记账凭证,通过系统内资金汇划清算系统,与分行进行资金清算。缴存时,作会计分录如下:

总行:

借:有关联行科目
　　贷:系统内存放法定存款准备金或有关科目

分行:

借:上存系统内法定存款准备金或有关科目
　　贷:有关联行科目

在缴存存款时,商业银行如"存放中央银行准备金"科目余额不足,其差额部分为欠缴款,应及时调入资金,进行补缴。中央银行对其欠缴存款的应按规定进行处罚,罚款由税后利润支付。有关会计分录如下:

借:营业外支出
　　贷:存放中央银行款项

商业银行对缴存存款中,应严格区分两种存款的区别,不能将部分财政性存款放在一般性存款中核算,来达到少缴财政性存款的目的。中央银行应加强监督检查。

二、商业银行向中央银行缴存(支取)现金的处理

（一）缴存现金

商业银行向中央银行缴存现金时,应先办理业务库出库手续,并填写现金缴款单一式两联,连同现金一并交给中央银行清点无误后,根据中央银行加盖"现金收讫"戳记和出纳员名章的回单联,补制现金付出凭证,以回单作附件,进行账务处理,作会计分录如下:

借：存放中央银行款项

　　贷：库存现金

（二）支取现金

商业银行向中央银行支取现金时，应签具现金支票，送交中央银行，现金取回后，补制现金收入凭证，进行账务处理，作会计分录如下：

借：库存现金

　　贷：存放中央银行款项

商业银行应加强对库存现金的管理，通过制定现金库存限额制度，实行限额管理，超过限额的现金应自觉送存中央银行。支取现金时，不能向中央银行透支现金，应掌握在中央银行存款准备金余额内。

三、商业银行向中央银行借款的处理

商业银行经营活动中资金运行困难时，为解决资金困境可以向中央银行借款，商业银行会计应准确把握借款的种类和用途及利率的变动情况，从银行全局出发，办理中央银行借款和还款的核算，并认真监督管理中央银行借款的具体使用情况，以防止使用不当。按照签订的借款合同，按时办理还款手续。

商业银行向中央银行借款，按当地中央银行有关规定办理。主要包括年度性贷款、季节性贷款、日拆性贷款、向中央银行的再贴现。

（一）向中央银行借款

向中央银行办理借款业务时，应填制贷款借据并备齐有关资料，待中央银行审查同意，退回回单后，分别贷款种类办理账务核算，作会计分录如下：

借：存放中央银行款项

　　贷：向中央银行借款

（二）归还中央银行贷款

贷款到期，应主动向中央银行归还贷款本息，作会计分录如下：

借：向中央银行借款

　　金融企业往来支出

　　贷：存放中央银行款项

四、商业银行向中央银行再贴现的处理

再贴现是指贴现的商业银行将已办理贴现的尚未到期的商业汇票，转让给人民银行，人民银行按照再贴现利率扣除贴现利息后将剩余票款支付给再贴现申请人的票据行为。

（一）再贴现的处理

商业银行持未到期的汇票向人民银行申请再贴现时,应按照人民银行的要求在票据上填写"转让背书",在被背书人栏中,填写再贴现行(即人民银行)名称,在背书人栏中加盖汇票专用章和法定代表人或授权经办人名章,填写一式五联再贴现凭证(可用贴现凭证代替),在第一联上按照规定签章,将已贴现的票据、增值税发票和商品发运单据复印件一并交人民银行进行审批。贴现银行收到人民银行交给的再贴现收账通知后,应填制二联特种转账借方凭证,一联特种转账贷方凭证,收账通知作存放中央银行款项借方凭证的附件。作会计分录如下:

借:存放中央银行款项(实付再贴现金额)
　　金融企业往来支出(实付再贴现利息支出金额)
　　贷:贴现负债(票面金额)

待票据到期后,作会计分录如下:

借:贴现负债
　　贷:贴现资产

（二）再贴现到期而人民银行未收回票据款项的处理

再贴现的票据到期后,根据《支付结算办法》的规定,人民银行应通过委托收款方式主动向承兑行提示付款,不获付款时可从再贴现申请人账户收取票款。但在现阶段通常再贴现的票据到期后,人民银行会要求商业银行将其回购。再贴现申请人将票据回购或收到人民银行退回的汇票和拒绝付款理由书时,可以向贴现申请人追索,填制两联特种转账借方凭证和一联特种转账贷方凭证,在"转账原因"栏注明"未收到××号汇票款,贴现款已从你账户收取",一联作借方凭证,一联作贷方凭证,人民银行的付款通知作附件。贴现申请人账户余额不足时,应按照逾期贷款的规定处理。有关会计分录如下:

借:××存款科目(贴现申请人户)
或借:××贷款科目(贴现申请人逾期户)
　　贷:存放中央银行款项

然后,将另一联特种转账借方凭证加盖转讫章作支款通知随同汇票和拒绝付款理由书交给贴现申请人。

五、通过中央银行异地汇划款项的处理

主要是指商业银行系统内和商业银行跨系统的大额资金汇划,通过中央银行社会支付系统办理转汇。目前有以下三种不同处理。

（一）汇出行和汇入行所在地都是双设机构的地区（即在同一地区都有商业银行机构和中央银行机构）

可以采取"先横后直"的划款方式，即甲地商业银行汇出行将汇款转交当地中央银行，由其划至乙地中央银行转乙地商业银行汇入行通知收款人进账。

甲地商业银行汇出行：

借：吸收存款——活期存款
　　贷：存放中央银行款项

乙地商业银行汇入行：

借：存放中央银行款项
　　贷：吸收存款——活期存款

（二）汇出行和汇入行均为单设机构地区可以通过附近第三地双设机构的地区转汇

可以采取"先直后横再直"的划款方式。

甲地汇出的商业银行：

借：吸收存款——活期存款
　　贷：系统内联行科目

第三地系统内转汇行：

借：系统内联行科目
　　贷：存放中央银行款项

第三地跨系统转汇行：

借：存放中央银行款项
　　贷：系统内联行科目

乙地跨系统汇入的商业银行：

借：系统内联行科目
　　贷：吸收存款——活期存款

（三）汇出地为单设机构地区，汇入地为双设机构地区

可以采取"先直后横"的划款方式，即甲地商业银行汇出行先通过系统内联行，将款项划到乙地系统内转汇行，再通过当地中央银行转划跨系统汇入的商业银行通知收款人收账。

甲地商业银行汇出行：

借：吸收存款——活期存款

　　贷：系统内联行科目

乙地系统内转汇行：

借：系统内联行科目

　　贷：存放中央银行款项

乙地跨系统汇入的商业银行：

借：存放中央银行款项

　　贷：吸收存款——活期存款

商业银行通过中央银行汇划款项的管理，重点是相关的商业银行都应该注意其在中央银行存款准备金的支付能力，如果其中有某一商业银行在中央银行存款准备金备付能力不足，将影响整个资金的划拨，影响社会资金周转，形成社会资金流动的瓶颈，从而影响社会主义市场经济顺利健康发展。为此，各商业银行应随时把握和控制好其在中央银行的备付能力，如有不足，应及时调入。

第三节　同城票据交换的核算与管理

在同一城市，各类企业、事业及其他单位都在银行开户，这些单位之间的资金往来结算大量使用各类票据。在很多情况下，这些票据的收款单位与付款单位并不在同一商业银行开户，由于这类收款单位与付款单位之间的业务往来而形成的不同商业银行在同城的资金往来业务是通过同城票据交换清算完成的。同城票据交换一般有两种方法：一种是通过中央银行票据交换所进行的交换和清算；另一种是通过同业往来进行的交换与清算。采用什么办法按当地中央银行规定办理。

一、通过中央银行票据交换所集中交换

（一）参加票据交换的基本要求

商业银行参加人民银行组织的同城票据交换，需完成一系列的准备工作。

1. 向人民银行申请核定交换号码

参加票据交换的商业银行营业机构，首先要向当地人民银行申请交换号，由人民银行审查同意后，核发交换号，并通知本城所有参加交换的商业银行。交换号是参加票据交换的营业机构的代号，在参加交换的各类票据上，必须印有交换号，方能进行清分识别。

2. 配备专职交换员

票据交换岗位是机要部位,应严格按照机要部位管理。票据交换员应指定专人,严格遵守票据交换所规则,不准兼管系统内资金汇划清算业务;不准兼管中央银行备付金账户;不准兼管同业存放往来账户;不准兼管内部往来业务。

3. 确定交换场次和时间

一般城市,当地人民银行通常每天组织两次票据交换,各商业银行必须严格按照人民银行统一规定的交换场次和时间参加交换。

4. 清算账户的开立

参加票据交换的商业银行各营业机构,可以分别直接在当地中央银行开户,每次交换终了,将交换差额在其存款户内直接清算;也可以由该商业银行集中在中央银行开立一个清算账户,每次交换终了,首先以该商业银行为单位与其他商业银行通过中央银行开立的清算账户进行清算,然后该商业银行内部的各营业机构再在系统内通过辖内往来业务进行系统内二次清算。

(二) 票据提出的核算

1. 在办理交换提出业务前,必须做好各项准备工作

如有关交换网点调整,需先在计算机系统中增加或减少有关交换网点,并注明该网点参加交换的次数。

2. 将需提出的借方、贷方凭证分类处理

商业银行交换提出的凭证可分为借方凭证和贷方凭证。

借方凭证主要有支票、银行汇票、本票等。此时,本行为收款行,他行为付款行。这类凭证又称为代付票据。

贷方凭证主要有各类送款单(如单位提交的缴税凭证,水电费交费凭证等)等。此时,本行为付款行,他行为收款行。这类凭证又称为代收票据。

(1) 提出贷方凭证时,业务人员通过计算机系统进行数据录入后,经交易复核后进行账务处理,作会计分录如下:

借:××科目——各付款人户
　　贷:清算资金往来——同城票据清算

(2) 提出借方凭证时,业务人员使用计算机系统进行数据录入,复核无误后分别情况进行账务处理,对即时抵用的票据,如本票,应当时将资金划入客户账,作会计分录如下:

借:清算资金往来——同城票据清算
　　贷:××科目——各收款人户

对需收妥抵用的票据,如支票,应暂时将资金划入一过渡性科目(其他应付款科目),待退票时间截止后,再将资金划入客户账,作会计分录如下:

借:清算资金往来——同城票据清算
　贷:其他应付款——提出交换专户

过了规定退票时间后,作会计分录如下:

借:其他应付款——提出交换专户
　贷:××科目——收款人户

如对方银行来电通知有退票,则作会计分录如下:

借:其他应付款——提出交换专户
　贷:清算资金往来——同城票据清算

3. 将需提出的票据,通过计算机系统打印出同城提出交换计数单、同城提出交换清单和清算表

交换复核人员经核对确认后,在提出凭证,计数单,交换清单,交换清算表上分别加盖当地中央银行规定的交换业务公章,按规定办理交接手续,送交换员提出。

(三)提入票据的核算

票据交换员将提入的各项单证、票据,按规定交接手续,移交票据交换专柜。各行处票据交换柜指定专人当场核对,特别是对提入的贷方凭证要逐笔核对票据交换业务专用章并进行勾对,确保票据、计数单、总结表三者相符。核对无误后,进行账务处理。如有退票,应填写"退票理由书",及时办理退票手续。

(1) 对提回的贷方凭证,作会计分录如下:

借:清算资金往来——同城票据清算
　贷:××存款科目　　××单位户

如提回的贷方凭证有其他原因不能收账,应作退票处理,作会计分录如下:

借:清算资金往来——同城票据清算
　贷:其他应付款——退票专户

下次交换提出退票,则作相反会计分录。

(2) 对提回的借方凭证,作会计分录如下:

借：××存款科目　　××单位户

　　贷：清算资金往来——同城票据清算

如提回借方凭证的付款单位无款支付或其他原因无法办理付款，应及时办理退票，作会计分录如下：

借：其他应收款——退票专户

　　贷：清算资金往来——同城票据清算

下次交换提出退票，则作相反会计分录。

（四）票据交换所交换差额的清算

每次票据交换时，各行票据交换员将提出票据在规定时间内提交给中央银行票据交换所。由于商业银行在票据交换中，对提出交换的贷方凭证和借方凭证与提回的贷方凭证和借方凭证都是在定时定点的一场交换中完成，因此，在一次交换中可以在票据交换所中进行交换差额的清算，当场计算应收或应付资金，并根据存欠差额，填制资金汇划的有关凭证，通过中央银行账户当场清算。具体可通过"清算资金往来——同城票据清算"过渡性科目进行，经过汇总轧差清算，如"清算资金往来——同城票据清算"科目余额为借方，则表示本行本次交换为应收差额，其会计分录如下：

借：存放中央银行款项

　　贷：清算资金往来——同城票据清算

如"清算资金往来——同城票据清算"科目余额为贷方，则表示本行本次交换为应付差额，其会计分录如下：

借：清算资金往来——同城票据清算

　　贷：存放中央银行款项

关键控制点是各参加票据交换的商业银行在中央银行的清算账户应随时保持较强的清算能力，以防止票据交换的中断，影响企业交易活动的正常进行。此外，交换人员的业务素质、道德素质，应有较高的要求，应选派品质好、责任心强的专业人员担当。

二、通过同业往来进行同城票据交换与清算

通过同业往来进行的同城票据交换与清算是指县或县以下的城镇，由于当地没有中央银行机构，各行相互间票据是通过同业往来有关科目核算，存欠差额相互约定清算时间、办法和金额起点，互相办理清算。

第四节　同业往来的核算与管理

金融业各商业银行、非银行金融机构之间由于资金划拨、融通或相互代理货币结算而发生的各类往来业务,称为同业往来。主要包括跨系统资金往来转汇、同业拆借、跨系统转贴现等业务。

一、跨系统资金往来转汇业务的处理

(一)双设机构转汇的处理

汇出地银行属双设机构,采取"先横后直"的办法。汇出行收到客户委托跨系统汇出款项时,需办理转汇。如双设机构所在地设有中央银行票据交换所,则可通过同城票据交换将汇出款项提交转汇银行相互办理转汇和资金清算;如所在地中央银行具有人民银行电子联行接收站功能,则转汇业务可直接通过人民银行电子联行向跨系统银行汇入行办理汇划,资金直接向当地中央银行清算。

汇出行会计分录如下:

借:××存款——××户
　　贷:同业存放

然后,由汇出地跨系统银行通过该系统内联行汇出,款项由该银行的汇入行解付。

转汇行会计分录如下:

借:存放同业
　　贷:系统内联行科目

汇入行会计分录如下:

借:系统内联行科目
　　贷:××存款——××户

(二)单设机构转汇的处理

汇出地银行为单设机构,跨系统转汇采取"先直后横"的办法。

1. 汇出行的处理

汇出行收到客户委托跨系统汇划款项,需要办理转汇的会计核算。作会计分录如下:

借：××存款——××户
　　贷：系统内联行科目

2. 转汇行的处理

转汇行收到汇出行寄来需要转入当地跨系统行款项后，办理账务处理。作会计分录如下：

借：系统内联行科目
　　贷：同业存放

3. 汇入行的处理

汇入行收到当地转汇行转来汇入本行的款项后，作会计分录如下：

借：存放同业
　　贷：××存款——××户

二、同业拆借业务的处理

(一) 拆出行的处理

拆借双方协议同意拆借后，应通过中央银行办理拆借业务。作会计分录如下：

借：拆出资金
　　贷：存放中央银行款项

(二) 拆入行的处理

拆入行收到中央银行的进账通知后办理转账，作会计分录如下：

借：存放中央银行款项
　　贷：拆入资金

(三) 到期归还拆借的处理

拆入行在拆借到期时，应及时归还拆借，将本息通过中央银行一并归还。作会计分录如下：

借：拆入资金
　　　金融企业往来支出
　　贷：存放中央银行款项

拆出行收到中央银行进账通知办理转账。作会计分录如下：

借：存放中央银行款项
　　贷：拆出资金
　　　　金融企业往来收入

三、转贴现业务的处理

转贴现是指贴现银行将已办理贴现的尚未到期的银行承兑汇票或经总行批准办理贴现的商业承兑汇票,转让给其上一级行的票据行为以及总行与其他商业银行总行之间、分行与其他商业银行之间相互转让票据的行为。

（一）系统内转贴现

1. 下级行向上级行申请转贴现的处理

转贴现申请行(下级行)计划部门出具借据,将已贴现的票据暂时借出,加计总数填制转贴现申请书,经有权人签章批准后,交会计部门办理手续。

会计部门接到计划部门交来的转贴现申请书和已贴现的票据,应在票据上作"转让背书",在被背书人栏填写转贴现行(上级行)名称,在背书人栏加盖汇票专用章和法定代表人或授权经办人名章,并按单张票据填写一式五联转贴现凭证(用贴现凭证代替),连同已贴现的票据、商品交易合同和增值税发票复印件,一并送交转贴现银行(上级行)。

2. 转贴现银行办理转贴现的处理

转贴现银行(上级行)计划部门接到转贴现申请行(下级行)送交的已贴现票据、转贴现凭证和其他单证后,按规定进行审查。对符合条件的,在转贴现凭证"银行审批"栏中签署"同意"字样,由有权审批人签章后,送本行会计部门。

会计部门接到计划部门送来转让背书的票据和转贴现凭证,按照有关规定审核无误,确认贴现凭证的填写与票据相符后,按单张票据内容计算出转贴现利息和实付转贴现金额。转贴现利息和转贴现实付金额的计算方法如下:

转贴现利息＝汇票票面金额×转贴现天数×(转贴现年利率÷360)

实付转贴现金额＝汇票票面金额－转贴现利息

承兑人在异地的,计算转贴现天数时,应另加三天的划款日期。

其后,会计部门在转贴现凭证有关栏内填上转贴现利率、利息和实付金额,并按照实付转贴现金额填写(信)电汇凭证,通过当地人民银行向转贴现申请行汇款。第一联贴现凭证作贴现科目借方凭证,第二联作存放中央银行款项科目贷方凭证,人民银行退回的汇款回单作其附件,第三联作金融企业往来利息收入贷方凭证,第五联和汇票,按申请行和到期日顺序排列,专夹保管。作会计分录如下:

借:贴现资产

　贷:存放中央银行款项

　　金融企业往来收入

根据已办理转贴现凭证的第四联填制转贴现票据清单,连同加盖转讫章的转贴现第四联凭证退交转贴现申请行。

3. 转贴现申请银行收到转贴现款项的处理

转贴现申请银行收到当地人民银行的汇款收账通知,在与上级行退回的第四联贴现凭证及转贴现票据清单核对相符并审查无误后,填制两联特种转账借方凭证:一联特种转账借方凭证以人民银行收账通知作其附件,作为存放中央银行款项科目借方凭证;另一联特种转账借方凭证,以贴现凭证第四联作其附件,作为金融企业往来支出科目借方凭证,以计划部门的借据作其附件,作为贴现科目的贷方凭证。作会计分录如下:

借:存放中央银行款项
　　金融企业往来支出
　　贷:贴现负债

待票据到期后,再作会计分录如下:

借:贴现负债
　　贷:贴现资产

4. 转贴现到期收回票款的处理

转贴现银行作为持票人,按单张汇票到期日收款时,应在汇票背面"背书人"栏加盖结算专用章和授权经办人名章,注明"委托收款"字样,填制委托收款凭证,在委托收款凭证名称栏注明"商业承兑汇票"或"银行承兑汇票"及其号码,连同汇票向付款人或承兑人办理委托收款。对付款人在异地的,应在汇票到期前,匡算至付款人的邮程提前办理委托收款,将第五联贴现凭证作为第二联委托收款凭证的附件存放,其余手续比照发出委托收款凭证的手续处理。

转贴现银行在收到票款划回时,按照委托收款款项划回的有关手续处理。作会计分录如下:

借:有关科目
　　贷:贴现资产

5. 转贴现到期未收回的处理。

转贴现银行收到付款人开户行或承兑行退回的委托收款凭证、汇票和拒绝付款理由书,可依据《票据法》有关追索的规定,直接向转贴现申请行收取。

(二)跨系统转贴现

1. 商业银行受理转贴现的处理

商业银行持未到期的贴现汇票向其他商业银行转贴现时,应根据汇票填制一式五联的转贴现凭证(用贴现凭证代),在第一联上按照规定签章,将汇票作转让背书,一并交给转贴现银行。

转贴现银行信贷部门接到汇票和转贴现凭证后,按照有关规定审查,符合条件的,在转贴现凭证"银行审批"栏签注"同意"字样,经有权人签章后送交会计部门。

2. 跨系统转贴现的账务处理

转贴现银行会计部门接到作转让背书的汇票和转贴现凭证后,按照《支付结算办法》的有关规定审查无误,转贴现凭证的填写与汇票核对相符,计算出转贴现利息和实付转贴现金额,通过当地人民银行向转贴现申请行划款。第一联贴现凭证作贴现科目借方凭证,第二联作存放中央银行款项科目贷方凭证,人民银行退回的汇款回单作其附件,第三联作金融企业往来利息收入贷方凭证,第五联和汇票,按申请行和到期日顺序排列,并专夹保管。作会计分录如下:

借:贴现资产
　　贷:存放中央银行款项
　　　　金融企业往来收入

申请转贴现银行收到转贴现银行交给的转贴现通知和当地人民银行的收账通知后,应填制两联特种转账借方凭证和一联特种转账贷方凭证,收账通知作存放中央银行款项借方凭证的附件。作会计分录如下:

借:存放中央银行款项
　　金融企业往来支出
　　贷:贴现负债

待票据到期后,作会计分录如下:

借:贴现负债
　　贷:贴现资产

3. 转贴现到期收回的处理

转贴现的汇票到期后,转贴现银行作为持票人向承兑人提示付款,具体手续比照上述有关内容。

4. 转贴现到期未收回的处理

转贴现银行收到付款人开户行或承兑行退回的委托收款凭证、汇票和拒绝付款理由书,可依据《票据法》有关追索的规定,向转贴现申请行追索。

第 九 章

外汇业务的核算与管理

第一节 外汇业务概述

随着经济一体化和金融全球化的进程加快,特别是我国加入世界贸易组织后国际贸易的蓬勃发展,我国的外汇业务日渐增多,外汇业务的核算已经成为商业银行会计核算体系中日益重要的组成部分。

一、外汇业务的意义

外汇是国际汇兑(Foreign Exchange)的简称,其有动态和静态两种含义:动态的外汇是指外币兑换的行为,把一国货币兑换成另一国货币,用来清偿国际间债务;静态的外汇则是指以外国货币表示的可以用于国际清偿和国际结算的支付手段和资产。根据《中华人民共和国外汇管理条例》规定,外汇包括:外国货币,如现钞、铸币;外币有价证券,如政府公债、国库券、公司债券、股票、息票;外币支付凭证,如票据、银行存款凭证、邮政储蓄凭证;特殊债权,如协定(记账)外汇、特别提款权;其他外汇资金等。

外汇业务是我国对外开展国际贸易的主要业务。我国对外汇实行统一政策、集中管理的方针。国家设立外汇管理局,负责颁布外汇管理法规,管理外汇的收入与支出,公布外汇市场价格。国务院授权中国人民银行管理国家外汇业务。经中国人民银行核准的各金融机构,在核准经营的范围内开展外汇业务。

外汇业务作为商业银行业务的重要组成部分,是国家开展对外政治、经济联系的重要手段。商业银行通过外汇业务的开展,有利于扩大国际交往,促进国际贸易的发展;有利于引进外资和先进的技术设备;有利于与国际金融业务接轨与竞争等;同时,还可以扩大业务范围和客户服务面,促进海外分支机构的建立,适应各类客户的需要。

二、外汇业务的主要内容

外汇业务是指以记账本位币以外的货币进行的款项收付、往来结算等业务。按照集中管理、统一经营的外汇管理方针,国家授权外汇管理局行使外汇管理职权,由外汇指定银行和经批准的其他商业银行经营外汇业务。因此,经营外汇业务是外汇指定银行和经批准的其他商业银行业务经营的重要组成部分,其任务是:组织、运用、积累和管理外汇资金,经营外汇业务,根据国家的金融政策,从事国际金融活动,从资金等方面协助企业扩大出口贸易能力,引进必需的物资和技术设备,吸收境外汇款,增加外汇收入,节约外汇支出,提高外汇使用效益,促进国际收支均衡,增进国际间经济文化交流,促进国民经济稳定协调地发展,为社会主义现代化建设服务。

目前我国外汇指定银行和经批准的其他商业银行主要从事的外汇业务包括:外汇存、贷款,以及经中国人民银行批准的与外汇业务有关的人民币存、贷款;对外贸易和非贸易的国际结算;华侨汇款和其他国际汇兑;国际银行间的存款和贷款;外汇(包括外币)的买卖;国际黄金买卖;组织或参加国际银团贷款;根据国家授权,发行对外债券和其他有价证券;在外国和中国港澳等地区投资或合资经营银行、财务公司或其他企业;国家许可和委托办理的其他外汇等。

三、外汇业务的核算原理

商业银行外汇业务核算应遵循《企业会计准则第 19 号——外币折算》(简称《外币折算准则》)的规定。《外币折算准则》着重解决了记账本位币的确定、外汇交易的会计处理和外币财务报表折算等问题。

(一)记账本位币的确定

记账本位币是指会计主体经营所处的主要经济环境中的货币。我国商业银行一般以人民币作为记账本位币,但也允许业务收支以人民币以外的货币为主的商业银行选择其中一种货币作为记账本位币;但是,编报的财务会计报告应当折算为人民币。商业银行选择的记账本位币一经确定,不得改变,除非经营所处的与确定记账本位币相关的主要经济环境发生了重大变化。

记账本位币以外的货币称为外币。相对于人民币,外汇业务使用外币进行交易,但是会计信息的确认计量和披露却采用记账本位币。外币核算的核心问题就是不同币种之间的会计确认计量与披露如何保持一致。

(二)外汇交易的内容及分类

外汇交易是以外币计价或者结算的交易。商业银行外汇交易的内容包括：① 买入或者卖出以外币计价的商品或劳务。商品可以是有实物形态的固定资产等，也可以是无实物形态的无形资产、债权或股权等。② 借入或者借出外汇资金，包括单位向商业银行借款、商业银行向中央银行及同业借款、发行以外币计价或结算的债券等。③ 其他以外币计价或者结算的交易，如接受外币现金捐赠等。

外汇交易可分为货币性项目和非货币性项目。货币性项目是商业银行持有的货币和将以固定或可确定金额的货币收取的资产或者偿付的负债。货币性项目分为货币性资产和货币性负债。货币性资产包括库存现金、银行存款、应收账款和应收票据以及准备持有至到期的债券投资等；货币性负债包括应付账款、其他应付款、短期借款、应付债券、长期借款、长期应付款等。非货币性项目是货币性项目以外的项目，如长期股权投资、交易性金融资产（股票、基金）、固定资产、无形资产等。

（三）外币折算的会计处理

外币折算是指将外汇或外币财务报表折算为记账本位币反映的过程。外汇交易折算的会计处理主要涉及两个环节：一是在交易日对外汇交易进行初始确认，将外币金额折算为记账本位币金额；二是在资产负债表日对相关项目进行折算，因汇率变动产生的差额应计入当期损益。

商业银行对于发生的外汇交易，应当在初始确认时，采用交易发生日的即期汇率将外币金额折算为记账本位币金额，或者采用与交易发生日即期汇率近似的汇率折算。

在资产负债表日，对外币货币性项目（货币资金、债券、应付账款等）和外币非货币性项目（股权、长期预付款等）进行不同处理。对于外币货币性项目，采用资产负债表日即期汇率折算。因资产负债表即期汇率与初始确认或者前一资产负债表日即期汇率不同而产生的汇兑损益差额，计入当期损益，同时调增或调减外币货币性项目的记账本位币金额。而以历史成本计量的外币非货币性项目，已在交易发生日按当日即期汇率折算，资产负债表日不改变其记账本位币金额。

四、外汇业务的核算方法

在我国，外汇业务涉及人民币和多种货币，为了记录和反映人民币资金和外汇资金的收付，使人民币和外币之间、外币和外币之间的核算更合理科学，必须采用专门的核算方法。外汇业务的专门核算方法有外汇分账制和外汇统账制两种。虽然在《外币折算准则》中没有提及分账制记账方法，但在《外币折算准则》应用指南中提出：金融保险企业的外汇交易频繁，涉及外币币种较多，可以采用分账制记账方法进行日常核算。

（一）外汇分账制

外汇分账制也叫原币记账法或多种货币制，是经营外汇业务商业银行对外币与记账本位币实行分账核算的一种记账方法，也就是直接以各种原币为记账单位，而不折成记账本位币进行记账的方法。

1. 外汇分账制的内容

采用外汇分账制核算的商业银行，应按业务发生时的各种原币填制凭证、登记账簿、编制会计报表。商业银行发生结售汇、外汇买卖以及各种货币之间的兑换及账务间的联系均通过"货币兑换"科目，并按业务发生时的汇率记账。资产负债表日，商业银行应将以原币编制的财务会计报表折算为记账本位币。其中货币性项目按资产负债表日即期汇率折算，非货币性项目按交易日即期汇率折算，产生的汇兑差额计入当期损益。

2. 外汇分账制的处理方法

按照《外币折算准则》应用指南的要求，对外汇交易业务可以采取两种方法核算。

第一，所有外汇交易均通过"货币兑换"科目处理：

（1）商业银行发生的外汇交易同时涉及货币性项目和非货币性项目的，按相同外币金额同时记入货币性项目和"货币兑换（外币）"科目。同时，按以交易日即期汇率折算为记账本位币的金额，记入非货币性项目和"货币兑换（记账本位币）"科目。

（2）商业银行发生的外汇交易仅涉及记账本位币外的一种货币反映的货币性项目的，按相同币种金额入账，不需要通过"货币兑换"科目核算。如果涉及两种以上货币，按相同币种金额记入相应货币性项目和"货币兑换（外币）"科目。

（3）期末，应将所有以记账本位币以外的货币反映的"货币兑换"科目余额按期末汇率折算为记账本位币金额，并与"货币兑换（记账本位币）"科目余额相比较，其差额转入"汇兑损益"科目。如为借方差额，借记"汇兑损益"科目，贷记"货币兑换（记账本位币）"科目。如为贷方差额，借记"货币兑换（记账本位币）"科目，贷记"汇兑损益"科目。结算外币货币性项目产生的汇兑差额，记入"汇兑损益"科目。

第二，外汇交易的日常核算不通过"货币兑换"科目处理。

外汇交易的日常核算不通过"货币兑换"科目处理，仅在资产负债表日结转汇兑损益时，通过"货币兑换"科目直接以发生的币种进行账务处理。期末，由于所有账户均需要折算为记账本位币列报,因此,所有以外币反映的账户余额均需要折算为记账本位币余额;其中,货币性项目以资产负债表日即期汇率折算,非货币性项目以交易日即期汇率折算。折算后,所有账户借方余额之和与所有账户贷方余额之和的差额即为当期汇兑差额,计入当期损益。

（二）外汇统账制

外汇统账制也称本位币记账法或人民币统账制,是经营外汇业务的商业银行对外汇的买卖、收付等都折合成记账本位币,统一用记账本位币进行核算的一种方法。

采用外汇统账制核算的商业银行,应分别记账本位币和各种外币进行明细核算。商业银行发生外汇业务时,应当将有关外币金额折合为记账本位币记账,并登记外币金额和折合率。除另有规定外,所有与外汇业务有关的账户,应当采用业务发生时的汇率或业务发生当期期初的汇率折合。所有外币账户金额的增减,并一律按外汇牌价折合为记账本位币记账,即采用变动汇率的按业务发生时外汇牌价(通常采用中间价)作为折算率;采用固定汇率的按业务发生当期期初牌价作为折算率。

资产负债表日,商业银行应将外币账户的外币余额按照期末外汇牌价折合为记账本位币,作为外币账户的期末本位币余额。调整后的各外币账户的本位币余额与原账面余额的差额,作为汇兑损益,列作当期损益。

五、外汇业务核算的特点

由于外汇业务涉及不同国家的货币及其兑换,在金融管理和业务标准方面受国际法规和国际惯例的约束,对信息系统和经营管理机制要求较高,外汇业务风险较大,并且需要众多海外机构和代理行建立的支持等,因此,外汇业务的特点直接影响到作为反映和监督外汇业务的会计核算,使会计核算具有一定的特殊性。

（一）账务记载实行外汇分账制

经营外汇业务的商业银行在办理外汇业务及国际清算中,存在着大量的各种外汇资金之间以及人民币与外汇资金之间的收付。人民币、外汇的货币名称及货币单位既不相同,单位货币价值及实际购买力水平又不一致。因此,为了有效记录和反映人民币、外汇资金的收付,核算和监督各种不同货币的收、支、存情况,对外汇业务除以人民币为计量单位外,还要以外币为计量单位,并采用专门的会计记账方法。这种专门的会计记账方法是建立在复式记账原理及借贷记账法基础上的一种特殊核算方法,主要为外汇分账制。

外汇分账制按不同外币分别设立一套账户,可以全面、完整、系统、真实地记载和反映各种外汇资金的增减变化及余额，以及汇率变化，清晰反映经营外汇业务的商业银行资产、负债及损益情况，正确计算经营结果，便于国家及时掌握各种外汇的价值和余缺，满足国家对外汇资金管理的要求。相对而言，外汇统账制记账手续较简单，但不能反映各种外汇资金增减变动及结存情况，不利于外汇资金的调拨运用与管理。因此，目前我国商业银行对外汇业务的会计核算基本上都采用外汇分账制。

（二）设置特定会计科目

1. "货币兑换"科目

"货币兑换"科目是为了实现外汇分账制而设立的一个特定科目。依据复式记账原理，为了保持账务的平衡，凡因外汇业务活动而发生的涉及两种或两种以上货币相互兑换时，必须通过"货币兑换"这个特定科目作为桥梁进行核算与管理，在记账本位币账户和外币账户上同时等值反映，既使记账本位币账户和有关外币账户符合复式借贷原理，实现各自的平衡，又使汇资金活动与记账本位币资金运用情况有机地紧密联系起来。在商业银行外汇业务的会计核算中，"货币兑换"科目使用非常频繁，能否准确运用"货币兑换"科目进行外汇业务的会计核算，直接影响商业银行资产负债的真实性、商业银行间的资金清算和账务往来，以及对外汇风险的识别、判断、分析和监控。

2. 对应的或有资产、或有负债科目

商业银行的外汇业务，尤其国际结算业务是一项中间业务，在发生业务时对外并无实际资金的收付行为，但往往在该业务约定后，商业银行在取得一定债权的同时，也承担了一定的保证责任，而且每一笔业务都关联着境内外客户，反映着多重关系。因此，为了全面反映商业银行的业务活动情况，加强业务管理与监督，除使用一般通用的会计科目反映具体业务外，还必须设置用于反映业务潜在权责关系的科目，即对应的或有资产、或有负债科目，其特点是具有固定对应关系，即一借一贷相互对应、同增同减、同生同灭、余额相等，方向相反。例如，商业银行在接受跟单信用证出口业务时，商业银行接受单据取得了向国外进口商收款的债权，同时，对本国出口商也负有向国外收款的责任。为明确这种债权债务关系，即设置有关对应的或有资产、或有负债科目，如"应收信用证出口款项"科目及"代收信用证出口款项"科目，两科目相互对应。业务发生时同时登记，业务结束或变更时同时注销，双方余额在任何时刻都相等。当然，这类科目不足以反映实际资产、负债的增减变动情况，但便于商业银行据以考核应收、应付外汇资金，对有效地筹集、运用外汇资金提供了有益的计划数据，充分发挥了商业银行会计在银行经营管理中的能动作用。

（三）联行、代理行往来账务关系的复杂性

外汇业务的会计核算在办理贸易和非贸易业务的国际结算中，既有各种外汇资金结算，又有人民币资金结算，既有国内联行、同业的资金结算，又有海外联行、国外代理行的资金结算。结算的货币种类不一，汇率时有变化，尤其在国际结算中，外汇业务的会计核算必须严格遵照有关协议、协定中规定的结算方式和账务处理细则进行结算，特别在对海外联行、国外代理行进行账务处理时，不仅要遵循国际惯例，而且必须遵照所在国（或地区）有关银行法规的规定，从而导致账务处理多样化、核算内容复杂化、账务关系非常复杂。

（四）按国际惯例结算

外汇业务会计的一个显著特点就是要遵循国际惯例，比如在国外代理行往来、联行往来时要遵守国际银行间往来的有关规定；办理信用证、托收、汇款等国际结算业务时，会受到来自国际商会的《跟单信用证统一惯例》（UCP600）、《跟单信用证项下银行间偿付统一规则》（URR725）、《托收统一惯例》（URC522）、《合约保函统一规则》（URCG325）、《见索即付保函统一规则》（UDG485）、《2010年国际贸易术语解释通则》等国际惯例、通则的制约。外汇业务会计只有按照国际惯例办事，才能保证业务正常进行，才能树立我国商业银行的国际信誉和形象。

第二节　货币兑换业务的核算与管理

一、货币兑换业务内容

商业银行的货币兑换业务主要包括自营货币兑换、代客货币兑换及临柜业务中的结售汇等。自营货币兑换是指商业银行根据国家外汇管理规定及自身外汇资金头寸摆布和保值、增值的需要，以自身的外汇资金，通过境内外同业进行外汇头寸的转换，以期赚取差价利润的业务，该项业务一般集中在商业银行总行办理。代客货币兑换是商业银行接受客户委托，代其在国际金融市场上或通过中国外汇交易中心进行的外汇或人民币买卖交易。商业银行临柜业务则主要表现为结汇、售汇、结售汇项下外汇与人民币平盘交易、外币兑换和套汇等形式。

（一）结汇

我国对经常项目下的外汇收入实行结汇制。境内企事业单位、机关和社会团体按国家外汇管理政策的规定，将各类外汇收入按商业银行挂牌汇率结售给商业银行。商业银行购入外汇,付给人民币。

（二）售汇

境内企事业单位、机关和社会团体经常项目下的正常用汇,可以持有效凭证,用人民币到商业银行办理兑付。

（三）结售汇项下外汇与人民币平盘交易

商业银行为平盘结售汇敞口而进行的外汇与人民币买卖交易。按照我国现行外汇管理政策,国家对商业银行的结算周转外汇实行比例管理,各商业银行结算周转外汇的比例由中央银行根据其资产和外汇结算业务量核定。各商业银行持有超过其高限比例的结算周转外汇时,必须出售给其他商业银行或中央银行;持有的结算周转外汇降低到低限比例以下时,应及时从其他商业银行或中央银行购入补足。

（四）外币兑换

外币兑换是指商业银行从个人手中买入外币付给人民币,或者收进人民币兑出外币。

（五）套汇

基于我国不同外币间没有直接的汇价,或者客户拥有的某种外汇与其支付所需要的币种不一样时,可以要求商业银行套算兑换。按照外汇买卖对象的不同,套汇可分为两种外币之间的套汇以及现金与现汇之间的套汇两种。按照进行外汇交易主体的不同,套汇可分为自营外汇买卖和代客外汇买卖两种。按照外汇买卖交割的时间不同,套汇可分为即期外汇买卖、远期外汇买卖和掉期外汇买卖三种。

二、外汇汇率

外汇必须按一定的价格进行买卖,从而对不同货币进行折算。这个价格是外汇汇价,也叫外汇汇率。外汇汇率是用一种货币单位表示另一种货币单位的价格。一般来说,政府制定和公布的汇率称为法定汇率或者外汇牌价,外汇市场上形成的汇率叫外汇行市或外汇行情。

按照不同的标准,外汇汇率可划分为不同的种类。从国际货币制度的演变角度,可分为固定汇率、浮动汇率和联合浮动汇率;按制定汇率的方法不同,可分为基本汇率和套算汇率;从银行买卖外汇的角度,可分为买入汇率、卖出汇率、中间汇率和现钞汇率;按外汇交易交割期限不同,可分为即期汇率和远期汇率;按对外汇管理的程度不同,可分为官方汇率和市场汇率。

折算两个国家的货币,先要确定以哪个国家的货币为标准。由于确定的标准不同,存在着外汇汇率的两种标价方法,即直接标价法和间接标价法。直接标价法又称应付标价法,是以一定单位的外国货币作为标准,折算为一定数额的本国货币,也就是用外国货币表示本国货币。间接标价法又称应收标价法,是以一定单位的本国货币为标准,折算为一定数额的外国货币,也就是用本国货币表示外国货币。

三、货币兑换科目设置

如上所述,商业银行在外汇业务会计核算时,由于使用外汇分账制核算方法,"货币兑换"科目也就成为外汇业务会计核算中所特有的科目,是联系外币账户和人民币账户的桥梁和纽带。

（一）"货币兑换"科目性质

"货币兑换"科目属于资产负债共同类科目,为一级科目,用来核算商业银行间发生的外汇买卖及外币兑换业务。当买入外汇时,商业银行借记有关科目(外币),贷记"货币兑换"科目(外币);相应付出人民币时,借记"货币兑换"科目(人民币),贷记有关科目(人民币)。当卖出外汇时,商业银行借记"货币兑换"科目(外币),贷记有关科目(外币);相应借记有关科目(人民币),贷记"货币兑换"科目(人民币)。在填制会计凭证、编制会计分录、记载账务时,"货币兑换"科目下外币和人民币均应完整地加以反映。

资产负债表日,各分账货币账户余额都要按期末汇率折算为人民币,与人民币账户项下的"货币兑换"科目余额相比较,计算汇兑损益,结转利润科目。发生汇兑收益,借记本科目,贷记"汇兑损益";发生亏损,借记"汇兑损益"科目,贷记本科目。

（二）"货币兑换"科目凭证的使用

"货币兑换"科目的凭证分为"货币兑换"科目借方凭证和"货币兑换"科目贷方凭证两种,凭证均为多联套写。其中主要的两联是"货币兑换"科目外币联和"货币兑换"科目人民币联凭证。这些凭证的内容主要包括客户名称、货币名称、人民币与外币金额、外汇牌价、款项和业务内容、日期等。在结汇时,商业银行使用"货币兑换"科目贷方凭证;售汇时,商业银行使用"货币兑换"科目借方凭证。

（三）"货币兑换"科目账簿的设置

"货币兑换"科目设置总账和分户账两类账簿。"货币兑换"科目的分户账是一种特定格式的账簿,它把人民币和外币金额记在同一张账页上,账簿格式由买入、卖出、结余三栏组成,买入、卖出栏内又各由外币、汇价和人民币三栏组成。买入栏外币为贷方,人民币为借方;卖出栏外币为借方,人民币为贷方,结余栏则设借或贷外币,借或贷人民币两栏。其格式如图表9-1所示。

图表 9-1

××行"货币兑换"科目分户账

货币： 账户：

年		摘要	买 入			卖 出			结 余				
			外币（贷）	汇价	人民币（借）	外币（借）	汇价	人民币（贷）	借/贷	外币	借/贷	人民币	
月	日		（十亿位）		（十亿位）	（十亿位）		（十亿位）		（十亿位）		（十亿位）	

买入外币（贷方）×汇价＝人民币借方
卖出外币（借方）×汇价＝人民币贷方

如果买入外币大于卖出外币数,外币结余则以买入外币(贷)项数减去卖出外币(借)项数,余额为外币贷方结余数。人民币结余则将买入外币人民币(借)项数减去卖出外币人民币(贷)项数,余额为人民币借方结余数。结余额以外币与人民币同时反映。由于"货币兑换"科目凭证是多联套写凭证,外币联与人民币联内容相同,所以记账时凭"货币兑换"科目外币联凭证记账。

"货币兑换"科目总账用一般总账格式,按各币种分别设置。营业终了时,根据各个货币的"货币兑换"科目日结单借贷方发生额填记,然后根据上日余额加减本日发生额分别计算出本日余额,记入余额栏。

"货币兑换"科目的余额能够反映商业银行外汇资金头寸余缺状况。商业银行检查某一外汇资金余缺,只需看"货币兑换"科目余额在哪一方,如外币账户的余额在贷方,则表明该货币买入大于卖出,即为多头;如外币账户的余额在借方,则表明该外币卖出多于买入,即空头。商业银行对外币资金头寸的掌握,直接影响到商业银行风险损失的规避。如果外币头寸有富裕(即多头),就要设法拆借出去,以避免损失利息;反之,如果外币头寸短缺(即空头),则应拆进头寸以备付。

四、货币兑换业务的账务处理

"货币兑换"科目主要用于核算商业银行经营的货币兑换业务。主要包括:外汇结售汇、外币兑换、套汇、自营外汇买卖、结售汇项下外汇与人民币平盘交易等。当商业银行发生上述外汇业务时,应根据当时的汇率和业务类型编制相应的会计分录和填制凭证。

（一）结售汇的核算

1. 结售汇的相关规定

在受理结售业务前,商业银行须审核其是否符合国家外汇管理制度的相

关规定:

(1) 内地机构经常项目下的外汇收入须卖给外汇指定银行,或者经批准在外汇指定银行开立外汇账户。经常项目用汇,可以持有效凭证和商业单据向外汇指定银行购汇。

(2) 个人所有的外汇,可以自行持有,也可以存入商业银行或卖给外汇指定银行。个人因私用汇,在规定限额以内购汇;超过限额则须向外汇管理机关申请,外汇管理机关认为属实的,可以购汇。

(3) 驻华机构和来华人员,由港澳地区或国外汇入或携入的外汇,可以自行持有,也可以存入商业银行或卖给外汇指定银行。驻华机构和来华人员的合法人民币收入,需要汇往港澳地区或国外的,可持有关材料证明和凭证到外汇指定银行办理。

(4) 内地机构资本项目外汇收入,应在外汇指定银行开立外汇账户;卖给外汇指定银行的,须经外汇管理机关批准。

(5) 内地机构向港澳地区和国外投资,在向审批主管部门申请前,由外汇管理机关审查其外汇资金来源,经批准后可办理相关资金汇出手续。

2. 结售汇的账务处理

(1) 结汇业务核算。结汇业务即买入外汇业务。当买入外汇时,外币金额记入"货币兑换"科目的贷方,与原币有关科目对转,相应的人民币金额记入该科目的借方,与人民币有关科目对转。买入外汇(包括结汇及外币兑人民币业务)的基本账务处理如下:

借:××科目(外币)
  贷:货币兑换——汇(钞)买价(外币)
借:货币兑换——汇(钞)买价(人民币)
  贷:××科目(人民币)

【例1】 某人持 100 美元现钞来某商业银行兑换人民币。银行视为买入外汇业务。该业务发生时,美元现钞买入价为 USD100＝￥607.66。其会计分录如下:

借:库存现金　　　　　　　　　　　　　　　USD100
  贷:货币兑换——钞买价　　　　　　　　　USD100
借:货币兑换——钞买价　　　　　　　　　￥607.66
  贷:库存现金　　　　　　　　　　　　　￥607.66

(2) 售汇业务核算。售汇业务即卖出外汇业务。当卖出外汇时,外币金额记入"货币兑换"科目的借方,与原币有关科目对转,相应的人民币金额记入该科目的贷方,与人民币有关科目对转。卖出外汇(包括售汇及人民币兑外币业务)的基本账务处理如下:

借:××科目(人民币)
　　贷:货币兑换——汇卖价(人民币)
借:货币兑换——汇卖价(外币)
　　贷:××科目(外币)

【例2】 某外贸公司向商业银行购买10 000美元支付进口货款,银行视为卖出外汇业务。设业务发生时,美元汇卖价USD100＝￥615.03。其会计分录如下:

借:吸收存款——活期存款——某外贸公司户　　　　　　￥61 503
　　贷:货币兑换——汇卖价　　　　　　　　　　　　　￥61 503
借:货币兑换——汇卖价　　　　　　　　　　　　　　USD10 000
　　贷:汇出汇款或有关科目　　　　　　　　　　　　USD10 000

(二)套汇业务的核算

1. 套汇的相关规定

外汇业务会计中所指套汇不同于国际金融市场上的套汇,后者是利用不同市场、不同的货币和不同的汇率进行投机,通过贱买贵卖以谋取利益或规避汇率风险的行为。

由于我国商业银行没有挂出两种不同外币之间的直接比价,当两种外币进行兑换时,需要通过人民币来进行折算。套汇有两种具体情况:一是两种外币之间的套算,即一种外币兑换为另一种外币,必须通过人民币进行套汇,也就是先买入一种外币,按买入价折成人民币数额,再卖出另一种外币,把人民币数额按卖价折算为另一种外币。二是同种货币之间的套算,包括钞兑汇或汇兑钞,因为同一种外币体现在汇率上,现钞和现汇价值有所差异,所以,也必须按套汇方法处理。

2. 套汇的账务处理

(1)两种外币之间的套算。套汇业务的基本账务处理如下:

借:××科目(A外币)
　　贷:货币兑换——汇(钞)买价(A外币)
借:货币兑换——汇(钞)买价(人民币)
　　贷:货币兑换——汇卖价(人民币)

借：货币兑换——汇卖价（B外币）

　　贷：××科目（B外币）

　　【例3】 某单位以其外汇美元存款申请汇往香港，以支付某客户货款港币10 000元。设业务发生时，美元汇买价为 USD100＝￥612.57，港币汇卖价为 HKD100＝￥79.27。其会计分录如下：

借：吸收存款——外汇活期存款——某单位户 　　　　USD1 294.06

　　贷：货币兑换——汇买价 　　　　　　　　　　　USD 1 294.06

借：货币兑换——汇买价 　　　　　　　　　　　　　￥7 927

　　贷：货币兑换——汇卖价 　　　　　　　　　　　￥7 927

借：货币兑换——汇卖价 　　　　　　　　　　　　　HKD10 000

　　贷：汇出汇款 　　　　　　　　　　　　　　　　HKD10 000

　　（2）同种货币之间的套算。套汇业务的基本账务处理如下：

借：××科目（A外币）

　　贷：货币兑换——汇（钞）买价（A外币）

借：货币兑换——汇（钞）买价（人民币）

　　贷：货币兑换——汇卖价（人民币）

借：货币兑换——汇卖价（A外币）

　　贷：××科目（A外币）

　　【例4】 某港商持美元现钞 USD1 000 要求汇往纽约。该业务发生时，美元钞买价为 USD100＝￥607.66，美元汇卖价为 USD100＝￥615.03。其会计分录如下：

借：库存现金 　　　　　　　　　　　　　　　　　USD1 000

　　贷：货币兑换——钞买价 　　　　　　　　　　USD1 000

借：货币兑换——钞买价 　　　　　　　　　　　　￥6 076.6

　　贷：货币兑换——汇卖价 　　　　　　　　　　￥6 076.6

借：货币兑换——汇卖价 　　　　　　　　　　　　USD988.02

　　贷：汇出汇款 　　　　　　　　　　　　　　　USD988.02

　　（三）即期、远期结售汇的核算

　　即期结售汇业务是指起息日即交割日为交易日以后第二个工作日（即商业银行的营业日）的外汇买卖。起息日或交割日，就是外汇买卖合同的到期日，在该日买卖双方进行货币交付，完成交易。即期外汇买卖是外汇交易中最基本的交易，可以满足客户对不同货币的需求。即期业务结售汇业务核算如上述结售汇业务。

远期结售汇业务是指商业银行与客户约定在未来某一特定日期或时期,根据交易时所约定的金额、币种及汇率进行交割的结售汇交易。我国境内的企事业单位、国家机关、社会团体、部队等,包括外商投资企业,可以与商业银行协商签订远期结售汇合同。商业银行与上述境内客户签订的远期结售汇合同应包括远期结汇或售汇所依据的外汇收入的来源或外汇支出的用途,以及远期结汇或售汇的币种、金额、汇率和期限。

即期结售汇业务与远期结售汇业务的区别主要是交割日不同。即期结售汇业务是当天交割,远期结售汇是在约定的将来的某一天进行交割。因为两者交割的时间不同,进行交割时所使用的汇率也可能不一样。由于远期结售汇业务的汇率是事先约定的,所以客户为达到货币保值的作用,可以办理此项业务,为将来一段时期的外汇收付提前固定换汇成本,防范汇率风险。

（四）自营与代客外汇买卖的核算

商业银行作为货币经营机构,其外汇买卖要按照自身经营和代客买卖分别核算。

1. 自营外汇买卖

（1）买入外汇时,其基本账务处理如下:

借:买入外汇票据(外币)
　　贷:货币兑换——自营外汇买卖(外币)
借:货币兑换——自营外汇买卖(人民币)
　　贷:存放中央银行款项或有关科目(人民币)

（2）卖出外汇时,其基本账务处理如下:

借:存放中央银行款项或其关科目(人民币)
　　贷:货币兑换——自营外汇买卖(人民币)
借:货币兑换——自营外汇买卖(外币)
　　贷:买入外汇票据(外币)

2. 代客外汇买卖

经批准的商业银行可以接受我国境内企事业单位、国家机关、社会团体等客户的委托,代理买卖即期和远期外汇。客户委托商业银行代理买卖即期和远期外汇,须经中国人民银行分支行相应监管部门外汇业务市场准入的审批,并以对外签订的贸易合同或者其他经济协议为依据。商业银行受客户委托代办即期和远期外汇买卖时,客户应当提供现汇预交履约保证金作为履约担保。

代客外汇买卖可以分为代客即期外汇买卖和代客远期外汇买卖。

（1）代客即期外汇买卖：

① 商业银行与境外交易对手进行交割时，其基本账务处理如下：

　　借：货币兑换——代客外汇买卖（卖出货币）
　　　　贷：存放境外同业或有关科目（卖出货币）
　　借：存放境外同业或有关科目（买入货币）
　　　　贷：货币兑换——代客外汇买卖（买入货币）

② 与客户交割划转时，其基本账务处理如下：

　　借：××科目（卖出货币）
　　　　贷：货币兑换——代客外汇买卖（卖出货币）
　　借：货币兑换——代客外汇买卖（买入货币）
　　　　贷：××科目（买入货币）

（2）代客远期外汇买卖。客户办理远期外汇买卖时，应当向当地外汇管理部门提交申请书和贸易合同或者协议的副本，经外汇管理部门审核同意后，凭外汇管理部门的批件委托商业银行代购远期外汇。在外汇市场上，通过远期外汇交易，可以锁定未来汇率波动，控制汇率风险。因此，远期外汇交易为需求者提供了良好的避险渠道。其基本账务处理按成交日和交割日分别进行。

第一，成交日的会计核算。向境外交易对手签订远期外汇买卖协议时的基本账务处理如下：

　　借：期收款项——××户（远期买入货币）
　　　　贷：货币兑换——代客外汇买卖（远期买入货币）
　　借：货币兑换——代客外汇买卖（远期卖出货币）
　　　　贷：期付款项——××户（远期卖出货币）

第二，交割日的会计核算。远期外汇交易实际交割时，除分别转销上述分录外，同代客即期外汇买卖业务会计核算相同。

第三节　外汇联行往来的核算与管理

目前，商业银行在外汇往来进行资金收付、划转、清算的账务处理形式主要表现为全国联行外汇往来、港澳及国外联行往来、国外代理行往来三种形式。

一、全国联行外汇往来

（一）全国联行外汇往来的概念

全国联行外汇往来是指经核准有全国外汇联行行号的行处在全国范围内跨省、直辖市之间(除港澳地区)相互办理异地外汇结算和外汇资金划拨的资金账务往来。该联行是商业银行办理外汇资金划转和异地外汇结算的重要工具,也是商业银行外汇资金清算的重要内容之一。它与全国联行的区别就是往来的是外汇资金和账务。凡有全国联行行号的总、分、支行之间办理异地外汇资金划转往来,通过总行监督清算的,均用"全国联行外汇往来"科目核算。

全国联行外汇往来采用总行集中销账制,即将账务划分为往户和来户两个系统,由两个关系行直接往来,通过划款报单进行核算,由总行凭发报、收报两行寄送的报单销账联,集中办理对账,并进行管理和监督。

（二）全国联行外汇往来的凭证

全国联行外汇往来的基本凭证为联行报单,共有六种,即邮划借方报单、邮划贷方报单、电划借方报单、电划贷方报单、电划借方补充报单和电划贷方补充报单。

1. 外汇邮划报单

外汇邮划报单是通过邮寄的方式通知收报行进行外汇资金的划拨。外汇邮划报单分为邮划借方报单和邮划贷方报单两种。

（1）邮划借方报单。邮划借方报单由六联组成。均由发报行填制后,将第一、第二、第三联邮寄给收报行,第四联寄总行供销账用,第五、第六联留存。

第一联:收报行代传票。收报行收到后,作为贷记"全国联行外汇往来"科目的凭证。

第二联:收报行卡片账。收报行收到后进行转账,转账后代"全国联行外汇往来"科目来户卡片账。

第三联:收报行销账联。由发报行寄给收报行,收报行转账后,将此联随附"全国联行外汇往来报告表"寄至总行,以便总行做销账业务。

第四联:发报行销账联。由发报行随附"全国联行外汇往来报告表"寄总行,作为销账处理凭证。

第五联:发报行卡片账。发报以行转账后,将此联代替"全国联行外汇往来"科目往户卡片账。

第六联:发报行代传票。由发报行留存此联,代替"全国联行外汇往来"科目往户传票。

（2）邮划贷方报单。邮划贷方报单也由六联组成,其格式和各联的作用与邮划借方报单基本相同,只是其中各联应借应贷的方向与借方报单正好相反。

当联行外汇业务发生时,使用哪种报单是根据发报行的外汇业务性质或会计分录决定的,即发报行借记"全国联行外汇往来"科目,则使用全国联行外汇往来借方报单;贷记"全国联行外汇往来"科目,则使用全国联行外汇往来贷方报单。

2. 外汇电划报单

外汇电划报单是通过电话或电报或电传进行外汇资金的划拨。外汇电划报单分为电划借方报单和电划贷方报单两种。

(1)电划借方报单。电划借方报单由三联组成:

第一联:发报行销账联。发报行在电报或电传发出后,此联随"全国联行外汇往来报告表"寄总行销账。

第二联:发报行卡片账。发报行转账后,将此联借记"全国联行外汇往来"科目往户卡片账。

第三联:发报行代传票。发报行留存此联代替借记"全国联行外汇往来"往户传票。

(2)电划贷方报单。电划贷方报单也由三联组成,其格式和各联的作用与电划借方报单基本相同,只是其中各联应借应贷的方向与借方报单正好相反。

3. 外汇电划补充报单

收报行收到发报行发来的电报后,应填制外汇电划补充报单。外汇电划补充报单也分为电划借方补充报单和电划贷方补充报单两种。

(1)电划借方补充报单。电划借方补充报单由三联组成,其格式与邮划借方报单的第一、第二、第三联类似,但填制行不同。电划借方补充报单不是由发报行填制,而是由收报行在收到发报行发来的全国联行外汇往来借方电文后,根据电文填制电划借方补充报单,共三联。

第一联:收报行代传票。由收报行代"全国联行外汇往来"科目来户传票。

第二联:收报行卡片账。收报行转账后代"全国联行外汇往来"科目来户卡片账。

第三联:收报行销账联。由收报行随附"全国联行外汇往来报告表"寄总行。

(2)电划贷方补充报单。电划贷方补充报单由三联组成,其格式与电划借方补充报单基本相同,只是各联应借应贷方向正好相反。收报行在收到发报行发来的全国联行外汇往来贷方电文后,根据电文填制电划贷方补充报单。

(三)全国联行外汇往来的核算

全国联行外汇往来的账务划分为往户和来户两个系统,业务核算也在发报行和收报行分别进行。

1. 发报行

发报行是联行外汇业务的始发行,主要工作是受理客户外汇业务,正确及时地填发报单,向总行填送全国联行外汇往来报告表。

(1)报单的填制与复核。发生联行外汇业务时,发报行不仅要根据本行"全国联行外汇往来"科目的会计分录方向填制借方或贷方报单,还要根据客户和通讯条件等确定邮划还是电划。

报单的填制是一项基础性工作,关系到联行外汇往来业务的顺利进行。因此,填制报单一定要认真、准确、清晰、完整,按规定填制要求和程序进行填制与处理。

报单填制好后,须从收付款单位名称、账户、币别、金额是否正确,邮划报单第一联是否加盖联行专用章,电划报单以及收款人为个人的邮划报单是否编押且复核是否正确,电划报单与电文是否一致等方面进行复核后才能寄发。

(2)报单的处理。外汇业务发生时,应由发报行填写报单,邮划报单则在第一联报单上加盖联行专用章,连同第二、第三联及附件,用联行专用信封寄收报行,第四联暂时留存,第五联作往户卡片账,第六联作往户传票;电划报单则根据填制报单内容向收报行拍发电文,对一式三联报单的处理如邮划报单第四至第六联处理。每日营业终了,应根据当日本身填制留存的第四联报单及他行寄来的第三联报单或自填的电划补充报单的第三联,分别币种、借贷方进行整理,并填制"全国联行外汇往来报告表"一式两份,一份随报单第三联、第四联寄总行,一份留底。

2. 收报行

收报行是报单的接收行,它的任务是审核报单,办理转账,并在营业终了时填制联行往来报告表寄总行。

收报行收到邮划报单时,应在收到发报行寄来的联行专用信封后,审查收报行行号、行名是否为本行,核对信封封面与里面所附的报单,无误后立即办理转账手续,即以第一联代来户传票,第二联作来户卡片账,第三联留存。

收报行虽然不是账务的直接发生行,但在收到发报行发来的有关外汇流转的电文后,也需要填制外汇电划借方或贷方补充报单,核对密押后按邮划报单的处理一样处理电划补充报单。

每日营业终了,应根据当日作为发报行填制留存的第四联报单及收到他行寄来的第三联报单或自填的电划补充报单的第三联,分别币种、借贷方进行整理,并填制"全国联行外汇往来报告表"一式两份,一份随报单第三联、第四联寄总行,一份留底。

3. 全国联行外汇往来报告表的编制与核对

全国联行外汇往来报告表是各联行行处接受总行监督管理的报表,也是总行对账销账的依据。各行处在营业终了,根据本行填制和他行寄来的报单销账联,按币种分借方、贷方,按电划在前、邮划在后的顺序,合并编制"全国联行外汇往来报告表"一式两份,一份连同报单销账联寄总行,一份留存。

(1)报告表的编制。报告表由业务发生行按各币种的发生额,将同方向记账的报单金额加总填列,即将本行填制的邮划和电划报单第四联、他行寄来邮划报单第三联和本行填制的电划补充报单第三联同方向报单金额加总。根据上日报告表余额,加减本日借贷方发生额得出本日余额。

(2)报告表的复核。报告表是总行对账销账的依据,因此,应认真复核后再寄发总行,否则会给总行监督管理工作带来困难。复核的主要内容包括:报告表上的借、贷方笔数和发生额是否与所附的销账联相符;余额是否正确,是否与该币种"全国联行外汇往来"科目总账余额相符;报告表的日期顺序号是否衔接。

(3)总行的处理。总行对各行寄来的"全国联行外汇往来报告表"及报单第三、第四联审查核对无误后,加盖日期戳记,办理逐笔销账,对超过一般处理日期未销讫联,应填制未达查询书及时查询处理。

4. 错账处理

全国联行外汇往来是一个相互关联的系统,任何行处的任何差错都会影响整个联行往来系统的运行。但是完全避免联行外汇往来业务中的差错是不现实的,只能通过加强内部控制,尽量减少差错的发生。一旦发现差错,应及时更正,尽量减小差错影响的范围,同时认真对待总行或他行的查询,积极配合,及时答复。

为保证联行外汇往来关联系统的正常进行和外汇资金的正常周转,对联行外汇往来差错处理应遵循以下要求:① 报单不能随便注销退回;② 发生错账不得以红字冲账,应严格按联行制度规定,采用全额冲正法;③ 凡处理联行错账,都应以查询书通知发生行,以避免发生类似的差错。

收报行对错误报单的处理,应区分三种不同情况处理:① 收报行收到报单后,如发现收报行行号、行名以及附件内容为其他行而误寄本行时,应代转寄正确的收报行,并以查询书通知发报行;② 收报行收到报单后,发现收报行行名、行号虽然标明为本银行,但根据报单附件内容判断为另一收报行,应填制报单代为划转,连同附件寄正确的收报行,同时以查询书通知发报行;③ 如果收报行收到的报单发现收报行行号、行名是其他行,但根据报单内容及附件判断肯定为本行的,应向原报单的收报行填制反方向报单,并将原报单作划转报单附件一并寄原收报行,办理转账,同时以查询书通知发报行。

发报行在寄出报单后,如果发现货币符号或金额有误,应采用“全额冲正法”进行冲正,即按错误报单的货币、金额填制反方向电划或邮划报单以冲错账,同时按正确的货币、金额重新填发电划或邮划报单进行更正。

5. 年终未达账户的处理

年度结束时,发报行所发出的报单有可能因时空差距而使收报行在年度结束时未能收到,从而引发未达账项。按照会计分期核算要求,年终未达账项的处理必须依据一定的处理程序进行解决。

(1) 查清上年度未达账户。发报行在新的年度为了划清上年年终未达账项,不得填制和寄发联行往来的上年户报单。收报行在新的年度若收到发报行上年度末寄发的报单,应在报单上加盖“上年户”戳记,通过“全国联行外汇往来(上年户)”进行核算。新年度联行外汇往来报告表应该区分上年度和本年度进行编制,直至上年度未达账项全部处理完毕。总行在新年度也应视所收到的联行上报外汇往来报告表,按上年度和本年度进行核对销账。

(2) 结平上年户余额。当总行将所收到的属于上年度的联行往来报告表和销账进行全部核对销账完毕后,若存在以下等量关系:即各联行同一货币的联行往来科目的借方合计数必然与贷方合计数相等,则表明该联行在该货币项目下的“全国联行外汇往来”账目已经核对清楚。

核对工作完成后,总行应通知各联行,将各种货币的上年余额不通过会计分录,直接采用合并表的方法并入本年户报告表,并寄发总行,从而结束联行外汇往来科目上年户的账目。

二、港澳及国外联行往来

(一)港澳及国外联行往来概念

港澳及国外联行往来指国内分、支行与海外分支机构(包括港澳地区)间的外汇资金账务往来。它是国内外联行间办理外汇结算和外汇资金调拨的重要工具,为我国经济组织参加国际经济竞争与合作提供了资金支付保障,也是我国经济融入世界经济的重要表现形式。

凡是与国外联行包括港澳地区联行开立账户、一切业务往来通过该账户进行收付时，国内联行用"港澳及国外联行往来"账户核算，港澳及国外联行使用"联行往来"账户核算。有关商业银行应严格按照账户开立的审批权限及使用范围执行。

（二）账户设置

港澳及国外联行往来的账户设置根据所开账户的记账货币种类不同，主要有以港澳及国外联行所在地货币开户、以人民币开户，以其他可自由兑换货币开户三种。采取何种货币开户，依联行级别、业务往来需要的不同，报请总行批准。未经总行批准，国内分支行一律不得以任何名义在港澳及国外联行开立任何种类账户。

港澳及国外联行往来，如在己方开立账户，应以国外联行为申请开户行，国内联行为接受开户行；如在对方开立账户，则以国内联行为申请开户行，国外联行为接受开户行。开户时，双方都以对方行名立户。

"港澳及国外联行往来"属于资产负债共同类账户，借方反映通过港澳及国外联行收取外汇资金的情况，贷方反映通过港澳及国外联行支付外汇资金的情况。期末结算时，余额分借、贷方双方反映，以便有关部门及时掌握外汇资金的收付情况。

（三）凭证使用

港澳及国外联行的基本凭证根据资金划拨性质不同，可以分为借记报单和贷记报单。借记报单可以作为"请贷记"通知书，贷记报单可以作为"请借记"通知书。此外，根据资金划拨及时性需要，按传递方式不同，港澳及国外联行的基本凭证还可以分为邮划报单和电划报单。

借、贷方报单的使用，是根据发报行的会计分录决定的。如果发报行的会计分录为借"港澳及国外联行往来"科目，则填制借方报单；如果发报行的会计分录为贷"港澳及国外联行往来"科目，则填制贷方报单。报单均为一式两联，一联寄对方行，一联作传票凭以记账。接受开户行填制报单时，应注明"已借记"或"已贷记"字样；申请开户行在填制报单时，应注明"请借记"或"请贷记"字样以示区别。

在港澳及国外联行往来中，有的可以用业务凭证代替报单使用，视为有效转账传票，其包括：SWIFT 的 MT900 证实借记格式，MT900 证实贷记格式，支付委托书的电汇、信汇和 SWIFT 的 MT100 客户汇款或 MT202 银行划拨格式，正本汇票，账户行发出的注有"已借记"或"已贷记"套写的其他业务凭证，国内业务行发出的"请借记通知书"第二联，国内清算行账户部分发出的未

达账查询查复书,账户行发出的具有借记或贷记报单性质的查复函电,SWIFT
的 MT199 或 MT299 格式,SWIFT 对账单等。

(四)账务处理

1. 账户行的处理

账户行填发报单时,应注明"已借记"或"已贷记"字样,邮划报单填列编
号,电划报单应编押后再发送。填制报单应认真、准确、清晰和完整。账户行
收到开户行寄来的"请借记"或"请贷记"报单时,经核对报单签字、电报密押无
误后,办理转账。

凡借记通知书,其会计分录如下:

　　借:港澳及国外联行往来(外币)
　　　贷:××科目(外币)

凡贷记通知书,其会计分录如下:

　　借:××科目(外币)
　　　贷:港澳及国外联行往来(外币)

账户行根据开户行指令办理转账后,要向开户行签发回头报单。

2. 开户行的处理

开户行填发报单时,应注意在报单上注明"请借记"或"请贷记"字样,其余
处理同账户行的报单填发。

开户行收到账户行寄来的"已贷记"或"已借记"报单或电报时,转账手续
同账户行收到报单。

3. 账务核对

为确保港澳及国外联行往来账务的准确性,账务核对应按以下过程进行:

(1)联行责任明确。账户行寄对账单或通过 SWIFT 系统发送 MT905 格
式给开户行,开户行据以销账确认。

(2)开户行进行对账。对账是将港澳及国外账户行的对账单与总行和内
地开设分账户的开户行相应账页进行核对。以账户行对账单日期为准,每月
按账户逐笔进行核对,即账户行对账单的贷方发生额与开户行的相应账页的
借方发生额核对,账户行对账单的借方发生额与开户行的相应账页的贷方发
生额核对。核对无误后,在账户行的对账单上注明开户行的记账日期;在开户
行的账页上注明账户行的记账日期,有起息日的应注明起息日。报单日期和
有关摘要栏以及金额都应符合,不一致的均不能对销,待查实后再确定是否

对销。

（3）按账户编制对账平衡表。对账平衡表的作用在于检查账务是否平衡。开户行对账后,要按账户编制对账平衡表。国内联行的清算行、辖内分支行对港币、人民币、美元账户的对账平衡表应每月填制一式三份,一份寄总行,一份寄管辖行,一份留底。管辖分行每月填制一式两份,一份寄总行,一份留底。

（4）填制对账回单。开户行在对账平衡表轧平后,应按每个账户分币种填制对账回单,寄送账户行。对账回单的主要功能是确认账户余额和列示未达账项的日期、借贷方向和金额等。没有未达账项的账户,填制对账回单一式两联,一联经本行有权签字人签字后寄有关账户行,一联留底。

三、国外代理行往来

随着世界经济的迅猛发展,全球经济一体化程度的提高,国外代理行往来将更为频繁,在国际结算业务中的作用将更加重要。

国外代理行往来是指与建立代理行关系的国外代理行间由于代理国际金融业务而发生的外汇资金账务往来。我国商业银行在世界范围内建立广泛的代理行关系,可以拉直索汇路线,有助于外汇资金调拨和清算渠道的畅通,便于了解世界各国经济状况和国际金融市场动态,促进我国商业银行国际化进程,提高自身在国际市场上的影响和声誉。目前,国外代理行往来根据账户设立情况的不同,主要有存放国外同业和国外同业存款。无论哪种账户设立形式,都应注意选择同我国商业银行业务往来较多,资信可靠,声誉良好,账户条件优惠的国外银行作为账户行;同时要注意选择账户行的币种为自由可兑换的国际通用货币,以便于各种货币的清算均能在货币发行国或地区金融中心完成。

（一）存放国外同业

存放国外同业是指境内银行存放在境外账户行的外汇款项和往来业务。我国商业银行可根据业务和资金管理的需要,选择在资信可靠、作风良好的国外代理行开立现汇往来账户,日常一切往来款项可通过建立的账户办理收付,会计核算时使用“存放国外同业”科目。该科目主要核算商业银行存放在国外代理行的款项收付情况,属资产类科目。本科目存入时记借方,支用时记贷方,余额在借方,表示存放在国外代理行的现汇款项的结余数。

在“存放国外同业”科目下,按国外代理行分设账户。开户时,由总行集中对外办理开户手续,开户后,各行可共同使用该账户。对日常账务往来的核算视经办行与国外代理行关系的不同而采用不同的核算形式：

（1）总行集中记账。一般适用于经办行与国外代理行仅有较少的业务往来，且无账户关系。因与国外代理行无账户关系，故经办行需要通过此账户收付款项时，必须通过"全国联行外汇往来"账户，逐笔划转账款，由总行办理记账业务。

（2）分散记账。一般适用于经办行与国外代理行有印押关系，有一定的业务量，但无账户关系。这种情况一般表现为业务上比上者更为紧密，并能验证来电来函的真实性，故经总行同意，经办行可以国外代理行的名义立户记账，并根据账户的收付情况，通过"全国联行外汇往来"账户，将头寸按规定比例拨交总行或向总行领用。

（3）开立分户记账。一般适用于经办行与国外代理行有账户关系，且日常业务量频繁。当经办行与国外账户行发生款项收、付时，相互直接记账，但分户的每日余额应根据总行与国外账户行的约定，由国外账户行按余额全数或大数拨入总行户，经办行接到国外账户行转拨头寸通知书时，通过"全国联行外汇往来"账户上划总行转入总行户。

其他具体处理手续，与港澳及国外联行往来的处理手续基本相同。

（二）国外同业存款

国外同业存款是指境内银行接受国外代理行的外汇款项存放和往来业务。该种形式是商业银行筹集资金、增加资金来源的重要渠道。我国商业银行可根据业务和筹资管理的需要，选择受理资信好、经营作风正派并能接受我国商业银行制定的有关开户规定的国外代理行开立现汇往来账户，日常一切往来款项可通过建立的账户办理收付，会计核算时使用"国外同业存款"科目。本科目主要核算国外代理行以自由兑换货币存入的款项的收付情况，属负债类科目。国外代理行存入时记贷方，支取时记借方，余额在贷方，表示国外银行存入现汇款项的结存数。

"国外同业存款"科目按国外银行分设账户，其开户与记账由总行统一掌握，以便全面了解通过此账户办理资金结算的情况以及控制账户的透支，各行可共同使用总行账户。经办行如与国外银行在总行开立的账户发生收付款项时，应按款项划转的有关规定通知总行，由总行逐笔通过"全国联行外汇往来"科目划转。总行应按月或按旬向对方行寄送对账单，经对方行寄回对账单回单，表示双方账户核对无误。年终，对"国外同业存款"账户，不论是存款还是透支，均应本着互惠互利的原则及账户管理的有关协议规定计算利息，并及时通知国外开户行。

第四节　外汇存款业务的核算与管理

一、外汇存款的意义和种类

外汇存款是商业银行外汇资金的主要来源之一,它是商业银行以信用方式吸收的国内外单位和个人在经济活动中暂时闲置的并能自由兑换或在国际上获得偿付的外币资金,包括国外汇入汇款,携入或寄入的自由兑换外币,能立即付款的外币票据,以及其他经商业银行核准的外汇。外汇存款业务是商业银行经营的一种主要业务,是指单位或个人将其所持有的外汇资金存入商业银行,并于以后随时或约定期限支取的一种业务。

商业银行吸收境外汇款,办理外汇存款业务,是商业银行适应市场经济发展需要,扩大贷款规模的重要保证,是各单位办理转账结算的前提。因此,正确有序地组织外汇存款业务,一方面可以吸收和利用外汇资金,充实外汇信贷资金来源,以适应国家对外汇资金的需要,加速我国经济建设和对外贸易的发展;另一方面为来华的外国人、驻华机构和华侨、港澳台同胞提供了方便,密切了我国与世界各国和地区的经济合作与交流,保证了国民经济持续稳定发展。

商业银行为适应外币所有者的不同对象和需要,开办了单位外汇存款和个人外汇存款等性质不同的存款业务。

二、外汇存款业务的管理要求

商业银行吸收外汇存款涉及面广,政策性强。因此,必须按要求做好外汇存款业务的会计管理工作。

(一)严格遵循外汇管理制度,加强柜面监督

一个国家的外汇收支,对发展本国经济及平衡国际收支都有十分重要的影响。我国目前是实行外汇管制的国家,商业银行(含外资、合资、股份制银行)以及经批准经营外汇业务的其他非银行金融机构,都必须严格遵循国家的有关外汇管理制度,高质量、高效率地办好单位或个人的各种外汇资金的存、取款核算与管理工作,并进行必要的柜面监督。

(二)认真执行外币存款章程,贯彻有关方针和政策

商业银行制定的外币存款章程,是办理外币存款业务的具体规定和要求,它对外币存款不同的存款对象以及不同性质种类的存款资金都作了具体规定,体现了我国经济、金融方针和政策,较好地体现了外汇管理精神。例如对企事业单位的外汇存款资金的吸收带有强制性,而对吸收国内居民或国内外的外国人、外籍华人、华侨、港澳台同胞等的资金,则遵循"存款自愿,取款自

由,原币计算,为储户保密"的原则;又如对单位外币存款只准开立现汇户,不准开立现钞户,而对个人外币存款则既可开立现汇户,又可开立现钞户,以利于调动个人外汇存款的积极性。因此,商业银行在办理外汇存款业务过程中,必须认真执行外币存款章程,贯彻落实我国经济、金融方针和政策。

（三）正确组织外汇存款核算与管理,提高服务质量

正确组织外汇存款核算与管理,提高服务质量,是发展外汇存款业务的关键。一方面,商业银行必须正确使用科目与账户,及时地进行核算,以反映各单位和个人外汇资金的存入和支取情况,监督各单位按照有关规定存、取外汇资金;另一方面,在组织存款工作中,应力求做到服务态度热情周到,业务处理迅速及时,存取手续简便,扩大存储品种,不断改进和提高服务质量,以赢得客户的信赖,促进外汇存款业务的不断发展。

三、单位外汇存款的核算与管理

（一）单位外汇存款的有关规定

单位外汇存款也称甲种外汇存款。凡经国家外汇管理局核准开立外汇账户的企(事)业法人和其他经济组织,当需要将境内资金汇出或将境外资金汇入境内或者办理其他存款和转账业务时,可持外汇管理局核准的《开立外汇账户批准书》等相关材料,到商业银行开立外汇账户后办理存款及转账等结算业务。

1. 存款对象

根据商业银行单位外币存款章程的规定,单位外汇存款的主要对象是境内机构及驻华机构,包括:各国驻华外交代表机构、领事机构、商务机构、驻华国际组织机构和民间组织机构;侨资、外资、中外合资经营企业;在中国境内的机关、团体、学校、国营企事业单位、部队以及部分城乡集体经济组织、私营企业以及经中国人民银行批准可以经营外汇业务的金融机构等。

2. 存款种类

单位外汇存款,按存取期限方式不同,可分为活期存款和定期存款两种。活期存款又可按支取方法的不同,分为支票户和存折户两种。支票户存入凭缴存款单、进账单,支取凭支票,可随时存取,不得透支;存折户凭存折及存取款凭条办理。其一般手续与本币的存款手续相同。定期存款为记名式存单,一次存入,整存整取,其存期可分为一个月、三个月、半年、一年、二年五个档次。

3. 存款货币

商业银行吸收何种货币的外汇存款,应根据商业银行具体情况而定,一般有美元、英镑、港币、日元和欧元等;如为其他非存款外币,可按存入日的人民

币外汇牌价折算成上述货币存入。

4. 存款账户的种类

单位外汇存款账户的种类根据国家外汇管理局《境内外汇账户管理规定》要求,可根据存款对象不同,开立现汇账户、外汇结算账户、外汇资本金账户、外汇贷款账户和还本付息账户等。所有存款对象只能开立现汇账户,不得开立外币现钞账户。以现钞存入或支取外币现钞时,应按要求进行货币兑换。

5. 存款使用范围

存款使用范围包括:① 可汇往境内外;② 可按现汇买价兑换人民币;③ 可转入其他账户;④ 根据需要,经商业银行同意后按规定换取少量外币现钞;⑤ 可购买旅行支票等。

6. 起存金额

外汇活期存款的起存金额为不低于人民币 1 000 元的等值外汇;外汇定期存款的起存金额为不低于人民币 10 000 元(按当时规定)的等值外汇。

7. 存款账户的管理

存款单位可凭存单及预留印鉴或其他约定的方式支取。外汇定期存款通常是在存款到期时支取,一般不得提前支取。存款对象不得擅自超出外汇管理局核定的账户收支范围、使用期限、最高金额使用外汇账户,不得出租、出借或者串用外汇账户,不得利用外汇账户代其他单位或个人收付、保存或者转让外汇。需要关闭账户,应按要求在规定时间范围内申请并提交相关证明,办理关闭账户手续。

(二) 核算使用的会计科目

为便于单位外汇存款业务的会计核算,在"吸收存款"会计科目下设置两个三级子科目:

1. "外汇活期存款"科目

该科目属负债类科目,用于核算存款对象在商业银行 1 年以内的外汇存款。开户、存入外汇时,反映在该账户的贷方;支取外汇时,反映在该账户的借方,有余额反映在贷方,反映存款对象在商业银行外汇活期存款的结存数。

2. "外汇定期存款"科目

该科目属负债类科目,用于核算存款对象在商业银行 1 年以上的外汇存款。开户、存入外汇时,反映在该账户的贷方;支取外汇时,反映在该账户的借方,有余额反映在贷方,反映存款对象在商业银行外汇定期存款的结存数。

由于单位外汇存款的开户单位较多,为方便分析,可按单位的性质,分为"单位外汇活期存款"、"外资企业活期存款"、"驻华机构活期存款"等明细科目,同时还应分货币立户。

（三）单位外汇存款业务的账务处理

单位外汇活期存款设支票户和存折户两种。对于支票户存款,存入时用缴存款单、送款单,支取时用支票。存折户存款,存入时用存款凭条,支取时用取款凭条,并凭存折一并交与商业银行办理存取款手续。

单位申请外汇定期存款时,凡从存款单位的外汇活期存款账户支款转存,或由汇入汇款或其他款项转进存入的,商业银行可按单位要求办理开户手续,开给外汇定期存款单;凡单位事前没有开立活期存款账户而办理定期存款的,单位应按照有关开户规定,申请办理开户手续,经商业银行审查同意后,为其开户,填发外汇定期存款单。单位外汇定期存款应根据有关凭证登记开销户登记簿。

1. 存入的核算

（1）以外币现钞存入。单位外汇活期或定期存款一般为现汇账户,存入时应按存入日的现钞买入价和同种货币现汇卖出价折算入账。其会计分录如下:

借:库存现金(外币)
　　贷:货币兑换——钞买价(外币)
借:货币兑换——钞买价(人民币)
　　贷:货币兑换——汇卖价(人民币)
借:货币兑换——汇卖价(外币)
　　贷:吸收存款——外汇活(定)期存款——××户(外币)

【例5】 某单位持现钞 10 000 港币存入活期存款账户。假设当天港币钞买价为 HKD100＝￥83.46,港币汇卖价为 HKD100＝￥84.46。其会计分录如下:

借:库存现金　　　　　　　　　　　　　　　　HKD10 000
　　贷:货币兑换——钞买价　　　　　　　　　　HKD10 000
借:货币兑换——钞买价　　　　　　　　　　　￥8 346
　　贷:货币兑换——汇卖价　　　　　　　　　　￥8 346
借:货币兑换——汇卖价　　　　　　　　　　　HKD9 881.6
　　贷:吸收存款——外汇活期存款——某单位户　HKD9 881.6

（2）直接以国外收汇或国内转汇存入。以国外收汇或国内转汇存入时,商业银行根据收到的 SWIFT 报文和转款收账通知,审核编制收款凭证一式二联,将收款凭证第一联通知存款单位,第二联作贷记凭证据以记账。

① 如存款单位以汇入原币存入,其会计分录如下:

借:汇入汇款或有关科目(外币)
　　贷:吸收存款——外汇活(定)期存款——××户(外币)

② 如汇入币种与存入币种不同时,则按当天外汇牌价折算入账。其会计分录如下:

借:汇入汇款或有关科目(外币)
　　贷:货币兑换——汇买价(外币)
借:货币兑换——汇买价(人民币)
　　贷:货币兑换——汇卖价(人民币)
借:货币兑换——汇卖价(外币)
　　贷:吸收存款——外汇活(定)期存款——××户(外币)

③ 如境内机构转汇存入,其会计分录如下:

借:清算资金往来(外币)
　　贷:吸收存款——外汇活(定)期存款——××户(外币)

2. 支取的核算

(1) 从现汇账户支取原币现钞。从现汇账户支取原币现钞时,按汇买价、汇卖价套汇后,支取原币现钞。其会计分录如下:

借:吸收存款——外汇活期存款——××户(外币)
　　贷:货币兑换——汇买价(外币)
借:货币兑换——汇买价(人民币)
　　贷:货币兑换——汇卖价(人民币)
借:货币兑换——汇卖价(外币)
　　贷:库存现金(外币)

(2) 以原币汇往国外或国内异地。以原币汇往国外或国内异地时,直接办理,并按规定收费标准计收等值人民币手续费。其会计分录如下:

借:吸收存款——外汇活期存款——××户(外币)
　　贷:汇出汇款或有关科目(外币)

(3) 以存款货币外的另一种货币支取。当支取货币与原存款货币不同时,按汇买价、汇卖价套汇后办理。其会计分录如下:

借:吸收存款——外汇活期存款——××户(外币)
　　贷:货币兑换——汇买价(外币)

借：货币兑换——汇买价（人民币）
　　贷：货币兑换——汇卖价（人民币）
借：货币兑换——汇卖价（外币）
　　贷：汇出汇款或有关科目（外币）

（4）从活期存款账户转存定期存款。办理转存定期业务时，商业银行凭存款单位开立的转账支票办理。其会计分录如下：

借：吸收存款——外汇活期存款——××户（外币）
　　贷：吸收存款——外汇定期存款——××户（外币）

（5）从定期存款账户转存活期存款。定期存款到期或提前支取办理转存活期时，存款单位应向商业银行提交外汇定期存款单、进账单及有关证明文件。商业银行计付利息后连同本金一并办理转存。其会计分录如下：

借：吸收存款——外汇定期存款——××户（外币）
　　应付利息（外币）
　　利息支出——外汇定期存款利息支出户（外币）
　　贷：吸收存款——外汇活期存款——××户（外币）

3. 利息的核算

（1）计息方法。其具体包括：

第一，单位外汇活期存款利息，采用余额表按季计息，即每日营业终了，将各账户余额记入计息余额表，在季末结息日，逐户将本季末的累计计息积数乘以日利率，即得出各存款单位的应计利息数。每季末 20 日为结息日，结息后以原币主动入账。

第二，单位外汇定期存款利息，按对年对月计息，不足 1 年或 1 个月的零头天数折算成日息计算。存款到期，利随本清，一次计付利息。如遇利率调整，仍按存入日利率计算利息；存款到期续存，按续存日利率计算利息；存款到期未办理支取，逾期部分按取款日活期存款利率计算利息；如提前支取，按取款日活期存款利率计算。

根据权责发生制的原则，3 个月以上的单位定期存款应按季以原币种计提应付利息，存款到期冲销"应付利息"科目，不足部分在"利息支出"科目中支付；3 个月以下的定期存款不计提应付利息，直接在"利息支出"科目中核算。

（2）利息的核算：

① 单位外汇活期存款结息。其会计分录如下：

借：利息支出——外汇活期存款利息支出户(外币)

  贷：吸收存款——外汇活期存款——××户(外币)

② 单位外汇定期存款在结息日计算应付利息。其会计分录如下：

借：利息支出——外汇定期存款利息支出户(外币)

  贷：应付利息(外币)

③ 单位外汇定期存款到期时,由存款单位凭存单、预留签章或其他约定方式向商业银行支取本息时,会计分录同上述存款支取核算中(5)的处理。

【例6】 某公司5月5日存入港币200 000元,定期半年,利率0.7％,同年11月5日到期,公司于同年12月7日到某商业银行支取该笔定期存款。支取日活期存款年利率为0.05％。

5月5日至11月5日的应付利息如下：

$$200\ 000 元×6 个月×0.7％÷12 个月=700(元)$$

11月5日至12月7日的当期利息如下：

$$200\ 000 元×33 天×0.05％÷360 天=9.17(元)$$

支取日的会计分录如下：

借：吸收存款——外汇定期存款——某公司户   HKD200 000.00

  应付利息   HKD700.00

  利息支出——外汇定期存款利息支出户   HKD9.17

  贷：吸收存款——外汇活期存款——某公司户   HKD200 709.17

四、个人外汇存款的核算与管理

(一) 个人外汇存款的有关规定

个人外汇存款是商业银行为吸收境内外自然人的外汇资金而开办的一项外汇存款业务。目前,商业银行根据存款对象的不同,开办的个人外汇存款主要包括乙种外汇存款和丙种外汇存款两种。

1. 存款对象

乙种外汇存款的对象为个人,凡居住在国外或港澳台地区的外国人、外籍华人、华侨、港澳台同胞、短期来华旅游者、居住在中国境内的驻华使领馆外交官、驻华代表机构外籍人员、外国专家学者、海员、留学生、实习生等外国人,以及按国家规定允许将外汇留存给居住在国内的中国人,均可以本人名义在商业银行开立乙种外汇存款账户。丙种外汇存款(即境内居民外币定期存款)的对象为中国境内的居民,包括归侨、侨眷和港澳台同胞的亲属。

2. 存款种类

乙种、丙种外汇存款,按存取期限方式的不同,可分为外汇定期储蓄存款和外汇活期储蓄存款两种。外汇活期储蓄存款为存折户,可随时存取。外汇定期储蓄存款为记名式存单,可分为 1 个月、3 个月、半年、1 年和 2 年等多种档数,采取一次存入,整存整取。

3. 存款货币

商业银行吸收何种货币的外汇存款,应根据商业银行具体情况而定,一般有美元、英镑、港币、日元和欧元等;如为其他非存款外币,酌情按存入日的外汇牌价折算成上述货币入账。

4. 存款账户的种类

乙种、丙种外汇存款账户按存入的资金形态,分为现汇户和现钞户两种。现汇户是指由境外汇入的外汇或携入的外币票据转存存款的账户;现钞户是指存款人从境外携入或持有可自由兑换的外币现钞存款的账户。商业银行可根据存款人存入的资金形态及存款人的要求,开立现汇账户或现钞账户。

5. 存款使用范围

存款使用范围包括:① 可汇往境内外的汇款;② 可按外汇买入价兑换人民币;③ 可根据需要在规定限额内提取外币现钞;④ 可购买旅行支票等。

6. 起存金额

乙种外汇活期存款的起存金额为不低于人民币 100 元的等值外币,丙种外汇活期存款的起存金额为不低于人民币 20 元的等值外币;外汇定期存款的起存金额不低于人民币 150 元的等值外币。

7. 存款账户的管理

个人外汇存款账户的管理应根据国家外汇管理局《境内居民个人外汇管理办法》执行。

(二) 核算使用的会计科目

为便于个人外汇存款业务的会计核算,在"吸收存款"会计科目下设置两个二级子科目:

1. "个人外汇活期存款"科目

该科目属负债类科目,用于核算乙、丙种存款对象在商业银行 1 年以内的外汇存款。开户、存入外汇时,反映在该账户的贷方;支取外汇、清户时,反映在该账户的借方,有余额反映在贷方,反映存款对象在商业银行外汇活期存款的结存数。

2. "个人外汇定期存款"科目

该科目属负债类科目,用于核算乙、丙种存款对象在商业银行1年以上的外汇存款。开户、存入外汇时,反映在该账户的贷方;支取外汇时,反映在该账户的借方,有余额反映在贷方,反映存款对象在商业银行外汇定期存款的结存数。

上述两科目应分货币按存款对象分立账户。

（三）个人外汇存款业务的账务处理

1. 个人外汇存款账户开立和支取的规定

个人外汇存款的申请人开立外汇定期或活期存款账户时,应填写存款凭条,提供身份证明,并应书面约定存取方式,如书面约定凭印鉴支取,须预留印鉴。由境外直接汇款转存时,应附开户内容,约定存单或存折的处理办法和取款手续,商业银行按约定要求办理。

个人外汇存款的存款人支取外汇存款,须凭存折、存单、预留印鉴或书面约定的支取方式办理支取。支取时,须填写取款凭条。外汇定期存款为记名式存单,到期支取;如提前支取,须凭存款人身份证或有关单位的证明办理。外汇存款可约定自动转存。

2. 个人外汇存款业务的会计核算

（1）存入的核算:

① 以外币现钞存入。存款人将外币现钞存入现钞户。其会计分录如下:

借:库存现金(外币)
　　贷:吸收存款——个人外汇活(定)期存款——××户(外币)

② 从境内、境外汇入的汇款或托收的外币票据收妥存入。存款人将境内、境外汇入的汇款或托收的外币票据收妥存入现汇户。其会计分录如下:

借:存放境外同业或有关科目(外币)
　　贷:汇入汇款(外币)
借:汇入汇款(外币)
　　贷:吸收存款——个人外汇活(定)期存款——××户(外币)

（2）支取的核算:

① 从个人外汇活期存款账户中支取外币现钞。存款人从外汇活期存款现钞账户中支取外币现钞。其会计分录如下:

借:吸收存款——个人外汇活期存款——××户(外币)
　　贷:库存现金(外币)

从现汇账户中支取原币现钞或支取另一种货币或支取人民币,按套汇原理进行。

② 从外汇定期存款账户中支取外币现钞。存款人从外汇定期存款现钞账户或现汇账户中支取外币现钞时,计算应付存款利息,办理转账。其会计分录如下:

借:吸收存款——个人外汇定期存款——××户(外币)
　　应付利息(外币,已提取部分)
　　利息支出——个人外汇定期存款利息支出户(外币,不足部分)
　　贷:库存现金(外币)

(3) 汇出汇款的核算。办理现汇户的汇出汇款时,签发结算凭证,办理账务划转手续,同时计算外汇定期或活期利息。其会计分录如下:

借:吸收存款——个人外汇活(定)期存款——××户(外币)
　　或:应付利息(或利息支出)(外币)
　　贷:汇出汇款(外币)

汇出行收到汇入行解付通知书后,应冲销"汇出汇款"科目卡片账。其会计分录如下:

借:汇出汇款(外币)
　　贷:存放境外同业或有关科目(外币)

同时按规定收取等值人民币电讯费、汇款手续费。其会计分录如下:

借:库存现金(人民币)
　　贷:手续费及佣金收入——汇费收入户(人民币)
　　　　业务及管理费用——邮电费(人民币)

【例7】　客户王宁持外汇管理部门的批准证明,从其外汇活期储蓄存款美元外汇账户支取 200 英镑的等值美元,申请用信汇方式汇往伦敦牛津大学以英镑交学费。客户按有关要求办妥汇款手续,交某商业银行审核无误后,办理汇出汇款。当天美元汇买价为 USD100 ＝ ￥655.94,英镑汇卖价 GBP100 ＝￥1 059.9。其会计分录如下:

借:吸收存款——个人外汇活期存款——王宁户　　　　　　USD323.17
　　贷:货币兑换——汇买价　　　　　　　　　　　　　　　USD323.17
借:货币兑换——汇买价　　　　　　　　　　　　　　　　￥2 119.8
　　贷:货币兑换——汇卖价　　　　　　　　　　　　　　　￥2 119.8

借：货币兑换——汇卖价　　　　　　　　　　　　GBP200
　　贷：汇出汇款　　　　　　　　　　　　　　　　GBP200
借：库存现金　　　　　　　　　　　　　　　　　￥21.20
　　贷：手续费及佣金收入——汇费收入户(1‰)　　 ￥21.20

（4）利息的核算：

第一，个人外汇活期存款利息的核算。个人外汇活期存款的结息日为每年6月30日，全年按实际天数计算，以结息日挂牌外汇活期储蓄存款利率计付利息。其会计分录如下：

借：利息支出——个人外汇活期存款利息支出户(外币)
　　贷：吸收存款——个人外汇活期存款——××户(外币)

若储户要求销户时，应随时结清利息。其会计分录如下：

借：吸收存款——个人外汇活期存款——××户(外币)
　　利息支出——个人外汇活期存款利息支出户(外币)
　　贷：库存现金(外币)

第二，个人外汇定期存款利息的核算。个人外汇定期存款采取到期取本付息方法。遇利率调整，仍按存入日利率计算利息；存款到期续存，按续存日利率计息；存入时未办理约定自动转存手续的，过期部分按支取日的外汇活期储蓄存款利率计息；如提前支取，提前支取部分，按支取日外汇活期储蓄存款利率计息，未提前支取部分，仍按存入日利率计算。

个人外汇定期存款到期时，由存款人凭存单、预留印鉴向商业银行支取本息。其会计分录如下：

借：吸收存款——个人外汇定期存款——××户(外币)
　　应付利息(外币,已提取部分)
　　利息支出——个人外汇定期存款利息支出户(外币,未提取部分)
　　贷：库存现金(外币)

个人外汇定期存款应付利息按季计提，对3个月以上存期存款计付的利息，应通过"应付利息"科目核算，应付利息不足部分直接从"利息支出"科目支付；对3个月以下的外汇定期存款计付的利息，直接通过"利息支出"科目核算。

【例8】　某客户于3月12日存入某商业银行外汇定期储蓄存款9 000美元，存期为1年，年利率1％，到期本息提现。12月20日结息时，本年度应付利息为9 000美元×9个月×1％÷12＋9 000美元×9天×1％÷360＝69.75

美元。其会计分录如下：

借：利息支出——个人外汇定期存款利息支出户　　　USD69.75
　　贷：应付利息　　　　　　　　　　　　　　　　USD69.75

该存款到期日客户前来支取，自去年结息日至存款到期日的利息计算为 9 000 美元×1 年×1%－69.75 美元＝20.25 美元，与上年的应付利息连同本金一并支给存户。其会计分录如下：

借：吸收存款——个人外汇定期存款——××户　　　USD9 000.00
　　应付利息　　　　　　　　　　　　　　　　　　USD69.75
　　利息支出——个人外汇定期存款利息支出户　　　USD20.25
　　贷：库存现金　　　　　　　　　　　　　　　　USD9 090.00

第五节　外汇贷款业务的核算与管理

外汇贷款也称外汇放款，是商业银行对借款人提供的，以外币为计价单位的，按双方约定的利率和期限还本付息的一种贷款。它是商业银行外汇资金的主要运用形式和经营的一项重要资产业务，也是商业银行运用外汇资金获取经济效益的重要手段。外汇贷款为借款人提供短期或长期外汇资金融通渠道，对于加速企业等经济实体的资金周转，引进国外先进设备、技术以及国内短缺的原材料，支持其生产和流通，扩大进出口贸易，提高创汇能力，增加国家外汇收入，加速我国市场经济的发展，具有重要意义。

做好外汇贷款业务的核算，可使商业银行全面地掌控外汇贷款资金运动，有助于商业银行对外汇贷款资金的回收，规范外汇贷款资金管理，防范外汇贷款风险，提高国内外汇资金的质量与效益。

外汇贷款种类较多，因融资方式及贷款性质的不同，可分为现汇贷款、贸易融资（含进出口押汇、票据贴现、打包贷款）、买方信贷、银团贷款、外资贷款等。本节将主要介绍现汇贷款、贸易融资和买方信贷外汇贷款等业务的会计核算。

一、外汇贷款概述

（一）外汇贷款的对象及使用范围

外汇贷款的对象是经工商行政管理机关或主管机关核准登记的企事业法人、其他经济组织。借款人申请外汇贷款，应具备一系列基本条件，包括按借款用途使用、按期偿还贷款本息、开立基本账户、反映真实经营和财务情况、保证合理的资产负债比例、提供一定的担保条件等。

外汇贷款的使用范围主要包括：① 引进先进技术、进口先进设备和国内短缺原材料，扩大出口商品的生产能力，提高产品质量，增加花色品种，改进包装装潢；② 进口原料、辅助加工复出口；③ 发展交通运输、旅游事业、对外承包工程；④ 支持对外加工装配、补偿贸易；⑤ 支持直接或间接创造外汇收入项目所需要的短期周转资金。

（二）外汇贷款的种类

外汇贷款的种类繁多，按不同的标准划分，有不同类型的贷款。

1. 按外汇贷款期限划分

按外汇贷款期限的不同，外汇贷款可分为短期外汇贷款和中长期外汇贷款。

（1）短期外汇贷款。即指期限在 1 年以内（含 1 年）的外汇贷款。贸易融资是短期外汇贷款的特殊形式，主要包括打包贷款、进口押汇、出口押汇和票据融资。

（2）中长期外汇贷款。即指期限在 1 年（不含 1 年）以上的外汇贷款。

2. 按外汇贷款融资方式划分

按外汇贷款融资方式的不同，外汇贷款可分为国内外汇贷款和引进外资贷款。

（1）国内外汇贷款。即指商业银行境内外分支机构利用吸收的外汇存款等，根据贷款合同，以有偿方式贷给国内借款人的一种融资方式。根据国内外汇贷款性质的不同，还可分为现汇贷款、票据贴现、进口押汇、出口押汇、打包贷款、银团贷款等。

（2）引进外资贷款。即指利用从国外筹措到的外汇资金为本国经济发展服务的一种融资方式。其主要包括国际商业银行贷款、国际金融组织贷款、外国政府贷款、银团贷款等。

3. 按外汇贷款利率形式划分

按外汇贷款利率形式的不同，可分为浮动利率贷款、固定利率贷款和优惠利率贷款。

4. 按外汇贷款发放条件划分

按外汇贷款发放条件的不同，可分为信用贷款、担保贷款和保证贷款。

除此之外，外汇贷款的种类还可按发放贷款的投向分，有境内外汇贷款和境外外汇贷款；按外汇贷款资金的用途和性质分，有流动资金贷款和固定资金贷款；按外汇贷款资金的来源分，有现汇贷款、转贷贷款和项目贷款等。

（三）外汇贷款的特点

外汇贷款除与其他贷款一样，具有共性特点外，还具有本身的特点：

（1）借外汇还外汇，借什么货币还什么货币，收取原币利息，贷款使用的货币由借款人选择，汇率风险由借款人承担。

（2）实行浮动利率，计收承担费，利率按伦敦银行同业拆放利率加上商业银行业务管理费用计算得出，并不定期公布。

（3）借款人必须具有外汇收入或其他外汇来源。

（4）贷款期限由提款期、宽限期、还款期组成。

（5）一般不发生派生存款，贷款发放是从贷款账户直接对外支付，不存在贷款转存后对外支付，不会形成借款人的派生性存款。

（6）政策性强、涉及面广、工作要求高。

（四）外汇贷款的管理规定

外汇贷款的管理规定主要有以下内容：

（1）应凭国家外汇管理局核发的有关开户文件办理外汇贷款账户的开立，并于贷款使用完毕或借款合同规定的偿还期限届满办理撤销手续。

（2）外汇贷款的期限一般不超过 5 年；打包贷款的进出口押汇一般不超过 3 个月；票据融资期限自票据贴现之日起至票据到期日止，最长不得超过 6 个月。

（3）外汇贷款利率按现行的贷款利率政策执行。

（4）外汇贷款的币种包括美元、日元、港币、欧元、英镑等外币。

（5）外汇贷款必须纳入统一的授信管理，对未授信的借款人一律不得发放和使用外汇贷款。

（6）外汇贷款必须专款专用，严格按用款计划和规定用途发放和使用。

（7）进口信用证和对外担保统一纳入信贷管理，按贷款管理的要求进行审批。

（8）信用证等外汇或资产垫款转外汇贷款要按外汇贷款的程序和规定进行审批。

（9）外汇贷款过期仍不归还，商业银行应按规定加收贷款逾期利息。

二、现汇贷款的核算与管理

现汇贷款是指借款人根据业务需要采用信用证、托收或汇款等结算方式，在国际市场上采购适用商品，向商业银行申请的额度内或单笔的外汇贷款。贷款到期，借款人以外汇收入或其他外汇来源偿还本息。

办理现汇贷款时，借款人与商业银行应订立借款合同，开立外汇贷款专户及还本付息专户,并应在贷款额度范围内使用贷款,贷款货币由借款人选择,贷款期限根据业务需要而定,贷款利息以原币收取。

现汇贷款的核算主要包括贷款发放、计收利息、到期偿还三个环节。在核算中主要通过"短(中)期外汇贷款"科目核算。该科目属资产类科目,用于核算商业银行经办1年以内(或1年以上)的外汇贷款的发放和收回,借方反映外汇贷款的发放和利息转入本金,贷方反映外汇贷款到期收回。余额反映在借方,表明外汇贷款尚未到期。

(一) 贷款发放的核算

借款人申请外汇贷款主要是为了解决进口资金的需要。借款人申请使用外汇贷款时,应向商业银行填具借款申请书,并提交其他贷款申请资料及有关批准进口文件。经商业银行信贷部门根据信贷程序,进行调查评估,按规定权限审批同意后,双方订立借款契约。根据借款契约在核定的借款额度内,一次或分次使用借款的,应逐笔订立借据,填具借款凭证,经商业银行信贷员及有权审批人员签章后,交由会计部门进行处理。在会计主管签字确认后,据以开立外汇贷款账户。商业银行放款时,按借款单位不同分设账户,并应区别不同情况办理发放手续。

1. 使用贷款对外支付

借款人直接使用贷款对外付汇,不派生存款。其会计分录如下:

借:短(中)期外汇贷款——××户(外币)
　　贷:存放境外同业或有关科目(外币)

2. 使用非贷款货币对外支付

若借款人以非贷款货币对外付汇,其会计分录如下:

借:短(中)期外汇贷款——××户(贷款外币)
　　贷:货币兑换——汇买价(贷款货币)
借:货币兑换——汇买价(本币)
　　贷:货币兑换——汇卖价(本币)
借:货币兑换——汇卖价(非贷款货币)
　　贷:存放境外同业或有关科目(非贷款货币)

(二) 现汇贷款的计息及核算

外汇贷款的利率可以根据合同规定,采用浮动利率、固定利率和优惠利率。浮动利率即按国际金融市场的银行放款利率,结合我国的实际情况而确定的,在浮动期限内使用的利率;固定利率即在借款期限内,不论贷款利率如何变动,都不再变动的利率;优惠利率即在贷款期限内,以优惠利率调整,该笔贷款利率也随之调整的利率。现汇贷款的计息天数,按公历实际天数,算头不算尾。现汇贷款根据合同规定,按季或按月结息,即每季末月 20 日或每月 20 日为规定结息日。结息时,应分别根据不同的贷款利率,算出结息期内共计应收利息,由商业银行填制"外汇贷款结息凭证"办理转账。结息期计收的利息,应区别不同情况进行处理。

1. 借款人以原币偿还利息

借款人以外汇存款偿还利息,其会计分录如下:

借:吸收存款——外汇活期存款——××户(外币)
贷:利息收入——××贷款利息收入户(外币)

2. 将利息转为贷款本金

借款人不以原币偿还贷款利息,可按与商业银行达成的协定,将利息转为贷款本金。其会计分录如下:

借:短(中)期外汇贷款——××户(外币)
贷:利息收入——××贷款利息收入户(外币)

3. 借款人不能正常归还贷款利息

(1) 借款人不能主动偿还正常或逾期贷款利息,还本付息专户无足够余额,但逾期款超过 90 天时,其会计分录如下:

借:应收利息(外币)
贷:利息收入——××贷款利息收入户(外币)

借款人付息时,其会计分录如下:

借:吸收存款——外汇活期存款——××户(外币)
贷:应收利息(外币)

(2) 外汇贷款应收利息超过 90 天仍未收回的,以及呆滞、呆账贷款计提的应收未收利息,都不再纳入表内核算,而是通过表外"应收未收利息"科目核算。其会计分录如下:

收:应收未收利息——××借款人户(外币)

(三)现汇贷款偿还的核算

借款人使用现汇贷款,必须按期偿还,也可以提前偿还或分批偿还。借款人在归还贷款时,应填制还款凭证交付商业银行,经商业银行核对无误后,连同应收利息办理转账。收回贷款时,应将最后一个结息日至还款日尚未计收的利息与本金一并收回。收回贷款时应区分不同情况进行处理。

1. 以外汇存款偿还

借款人用外汇存款偿还贷款本息。其会计分录如下：

借：吸收存款——外汇活期存款——××户（外币）
　贷：短（中）期外汇贷款——××户（外币）
　　利息收入——-××贷款利息收入户（外币）

2. 用人民币购汇偿还

借款人经批准用人民币购买外汇偿还贷款本息。其会计分录如下：

借：吸收存款——活期存款××户（人民币）
　贷：货币兑换——汇卖价（人民币）
借：货币兑换——汇卖价（外币）
　贷：短（中）期外汇贷款——××户（外币）
　　利息收入——-××贷款利息收入户（外币）

3. 用非原外汇贷款货币偿还

借款人用非原外汇贷款的外汇存款偿还。其会计分录如下：

借：吸收存款——外汇活期存款——××户（还款外币）
　贷：货币兑换——汇买价（还款外币）
借：货币兑换——汇买价（人民币）
　贷：货币兑换——汇卖价（人民币）
借：货币兑换——汇卖价（贷款外币）
　贷：短（中）期外汇贷款——××户（贷款外币）
　　利息收入——-××贷款利息收入户（贷款外币）

三、贸易融资的核算与管理

贸易融资是指商业银行结合进出口贸易结算业务，对进口商、出口商和中间商提供融通资金的便利，是外贸、外贸结算和资金融通三者的有机结合。针对进出口贸易结算的不同阶段和环节，商业银行提供的贸易融资主要包括：进口押汇、出口押汇、票据贴现和打包贷款。

（一）进口押汇

进口押汇是指进口商（借款人）以进口货物物权作抵押，向商业银行申请的短期资金融通。依结算方式的不同，进口押汇可分为信用证项下进口押汇和托收项下进口押汇两种。

进口押汇是借款人以物权作抵押向商业银行申请的短期周转资金融通。

因此,商业银行必须按信贷资产风险管理原则实施风险控制,有关贷款金额应控制在进口押汇总授信额度之内,并要求借款人所提供的单据做到单证相符、单单相符。

无论信用证项下还是托收项下商业银行提供的进口押汇,均是在商业银行收到有关单据,根据借款人的押汇申请,先行垫款对外支付,转而向借款人办理付款赎单手续,收回贷款,释放交单的过程。因此,进口押汇的会计核算主要包括承做进口押汇和收回押汇垫款两个环节。

在核算中主要通过"进口押汇"科目核算。该科目属资产类科目,用于核算商业银行向借款人提供信用证项下或托收项下进口押汇的发放和收回。借方反映贷款的发放,贷方反映贷款的收回。余额反映在借方,表明尚未收回的贷款。

1. 承做进口押汇的核算

借款人申请进口押汇时,必须填制进口押汇申请书,并提供信托收据、贸易合同和其他有关资料。经商业银行审核同意,办理进口押汇,对外付款手续。其会计分录如下:

借:进口押汇——××户(外币)
　　贷:存放境外同业或有关科目(外币)

2. 偿还押汇本息的核算

借款人向商业银行偿还进口押汇本息,赎取单据时,商业银行应抽出保管的有关凭证,并冲销卡片账,计算并扣除自进口押汇日起至借款人赎单还款日止的利息。其会计分录如下:

借:吸收存款——外汇活期存款——××户(外币)
　　贷:进口押汇——××户(外币)
　　　　利息收入——押汇利息收入户(外币)

进口押汇利息计算公式如下:

$$进口押汇利息＝押汇金额×押汇天数×日利率$$

(二)票据贴现

票据贴现是指远期票据经承兑后,在到期日前,由商业银行从票面金额中扣减贴现息后,将余款支付给持票人的一种融资方式。

一般商业银行只承做银行承兑汇票的贴现业务。在办理银行承兑汇票的贴现时,应认真审核票据的真实性、流通性和法律依据,贴现利率可采用优惠贷款利率。

票据贴现主要包括贴入票据和收回票款两个环节的核算。在核算中通过"贴现资产"科目反映。该科目属资产类科目,用于核算贴现商业银行向持票人提供远期信用证项下承兑汇票的贴入和收回,借方反映贴现款项的发放,贷方反映贴现款项的收回。余额反映在借方,表明尚未收回的贴现垫款。

1. 贴入票据的核算

持票人申请贴现时,应填制贴现申请书,并提供开证行、保兑行或付款行承兑的远期汇票,经商业银行审核无误同意后,计算贴息并办理贴现。其会计分录如下:

> 借:贴现资产——××户(外币)
> 贷:吸收存款——外汇活期存款——××户(外币)
> 利息收入——贴现利息收入户(外币)

贴现利息及实付贴现金额的计算公式如下:

$$贴现利息=票面金额×贴现天数×日利率$$
$$实付贴现金额=票面金额-贴现利息$$

贴现天数的计算,是自贴现日起至票据到期日加预计款项收妥入账所需邮程止的天数。

2. 承兑票据的核算

承兑到期收回贴现票款。其会计分录如下:

> 借:存放境外同业或有关科目(外币)
> 贷:贴现资产——××户(外币)

(三) 出口押汇

出口押汇是指出口商将全套出口单据提交议付行,由该行买入单据并按票面金额扣除自议付日到预计收汇日止的利息及有关手续费,将净款预先付给出口商的一种出口融资方式。根据结算方式的不同,出口押汇可分为信用证项下出口押汇及托收项下出口押汇。

出口押汇是商业银行预先垫款买入一笔尚未收妥的外汇,有一定的收汇风险。因此,应确保押汇项下单据做到单证相符、单单一致;进口商信誉良好,开证行、付款行资信良好,且所处国家政局稳定、经济发展,外汇充裕;收汇条件合理,不受限制。

我国商业银行承做出口押汇的做法与欧美银行有些不同。其主要区别在于垫款利息是先扣还是到期付清。欧美一些商业银行承做出口押汇业务时采用预付或垫付汇票全额的方法,先不扣除垫付利息,原因是由于收妥款项的日期不确定,无法计算垫付天数。只有在货款收妥并入账时,才根据实际的垫付天数,计算出相应的利息,连同本金一起收回。我国商业银行的做法则是采用按垫款金额的贴现方式,先估算贴现天数,然后,在垫付金额中扣除相应的利息,把剩下的余额发放给出口商,出口商在议付收妥外汇后再将贴现的货款还给商业银行。若收妥天数超过预定的计算天数,商业银行可向出口商追补利息。

出口押汇主要包括承做出口押汇和收回押汇垫款两个环节的核算。在核算中通过"出口押汇"科目反映。该科目属资产类科目,用于核算商业银行向出口商提供信用证项下或托收项下出口押汇的发放和收回,借方反映贷款的发放,贷方反映贷款的收回。余额反映在借方,表明尚未收回的贷款。

1. 承做出口押汇的核算

商业银行在承做出口押汇时,出口商(借款人)需填制"出口押汇申请书",并与押汇行签订"出口押汇总质权书",明确双方的权利和义务。押汇行经审核同意后,按押汇之日起加上开证行或付款行合理工作日,加邮程时间,加票据期限,计算押汇垫款利息,办理出口押汇手续。其会计分录如下:

借:出口押汇——××户(外币)
　贷:利息收入——押汇利息收入户(外币)
　　　货币兑换——汇买价(外币)
　借:货币兑换——汇买价(人民币)
　贷:吸收存款——活期存款××户(人民币)

出口押汇的利率,按同档次流动资金贷款利率执行。其利息计算公式如下:

出口押汇利息=票面金额×估计收到票款所需日数×年利率÷365
出口押汇贷款的实际入账金额=票据金额-押汇利息-预扣国外银行费用-本行费用

2. 收回偿还押汇的核算

押汇行收到海外联行或代理行寄来贷方报单时,要考核押汇时间是否合理,然后收回出口押汇款项。其会计分录如下:

借:存放境外同业或有关科目(外币)
　贷:手续费及佣金收入——国外银行费用收入户(外币)
　　　出口押汇——××户(外币)

【例9】 某进出口公司1月4日把即期信用证项下全套单据金额 USD 50 000,连同押汇申请书送交某商业银行,经审核单据符合押汇要求,该行当天即按6.5‰利率扣收15天的利息,并将余额按当日美元挂牌汇买价 USD100 =￥655.94折合人民币后,收入该公司人民币存款户。1月20日该行收到国外代理行(开证行)的贷记通知,金额 USD50 100(其中 USD100 为银行费用),经审核无误后办理转账。

(1)1月4日承做出口押汇。其会计分录如下:

押汇利息＝50 000美元×15天×6.5‰÷365＝133.56美元

借:出口押汇——某公司户   USD50 000.00
  贷:利息收入——押汇利息收入户   USD133.56
    货币兑换——汇买价   USD49 866.44
借:货币兑换——汇买价   ￥327 093.93
  贷:吸收存款——活期存款——某公司户   ￥327 093.93

(2)1月20日收到贷记通知。其会计分录如下:

借:存放境外同业或有关科目——某国外代理行户   USD50 100
  贷:手续费及佣金收入——国外银行费用收入户   USD100
    出口押汇——某公司户   USD50 000

(四)打包贷款

打包贷款是指信用证的受益人(出口商)受证后,由于缺乏人民币资金备货,可持凭正本信用证按规定手续向当地商业银行申请一种融资性的出口前期短期贷款。该贷款只是用于缓解受益人在备货期间资金不足的临时困难。

打包贷款属人民币流动资金贷款,主要用于解决信用证项下受益人出口商品打包装箱的资金缺口。贷款行应根据其在备货中的实际需要及资信等情况综合核定发放,贷款金额不得超过信用证总金额的等值人民币。

申请打包贷款时,做抵押的信用证必须是贷款银行可以凭以议付、付款或承兑的,因为贷款行通常在向出口商(借款人)议付或付款时以扣除贷款本息的方式收回贷款。按国际惯例,贷款行在与借款人订立借款契约时,要加列两项制约性条款:一是只要来证是公开议付信用证,即可要求借款人在取得打包贷款备货出运后,必须将跟单汇票或单据送交贷款行审单议付;二是备货出运后,必须及时清偿打包贷款全部本息,如无人民币资金清偿,在审单相符的条件下,转做"出口押汇",从其结汇中扣收,以免延期占用贷款行资金。

为了加强打包贷款的管理,减少贷款风险,商业银行应对借款人的资信和经营、与商业银行业务往来、该笔出口业务的备货等情况及贷款的偿还能力进行认真的审查;借款协议中需针对该信用证项下因货物未能出口而不能偿还的风险,订立保证归还贷款的条款;贷期限期可从贷款之日起至该信用证项下货款收妥或办理出口押汇日止,一般为 3~6 个月,原则上不超过信用证有效期后的半个月。贷款利率按照人民币同档次流动资金贷款利率执行,贷款到期不得展期,贷款逾期按规定加收逾期利息。

对打包贷款可通过"打包贷款"科目核算。该科目属资产类科目,用于核算商业银行向出口商提供的,以信用证正本为抵押的出口前期融资性人民币短期贷款的发放和收回。借方反映贷款的发放,贷方反映贷款的收回。余额反映在借方,表明尚未收回的贷款。

1. 打包贷款发放的核算

承做打包贷款的借款人必须向商业银行提交打包贷款申请书、外贸合同及国外银行开来的信用证正本等有关文件,与商业银行签订打包贷款合同,经商业银行核准,发放贷款并收入借款人有关账户。其会计分录如下:

> 借:打包贷款——××户(人民币)
> 　贷:吸收存款——活期存款××户(人民币)

2. 打包贷款本息偿还的核算

偿还打包贷款本息时,商业银行原则上从打包贷款借款人的出口议付货款中主动扣还,也可用借款人存款归还,应视还款的具体情况做不同的账务处理。

(1) 以出口押汇归还打包贷款本息。其会计分录如下:

> 借:出口押汇——××户(外币)
> 　贷:货币兑换——汇买价(外币)
> 借:货币兑换——汇买价(人民币)
> 　贷:打包贷款——××户(人民币)
> 　　利息收入——打包贷款利息收入户(人民币)
> 　　吸收存款——活期存款××户(人民币,剩余部分)

(2) 以收妥结汇款归还打包贷款本息。其会计分录如下:

> 借:存放境外同业或有关科目(外币)
> 　贷:货币兑换——汇买价(外币)
> 借:货币兑换——汇买价(人民币)
> 　贷:打包贷款——××户(人民币)

利息收入——打包贷款利息收入户(人民币)

吸收存款——活期存款××户(人民币,剩余部分)

(3)以人民币存款归还打包贷款本息,其会计分录如下:

借:吸收存款——活期存款××户(人民币)

贷:打包贷款——××户(人民币)

利息收入——打包贷款利息收入户(人民币)

四、买方信贷外汇贷款的核算与管理

买方信贷是出口国银行直接向买方或买方银行提供的贷款,用于向出口国购买技术和设备,解决买方一时筹集巨额资金的困难。买方信贷外汇贷款期限较长,利率较低。

买方信贷分为出口买方信贷和进口买方信贷。目前我国商业银行办理的主要是进口买方信贷,即从出口国银行取得并按需要转贷给国内借款单位使用的信贷。进口买方信贷是我国利用外资的重要形式。

买方信贷外汇贷款必须经出口国政府批准,签订贸易合同和贷款合同,用于购买或支付出口国的货款、技术或劳务,贷款金额不得超过贸易合同金额的85%,其余15%由进口商以现汇支付定金,支付定金后才能使用贷款,分期按等份金额每半年还本付息一次。

目前,我国买方信贷项下向国外银行的借入款,是由各商业银行总行集中开户,并由总行负责偿还借入的本息。各地分行对使用贷款的客户发放买方信贷外汇贷款,由有关分行开户,并由分行负责按期收回贷款的本息。

买方信贷应包括对外签订协议、支付定金、使用贷款和收回贷款本息四个环节的内容。核算中主要使用以下两个科目:① “买方信贷外汇贷款”科目,用于核算各分行向借款人提供的买方信贷长期贷款的发放和收回。该科目属分行使用的资产类科目,借方反映贷款的发放,贷方反映贷款的到期偿还。余额反映在借方。表明贷款尚未到期。② “借入买方信贷”科目,专门用于总行核算获得国外买方信贷借入款项的数额及到期偿还的情况,它是与“买方信贷外汇贷款”相对应的科目。该科目属总行专用的负债类科目,贷方反映借入款项情况,借方反映借入款项到期归还情况,余额在贷方,反映借入但尚未归还的款项。

(一)对外签订协议

商业银行总行根据国家的有关法规、政策与计划,统一对外谈判,签订买方信贷总协议,并通知各分行和有关部门,总协议下每个项目的具体信贷协议,或按贸易合同逐笔申请的贷款,由商业银行总行对外谈判签订,也可由商业银行总行授权分行谈判签订。分协议签订后,均由商业银行总行使用"买方信贷用款限额"表外科目核算,并登记"买方信贷用款限额登记簿"。其会计分录如下:

收:买方信贷用款限额(外币)

在使用贷款时,按使用金额随时逐笔转销此表外科目。其会计分录如下:

付:买方信贷用款限额(外币)

(二) 支付定金的核算

根据买方信贷运作惯例,使用买方信贷外汇贷款前,一般要先付一定比例的定金。

1. 现汇存款支付

借款人直接以外汇存款支付定金,其会计分录如下:

借:吸收存款——外汇活期存款——××户(外币)
　　贷:存放境外同业或有关科目(外币)

2. 购汇支付

借款人以人民币购买外汇支付定金。其会计分录如下:

借:吸收存款——活期存款××户(人民币)
　　贷:货币兑换——汇卖价(人民币)
借:货币兑换——汇卖价(外币)
　　贷:存放境外同业或有关科目(外币)

3. 申请现汇贷款支付

借款人向商业银行申请现汇贷款支付定金。其会计分录如下:

借:短期外汇贷款——××户(外币)
　　贷:存放境外同业或有关科目(外币)

(三) 使用贷款的核算

支用买方信贷对外付款有两种情况:

1. 借款人无现汇,需取得买方信贷外汇贷款,到期时借款人偿还贷款本息

(1) 若借款人与商业银行总行在同地,由商业银行总行直接发放贷款。其会计分录如下:

借:买方信贷外汇贷款——××户(外币)
　　贷:借入买方信贷款——××户(外币)

同时冲销表外科目用款限额。

（2）若借款人与商业银行总行在异地，由辖属分行发放外汇贷款。其会计分录如下：

  借：买方信贷外汇贷款——××户（外币）
   贷：清算资金往来（外币）

商业银行总行收到其辖属分行发来报单后进行账务处理。其会计分录如下：

  借：清算资金往来（外币）
   贷：借入买方信贷款——××户（外币）

同时冲销表外科目用款限额。

2. 借款人有现汇，按正常手续向商业银行办理结汇，商业银行按规定收取结汇手续费，则由商业银行利用买方信贷资金，并承担买方信贷项下利息

（1）由商业银行总行办理结汇。其会计分录如下：

  借：吸收存款——活期存款××户（人民币）
   贷：货币兑换——汇卖价（人民币）
  借：货币兑换——汇卖价（外币）
   贷：借入买方信贷款——××户（外币）

同时冲销表外科目用款限额。

（2）由当地分行办理结汇。其会计分录如下：

  借：吸收存款——活期存款××户（人民币）
   贷：货币兑换——汇卖价（人民币）
  借：货币兑换——汇卖价（外币）
   贷：清算资金往来（外币）

商业银行总行收到辖属分行发来的报单后进行账务处理。其会计分录如下：

  借：清算资金往来（外币）
   贷：借入买方信贷款——××户（外币）

同时冲销表外用款限额。

（四）收回贷款本息的核算

贷款到期，由商业银行按照借款契约规定计算借款利息，并如期收回贷款本息。

1. 由商业银行总行负责偿还本息的核算

商业银行总行偿还国外借款利息。其会计分录如下：

借：利息支出——买方信贷外汇贷款利息支出户（外币）
　　贷：存放境外同业或有关科目（外币）

商业银行总行偿还本金。其会计分录如下：

借：借入买方信贷款——××户（外币）
　　贷：存放境外同业或有关科目（外币）

2. 借款人偿还本息的核算

(1) 若借款人取得了买方信贷外汇贷款，则在贷款到期时，商业银行应按时向借款人收回本息。

① 借款人在商业银行总行开户，以人民币结汇偿还本息。其会计分录如下：

借：吸收存款——活期存款××户（人民币）
　　贷：货币兑换——汇卖价（人民币）
借：货币兑换——汇卖价（外币）
　　贷：买方信贷外汇贷款——××户（外币）
　　　　利息收入——买方信贷外汇贷款利息收入户（外币）

② 借款单位以外汇偿还。其会计分录如下：

借：吸收存款——外汇活期存款——××户（外币）
　　贷：买方信贷外汇贷款——××户（外币）
　　　　利息收入——买方信贷外汇贷款利息收入户（外币）

(2) 如借款人在分行开户，则通过"清算资金往来"科目进行核算。

【例10】　异地某外贸公司进口医疗成套设备，贷款 100 000 美元，由某国出口方银行提供买方信贷 85 000 美元。根据买方信贷核算的若干环节，经办行及总行的会计核算如下：

(1) 对外签订买方信贷协议。其会计分录如下：

收：买方信贷用款限额　　　　　　　　　　　　　　　USD85 000

(2) 协议与贸易生效后，经办行发放短期外汇贷款 USD5 000（贷款额 5%）。其会计分录如下：

借：短期外汇贷款——某外贸公司户　　　　　　　　　USD5 000
　　贷：清算资金往来　　　　　　　　　　　　　　　USD5 000

商业银行总行收到某经办行发放贷款报单办理转账。其会计分录如下：

　　借：清算资金往来　　　　　　　　　　　　　　　　　USD5 000
　　　　贷：存放境外同业或有关科目——某国外代理行户　　USD5 000

　　（3）根据外贸公司申请，经办行向国外贷款行开出即期信用证，金额USD95 000。其中开证金额的USD85 000以买方信贷支付，另外USD10 000待单到国内审单相符后支付现汇。其会计分录如下：

　　借：应收开出信用证　　　　　　　　　　　　　　　　USD95 000
　　　　贷：开出信用证　　　　　　　　　　　　　　　　USD95 000

　　（4）收到全套单据，经审核相符，现汇支付部分由经办行发放短期外汇贷款解决；经办行将现汇及买方信贷款一并划商业银行总行办理对外付汇。其会计分录如下：

　　借：短期外汇贷款——某外贸公司户　　　　　　　　　USD10 000
　　　　买方信贷外汇贷款　　　　　　　　　　　　　　　USD85 000
　　　　贷：清算资金往来　　　　　　　　　　　　　　　USD95 000
　　借：开出信用证　　　　　　　　　　　　　　　　　　USD95 000
　　　　贷：应收开出信用证　　　　　　　　　　　　　　USD95 000

　　商业银行总行收到经办行划来报单，办理转账支付手续。其会计分录如下：

　　借：清算资金往来　　　　　　　　　　　　　　　　　USD95 000
　　　　贷：存放境外同业或有关科目——某国外代理行户　　USD10 000
　　　　　借入买方信贷款　　　　　　　　　　　　　　　USD85 000

　　同时，

　　付：买方信贷用款限额　　　　　　　　　　　　　　　USD85 000

　　（5）设该笔买方信贷款期限5年，固定利率8.4％，按贷款年限每半年等分还本付息一次。还本付息时，经办行从外贸公司人民币账户支款还贷。利息划收总行。设还贷当日美元汇卖价为USD100＝￥658.56。其会计分录如下：

　　借：吸收存款——活期存款——某外贸公司户　　　　　￥81 833.04
　　　　贷：货币兑换——汇卖价　　　　　　　　　　　　￥81 833.04
　　借：货币兑换——汇卖价　　　　　　　　　　　　　　USD12 427
　　　　贷：清算资金往来　　　　　　　　　　　　　　　USD3 927
　　　　　买方信贷外汇贷款　　　　　　　　　　　　　　USD8 500

商业银行总行收到利息划收报单后转账。其会计分录如下：

借：清算资金往来　　　　　　　　　　　　　　USD3 927
　　贷：利息收入——买方信贷外汇贷款利息收入户　　USD3 927

（6）总行每次偿还国外借款本息。其会计分录如下：

借：借入买方信贷款　　　　　　　　　　　　　USD8 500
　　利息支出——买方信贷外汇贷款利息支出户　　USD3 927
　　贷：存放境外同业或有关科目——某国外代理行户　USD12 427

除以上讲述的现汇贷款、贸易项下融资和买方信贷外汇贷款外，各商业银行尚有银团贷款、外资贷款等。贷款种类不同，具体业务处理手续虽有差异，但会计核算大同小异。

第六节　国际汇兑业务的核算与管理

一、国际汇兑的意义和种类

国际汇兑是商业银行利用汇票和其他信用工具，通过海外联行或国外代理行相互间款项的划拨代替现金运送，以清算处理在不同国家或地区间的买卖双方债权债务或款项授受的一种结算方式，也是实现国际结算的主要方式。作为国际间通用的结算方式，是商业银行办理外汇业务的主要内容之一，其核算处理原则与国内汇兑相同，但因涉及两国之间不同货币，因此，在具体做法上有所区别。商业银行办理国际汇兑业务，不仅可以取得手续费收入，而且汇款资金在托汇和解付之间存在时间差，商业银行可以不付利息而加以运用。

国际汇兑结算方法常见的有两种。① 汇出法也称顺汇。它是由汇款人通过商业银行将款项汇给国外收款人或债权人以清偿债务的方式，在商业银行业务中表现为汇款方式，多用于非贸易收支结算。② 出票法也称逆汇。它是由收款人向汇款人签发汇票，委托商业银行代为收款的结算方式，在商业银行业务中多表现为托收方式和信用证方式，并常用于贸易收支结算。本节将围绕汇款方式进行介绍。

汇款方式按款项授受来划分，主要可分为汇出国外汇款和国外汇入汇款两种。涉及的经济活动主要包括：① 贸易收支结算，即贸易货款的结算，如预收及预付货款、货款差额结算、赔款、罚款等结算。② 劳务收支结算，或称非贸易结算、贸易从属费用结算，如运费、保险费用、佣金、广告宣传费用、商标注册费用、银行费用、邮电费用及港口费用等结算。③ 政府间收支结算，如使领馆费用、驻外商务人员费用、政府代表团费用以及互派留学生费用等结算。④其他非贸易收支结算,如国际间旅客游览费用、展览费用、电影片租金、报刊杂志费用、剧团演出收入和费用、各种文化交流费用、华侨汇款以及其他非贸易性收支款项等结算。汇款结算程序如图表9-2所示。

图表9-2

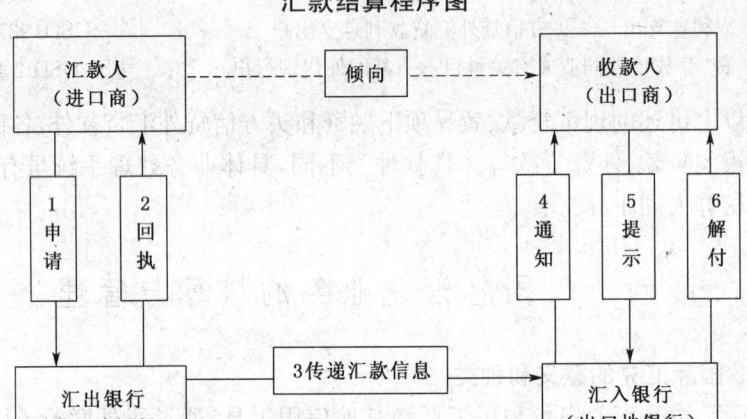

汇款结算程序图

二、汇出国外汇款的核算与管理

汇出国外汇款,是商业银行接受汇款人的委托,以电汇、信汇、票汇的方式,将款项汇往国外收款人开户行的汇款方式。接受汇款人委托、汇出款项的商业银行称为汇出行。汇出国外汇款,通常有电汇、信汇、票汇、旅行信用证和旅行支票等五种形式。

（一）汇出国外汇款的有关规定

汇出国外汇款的有关规定包括:① 汇出汇款的对象必须是有进出口经营权和经外汇管理局批准允许汇出汇款的企事业单位或个人。② 根据收款人所在地银行情况和汇出货币的清算需要,合理地选择解付行,原则上应优先选择海外联行,其次为国外代理行。③ 根据与解付行有无账户关系的不同,准确把握汇出汇款头寸清算途径,要遵循"先扣款,后汇后"的汇款原则。④ 汇出行必须按照《结汇、售汇及付汇管理规定》等要求,区分经常项目和资本项目售付汇,审核汇款人提交的汇款文件。⑤ 根据电汇、信汇、票汇的不同,合理使用各种控制文件及汇款凭证。⑥ 按照汇出汇款的收费标准收取人民币汇款手续费。

（二）汇出国外汇款使用的会计科目

商业银行对汇出国外汇款业务主要通过"汇出汇款"科目进行核算。该科目属负债类科目，用于反映汇出行办理汇出汇款业务的情况。凡汇出行办理受理和结清汇出汇款资金时，用本科目核算。受理汇款人的汇出汇款，贷记本科目；如汇入行已将款项解付，结算汇出款项资金时，借记本科目。本科目余额应反映在贷方。

汇出汇款科目应按汇款人逐笔登记明细账。

（三）汇出国外汇款的账务处理

1. 电汇、信汇、票汇

电汇是商业银行应汇款人申请，用电报或电传等形式，委托付款行解付，汇交收款人的汇款。商业银行在发出电报的同时，需再以航邮寄发"电报证实书"，以供汇入行查对。汇出时，应在电报上加注密押，在电报证实书上加签有权签字人的签字。

信汇是汇出行根据汇款人的申请，将汇款金额、收款人姓名和详细地址、汇款人姓名和地址，以及汇款用途和附言等签具"信汇委托书"，以邮汇方式寄交汇入行，汇入行凭"信汇委托书"通知收款人，并解付汇款的一种汇款方式。

票汇是汇出行按照汇款人的申请，将汇款金额开立以汇入行为付款行的汇票，交由汇款人寄交收款人或自己携带出境，凭票到付款行领取汇款的一种方式。票汇凭汇票取款，商业银行无须通知收款人；同时，票汇也因由商业银行签发，故经背书后还可以在市场上流通转让。因此，票汇应用最广。

以上三种方式各有利弊。汇款人可以根据实际需要，灵活选用。商业银行对三种方式的处理程序基本相似。

（1）受理汇出汇款的核算。汇款人要求汇款时，应向商业银行提出申请，填制汇款申请书，并在申请汇款时，需按有关汇出汇款的管理规定提供相关部门核准件。经商业银行审核后，结合不同的汇款方式，计算业务手续费，填制不同的汇款凭证，办理汇出汇款手续。

① 以现汇存款汇出。汇款人若以外汇存款办理汇出，其会计分录如下：

借：吸收存款——外汇活期（储蓄）存款——××户（外币）
　　贷：汇出汇款（外币）
借：库存现金或吸收存款——活期存款××户（人民币）
　　贷：手续费及佣金收入——汇费收入户（人民币）

② 用人民币购汇汇出。汇款人若以人民币购汇汇出，其会计分录如下：

借：吸收存款——活期存款××户（人民币）

　　贷：手续费及佣金收入——汇费收入户（人民币）

　　　　货币兑换——汇卖价（人民币）

借：货币兑换——汇卖价（外币）

　　贷：汇出汇款（外币）

（2）汇款解付后的核算。国外银行解付汇款后，将已解付汇款的借记报单寄回汇出行。汇出行在接到海外联行或国外代理行的借记报单时，即凭报单销账。其会计分录如下：

借：汇出汇款（外币）

　　贷：存放境外同业或有关科目（外币）

【例11】 某包装进出口公司通过某商业银行信汇给美国某商人1 000美元，汇费费率为1‰。设当天美元汇卖价为USD100＝￥658.56。1周后，该行收到国外某代理行付讫借方报单，办理转账。其会计分录如下：

借：吸收存款——活期存款——某包装公司　　　　　　　￥65 876

　　贷：手续费及佣金收入——汇费收入户（最低起点）　￥20

　　　　货币兑换——汇卖价　　　　　　　　　　　　　￥65 856

借：货币兑换——汇卖价　　　　　　　　　　　　　　USD1 000

　　贷：汇出汇款　　　　　　　　　　　　　　　　　USD1 000

一周后，商业银行办理转账处理。其会计分录如下：

借：汇出汇款　　　　　　　　　　　　　　　　　　　USD1 000

　　贷：存放境外同业——××代理行户　　　　　　　　USD1 000

2. 旅行信用证

旅行信用证是汇出国外汇款的一种，是旅游者委托商业银行签发旅行信用证，其可凭信用证在国外指定的信用证付款银行，在规定限额内陆续提取现款支用。汇款人申请签发旅行信用证时，应填具"汇款申请书"及预留签章样本的"印鉴证明书"，说明取款地点、金额等项，经审核同意后，商业银行凭以填制旅行信用证，旅行信用证一式三联套写，由"旅行信用证正本"、"旅行信用证副本"、"旅行信用证留底"组成。经商业银行签发后，正本交汇款人持向国外指定银行凭以支取，信用证副本寄交付款银行，以便付款银行凭以付款。

旅行信用证通过"开出旅行信用证"科目核算，会计分录可参照汇出国外汇款办理，但在分录中将"汇出汇款"科目改为"开出旅行信用证"科目。开出旅行信用证的银行费率标准与汇出汇款相同。

3. 旅行支票

为便利旅行者,商业银行发行一种不指定国外付款银行,持票人可向任何银行要求兑换的票据,即旅行支票。旅行支票系汇出国外汇款的一种,对旅游最为方便,常用于旅游业务。旅行支票一般是由汇款银行向汇款人签发定额支票,由汇款人购买,以便汇款人在旅行中使用。其取款手续较旅行信用证简便。由于发行旅行支票的银行要在世界各国中都有很高的信誉,故目前我国商业银行尚未发行国外付款的旅行支票,而是代为出售国外商业银行委托的外币旅行支票。外币旅行支票,是由国外商业银行签发,委托我国商业银行发售,以便我出国人员携带出国,可备随时在国外支付旅费之用,属汇出汇款性质。

对于国外银行委托我国商业银行代为出售的旅行支票,在收到空白旅行支票时,应登记"代保管有价值品登记簿",并以"信托资产"和"信托负债"两个对应科目进行核算。其会计分录如下:

借:信托资产(外币)
　　贷:信托负债(外币)

代售行在售出旅行支票时,应在规定位置填写出售日期和代售行名称、地点,并由购买人在票面规定位置预留取款签章印鉴,以便取款时交验。售出旅行支票后,贷记"汇出汇款"科目,并转销"信托资产"和"信托负债"科目。其会计分录如下:

借:库存现金或其他科目(人民币)
　　贷:手续费及佣金收入——汇费收入户(人民币)
　　　　货币兑换——汇卖价(人民币)
借:货币兑换——汇卖价(外币)
　　贷:汇出汇款(外币)

同时转销:

借:信托负债(外币)
　　贷:信托资产(外币)

旅行支票售出后,开出以国外旅行支票签发行为收款人的汇票寄出,当接到有关借记报单后,核销"汇出汇款"科目。

售出的旅行支票金额未使用完,原购票人可向发售旅行支票的银行办理退票。该行对于退票一律按买汇贴现处理。有关会计核算从略。

三、国外汇入汇款的核算与管理

国外汇入汇款是商业银行根据与海外联行或国外代理行约定,凭海外联行或国外代理行发出的电报或信汇委托书代为解付的汇款。国外汇入汇款常为汇交我国机关、企事业单位等的贸易或非贸易项下的款项,以及汇交个人和其他团体机构的非贸易汇款,包括华侨汇款、来华外宾、侨民、外交人员等汇款。出口贸易业务中的汇入款项,多为预收货款、来料加工费和罚金等。

国外汇入汇款也有电汇、信汇和票汇。国外汇入汇款,商业银行根据有关的协定和代理合约,一般应以收妥款项后解付为原则,即需在接到国外汇出行款项或可以立即借记汇出行账户的通知后办理解付,以免汇款发生变化,商业银行被迫垫款。如果汇款尚未划到,而委托解付通知书上已列明拨转,以及少数特殊情况,经负责人批准,也可提前解付。

(一) 国外汇入汇款使用的会计科目

商业银行对国外汇入汇款业务主要通过"汇入汇款"科目进行核算。该科目属负债类科目,用于反映商业银行办理汇入汇款业务的情况。凡汇入行受理和解付汇入汇款资金时,用本科目核算。国外汇入待解付的款项,贷记本科目,汇入行将款项解付给收款人时,借记本科目。本科目余额应反映在贷方。

国外汇入汇款科目应按收款人逐笔登记明细账。

(二) 国外汇入汇款的账务处理

1. 电、信汇

(1) 收到汇款资金头寸的核算。商业银行收到汇出行的电报或信汇委托书正本时,应先验对密押及印鉴,经审核无误后,填制汇款收据一式五联,包括汇入汇款通知书、正副本收据、传票和卡片账等,并通知收款人,凭以领取汇款。一般先通过"汇入汇款"科目,然后在付款时再转销该科目。

汇入行收到国外汇出行的汇款资金头寸时,应区分两种情况进行处理。

① 由汇入行直接入账反映。若汇入行与国外汇出行直接开立账户或是集中开户分散记账的分行,收到汇款资金头寸,其会计分录如下:

借:存放境外同业或有关科目(外币)
　　贷:汇入汇款(外币)

② 由汇入行上划总行入账反映。对不实行分散记账的各行或汇出行在总行开立现汇账户的,汇入行收到汇款头寸时,应通过"清算资金往来"科目,

随附存放境外同业等报单划总行。其会计分录如下：

借：清算资金往来（外币）

　　贷：汇入汇款（外币）

总行收到上划报单，其会计分录如下：

借：存放境外同业或有关科目（外币）

　　贷：清算资金往来（外币）

（2）解付汇款。汇入行解付汇款时，通过"货币兑换"科目办理结汇。其会计分录如下：

借：汇入汇款（外币）

　　贷：货币兑换——汇买价（外币）

借：货币兑换——汇买价（人民币）

　　贷：吸收存款——活期存款××户（人民币）

若汇款直接转入收款人现汇存款账户时，其会计分录如下：

借：汇入汇款（外币）

　　贷：吸收存款——外汇活期（储蓄）存款——××户（外币）

若汇入款项的货币与收款人现汇存款货币不同时，需按汇买价、汇卖价套汇后办理。

【例 12】　某商业银行收到日本东京银行代东洋航运公司电汇我外轮代理公司港口费用 USD9 000，授权借记该行在我商业银行总行开立的账户。

（1）经办行收到汇款通知。其会计分录如下：

借：清算资金往来　　　　　　　　　　　　　　USD9 000

　　贷：汇入汇款　　　　　　　　　　　　　　USD9 000

总行收到上划报单。其会计分录如下：

借：清算资金往来　　　　　　　　　　　　　　USD9 000

　　贷：境外同业存款——日本东京银行户　　　　USD9 000

（2）汇款解付，汇入收款人现汇存款账户。其会计分录如下：

借：汇入汇款　　　　　　　　　　　　　　　　USD9 000

　　贷：吸收存款——外汇活期存款——某外轮代理公司户　USD9 000

2. 票汇

商业银行收到国外汇出行寄来的以本行为付款行的票汇通知书后，经核对印鉴、密押及各项内容无误后,即先凭以转入"汇入汇款"科目,俟持票人来行兑取。当持票人持已背书的汇票来行取款时,经验对印鉴密押、有效期、付款金额各项内容无误,并与票汇通知书核对相符后,办理结汇。其会计分录如下:

借:存放境外同业或有关科目(外币)
　　贷:汇入汇款(外币)
借:汇入汇款(外币)
　　贷:货币兑换——汇买价(外币)
借:货币兑换——汇买价(人民币)
　　贷:吸收存款——活期存款××户(人民币)

若汇款直接转入持票人的外汇存款账户,其会计分录如下:

借:汇入汇款(外币)
　　贷:吸收存款——外汇活期(储蓄)存款——××户(外币)

第七节　出口贸易业务的核算与管理

国际结算是指各国或地区间商品交换、货款清偿和债权债务的清算。我国商业银行在办理国际结算时,一直采用协定记账结算和现汇结算两种结算方式。协定记账结算又称"清算货币结算",是根据两国政府之间签订的"贸易和支付协定"的规定,协定国双方各以本国政府的名义分别在对方国家中央银行或指定银行开立清算账户进行清算。现汇结算是以两国贸易部门之间签订的贸易合同为依据,办理进出口贸易、非贸易货款及从属费用的结算,因其定价、计值一律使用可自由兑换货币,故当贸易双方完成一笔贸易合同项下的进出口贸易业务时,都必须通过各自国家的商业银行,按规定的支付方式动用可自由兑换货币按期逐笔结清债权债务,不容赊欠和迟期付款。在办理国际结算中,我国目前主要采用现汇结算方式。在现汇结算方式中,无论是进口业务结算还是出口业务结算,主要采用信用证、托收和汇款三种形式。

一、信用证项下出口贸易业务的核算与管理

(一)信用证概述

信用证是开证行根据开证申请人(进口商)的要求和指示,向受益人(出口商)开立的一定金额、在一定期限内凭议付行寄来规定单据付款或承兑汇票的书面承诺,是开证行有条件保证付款的凭信。信用证结算方式是当前国际贸

易结算的主要方式。它以银行信用为基础,以单据买卖为目的,使有关各方权责分明。开证行的资信是检验这项保证的唯一因素,资力雄厚、信用良好的商业银行所开的信用证起到可靠的保证作用。因而,信用证是进出口商进行国际贸易风险较小的一种结算工具。

信用证的特点是以开证行信用保证代替商业信用保证,即开证行以自身的信用作付款保证,承担第一性、首要的付款责任。信用证是一项独立的保证文件,它虽以买卖双方交易合同为基础,但又不依附于交易合同,开证行只对信用证负责。信用证业务处理的是代表货物所有权或证明货物已发运的单据,而非货物,因此信用证交易把合同的货物交易转变为只管单证是否相符的单据交易。开证行对于信用证项下不能控制的一切事故免责,信用证主要起保证和资金融通的作用。

信用证的结算程序一般包括进口商申请开证,进口地银行开证,出口地银行通知信用证,出口商装货备单,出口地银行议付、索汇,进口商赎单提货等内容。信用证结算方式是我国商业银行办理国际贸易结算最通用的一种结算方式。信用证结算程序如图表9-3所示。

图表9-3

信用证结算程序图

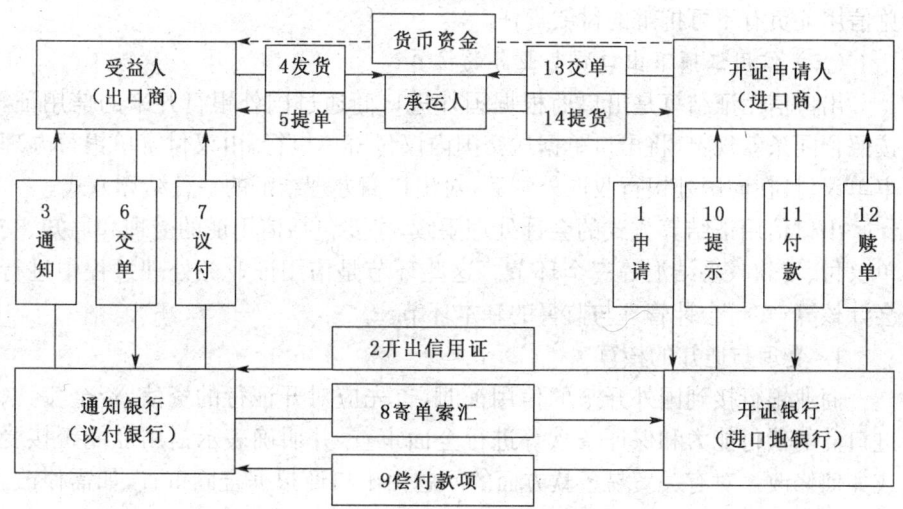

（二）信用证业务的管理规定

信用证是国际贸易结算中使用最广泛的结算方式,其本身固有的特点决定了在国际贸易结算业务中占有举足轻重的地位。在实际运作中,由于开证行在信用证结算中负有第一付款责任,因此给开证行的业务经营带来一定的风险,故加强对信用证结算方式的管理及掌握相关规定尤为关键。当前在信用证结算方式管理中应注意以下规定:

(1) 信用证项下各参与银行,应依国际商会《跟单信用证统一惯例》(UCP600)规定,审核单据只是用于确定单据在表面上是否符合信用证条款的规定,开证行只根据表面上符合信用证的单据承担付款责任,对于任何单据的形式、完整性、准确性、真实性或单据中规定的或附加的一般或特殊条件等一律不负责任,风险由开证申请人承担。

(2) 商业银行在进出口审单时应十分谨慎,开户的信用证项下受益人应注意在用复印、复写或电脑打印等方式缮制的单据上加注"ORIGINAL"字样。

(3) 商业银行办理远期信用证业务,必须严格执行国家的外汇管理和利用外资政策,并具有真实的商品交易背景。商业银行要严格审查开证申请人的资格、资信状况、偿付能力,并核定每一客户开立远期信用证的最大授信额度。要建立完善的内部控制制度,严格审查分支机构的管理水平,制定明确的授权制度。对有一定时间、一定金额要求的远期信用证,要明确办理或审查及审批权限。要实行保证金制度,视开证申请人的授信情况的不同而采取不同的保证金交纳比例和担保措施。必须严格遵守国际惯例和有关规定,对已承兑信用证负有不可抗辩的付款责任。

(三) 信用证项下出口贸易业务的核算

出口信用证结算是出口商根据国外进口商通过国外银行开来的信用证,按照合同条款规定,将出口单据送交国内议付寄单银行,由议付寄单银行办理审单议付,在向国外银行收取外汇后,对出口商办理结汇的一种结算方式。

出口信用证结算方式的会计处理手续,主要包括信用证的受理和通知、交单议付、货款收妥结汇等三个环节。这些环节是信用证业务处理过程中进行会计核算,实行会计管理与监督的基本环节。

1. 受理与通知的核算

商业银行接到国外开来的信用证时,首先应对开证行的资信、资金实力、进口商的偿付能力和保证条款等进行全面审查,并明确表示信用证能否接受或如何修改。对有关贸易条款方面的问题由出口商根据合同审查,如需修改,由出口商与进口商联系。

信用证经商业银行审核无误后,即编制信用证通知流水号,并将信用证正本及时通知出口商,以便其备货出运。同时,根据信用证副本缮制"国外开来保证凭信"记录卡,并依据各联不同的作用分别处理。该过程虽未发生资金收

付,但已在商业银行与进出口商之间形成了一种潜在的权责关系,为明确责任,应进行表外科目记录,其会计分录如下:

　　收:国外开来保证凭信(外币)

　　商业银行办理信用证通知后,应将信用证副本及"国外开来保证凭信"记录卡留底联归档严格保管,以后有关修改和使用情况,均需随时记录,以便查考。有关信用证的修改、转证所引起的金额增减,应随时通过"国外开来保证凭信"表外科目进行增减核算,并力求做到完整、准确,加强核对。

　　"国外开来保证凭信"表外科目,是用于核算海外联行及国外代理行开来委托国内商业银行代为通知信用证受益人的保证凭信。该科目余额反映了一定时期商业银行经办出口结算业务的具体情况,是商业银行匡算待收外汇资金的依据,也是管理与监督出口商及时备货出运的手段。

　　如国外开证行在开证时已预先汇入信用证项下部分或全部保证金,授权我商业银行在议付单据后进行扣抵,则应在信用证留底及其他有关单证上详细记录,并通过"存入保证金"科目进行核算。其会计分录如下:

　　借:存放境外同业或有关科目(外币)

　　　贷:存入保证金(外币)

　　出口商按信用证规定备妥出口单证,向商业银行交单议付时,即可使用保证金办理结汇,多退少补。

　　2. 交单议付的核算

　　开证行履行信用证的付款责任,是以信用证规定的条款为依据,以单证相符、单单一致为前提。出口商如同意接受国外开来的信用证,必须严格按照信用证规定条款办理,备妥一切单证,按期运出商品。商业银行议付信用证时,应认真审核出口商交来的单据,以保证顺利收汇。否则,如议付寄出的单据与信用证条款不符,遭到国外开证行拒付,则商业银行不仅在经济上遭受损失,而且在政治上造成不良影响。

　　商业银行接受出口商送来办理议付的信用证和单据,应及时审核,要求单证相符、单单一致,以及单据内容正确完备,并经审核无误后,在信用证上批注议付日期及运输方式,并填制"出口寄单议付通知书",销记表外科目。"出口寄单议付通知书"是商业银行出口收汇的索偿证书,也是出口收汇和结汇的主要业务凭证。其会计分录如下:

　　付:国外开来保证凭信(外币)

　　借:应收信用证出口款项(外币)

　　　贷:代收信用证出口款项(外币)

"应收信用证出口款项"是资产类科目。凡出口商交来远（即）期信用证项下出口单证，经商业银行议付寄单时，用此科目核算，它反映商业银行对国外开证行所拥有的收取出口款项的权益。

"代收信用证出口款项"是负债类科目。凡商业银行议付远（即）期信用证项下出口单证时，用此科目核算，它反映商业银行对出口商所负代收出口款项的责任。

以上两个科目为对转科目。

如信用证规定部分货款托收，或按信用证金额超额出口，在议付时，均需在"出口寄单议付通知书"上分别注明信用证议付金额及托收金额，并另填制"出口托收委托书"，以便分别进行核算。

对在审单过程中发现的单据不符，商业银行应迅速向出口商反映，以便出口商及时与有关方面协商解决。

3. 出口收结汇的核算

出口收结汇是商业银行办理出口信用证业务的最后环节，是商业银行在议付单据或代为收妥出口款项后，按当日银行挂牌汇率，买入外汇，同时折算成相应的人民币支付给出口商的结算过程。通常商业银行审核单据无误后，根据信用证规定的偿付方式、寄单办法和单据种类等不同情况，进行寄单索汇。经开证行审单相符，对外支付并与进口商办理付款赎单。商业银行俟接到国外开证行付款入账的"已贷记"或"请借记"通知书，办理出口结汇手续。其会计分录如下：

借：代收信用证出口款项（外币）
　　贷：应收信用证出口款项（外币）
借：存放境外同业或有关科目（外币）
　　贷：吸收存款——外汇活期存款——××户（外币）

如出口商仅有人民币账户，应按当日外汇牌价折成人民币结汇入账。其会计分录如下：

借：存放境外同业或有关科目（外币）
　　贷：手续费及佣金收入——国外银行费用收入户（外币）
　　　　货币兑换——汇买价（外币）
借：货币兑换——汇买价（人民币）
　　贷：吸收存款——活期存款××户（人民币）

【例 13】 某商业银行分行 3 月 10 日接到香港某联行开来即期信用证一份,购买服装,受益人为服装进出口公司,信用证金额为港币 35 000 元;4 月 6 日公司将全套单据向某商业银行分行办理议付,单证相符;4 月 15 日,该分行收到香港某联行的贷记报单,办理结汇转账。设当天港币的买入价为 HKD100＝￥84.14,其会计分录如下:

(1) 3 月 10 日收到信用证的核算:

    收:国外开来保证凭信   HKD35 000

(2) 4 月 6 日寄单索汇的核算:

    付:国外开来保证凭信   HKD35 000
    借:应收信用证出口款项   HKD35 000
      贷:代收信用证出口款项   HKD35 000

(3) 4 月 15 日收汇结汇的核算:

    借:代收信用证出口款项   HKD35 000
      贷:应收信用证出口款项   HKD35 000
    借:存放海外联行——香港某联行户   HKD35 000
      贷:货币兑换——汇买价   HKD35 000
    借:货币兑换——汇买价   ￥29 449
      贷:吸收存款——活期存款——某服装进出口公司户   ￥29 449

二、出口托收业务的核算与管理

(一) 托收概述

托收结算方式是由委托人(出口商)开立跟单汇票,委托其开户银行(托收行)通过海外联行或国外代理行,向付款人(进口商)收取货款和劳务费用的一种结算方式。在托收业务中,托收项下的各有关当事人之间的关系是委托代理关系,故托收行与代收行对托收的跟单汇票能否付款不负责任。因此,托收结算方式的信用基础是商业信用,没有银行信用保证;对委托人和付款人的资金风险不平衡,参与结算的商业银行提供的融资也非常有限;但其运作的便利程度和支出成本小于信用证结算方式。

托收结算方式是我国国际贸易结算中较常用的国际结算方式,其结算程序包括出口商发货交单,出口托收行寄单托收,进口代收行提示单据,进口商承付或承兑,进口代收行付款或承兑交单后偿付,出口托收行收妥结汇等内容。托收结算程序如图表 9-4 所示。

图表9-4

托收结算程序图

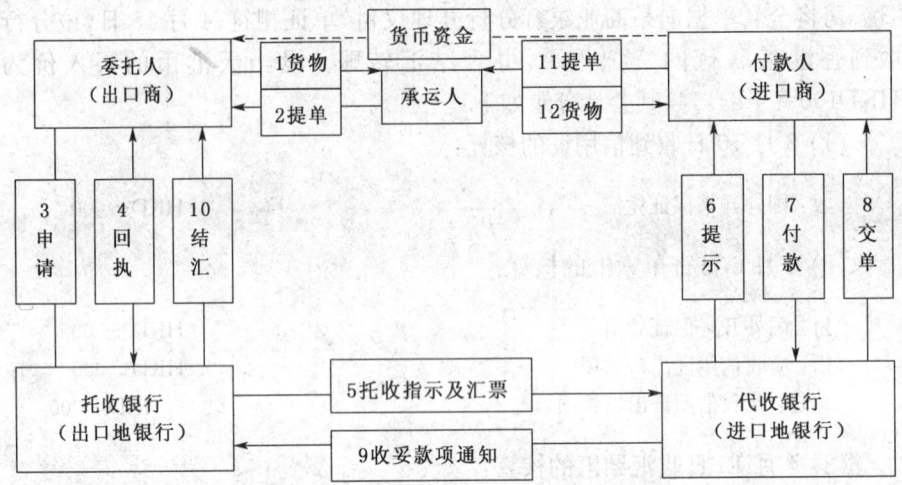

目前托收种类主要有光票托收和跟单托收两种。光票托收是委托人仅开立汇票而不附带任何货运单据,委托商业银行收取款项的一种托收;其主要用于非贸易结算。跟单托收是由委托人开立跟单汇票(即汇票连同一套货运单据)交给商业银行,委托商业银行代为收款的托收方式;其主要用于贸易货款的结算。

(二) 托收业务的管理规定

托收方式是建立在商业信用基础之上的一种结算方式,基本特征是"收妥付汇,实收实付"。虽然其通过商业银行办理,但委托人与商业银行的关系是委托与受托的关系,商业银行仅是根据委托人的要求和指示向付款人收取款项,并未向委托人提供资信担保,不承担付款的责任,不过问单据的真伪。因此,委托人发运货物后,商业银行只要履行了其应尽义务,付款人能否按照规定的交单条件付款赎单,完全取决于付款人的资信状况,如付款人拒付,委托人只能自行承担损失,受托商业银行对款项能否收妥概不负责。

《托收统一规则》(URC522)中明确规定:银行没有审核托收单据的义务,但在接受申请人委托后,负责通过国外银行收款,应对单据表面的正确性进行审核。因此,商业银行在对托收业务进行会计管理过程中,应结合托收的性质和特点,以及《托收统一规则》(URC522)的规定,注意把握汇票要式的规范性和准确性,货运单据的齐全、准确以及单据各项间的协调一致性,善意和谨慎地履行应尽义务,严格按照委托人的各项指示办理托收,不能擅自超越、修改、遗漏、延误委托人的指示;明确商业银行在托收业务过程中的责任、义务的有限性,不超越责任范围承担额外义务,坚持只承担催促付款人付款的责任,不承担保证付款的责任,坚持"付款交单"或"承兑交单"的交单原则,在未完成付款手续或承兑手续的情况下,掌握单据,保证货物的所有权。

（三）托收项下出口贸易业务的核算

出口跟单托收结算方式,是出口商根据买卖双方签订的贸易合同规定,在货物运出后,将有关货运单据和以进口商为付款人的汇票交给托收行,由托收行委托国外代收行向进口商收取货款的一种结算方式。因出口托收不经国外银行开来信用证,没有信用证及银行信用作付款保证,故又称"无证托收",是无证出口结算中的一种主要结算方式。无证托收在贸易方面属于商业信用,国外代收行只是受托代收款项,并不承担付款责任,故出口商能否收回货款,完全取决于进口商付款的能力和愿望,收汇风险较大。因此,在办理出口托收业务时,应审慎选择国外代收行,明确交单的条件和收款的指示,并在收款过程中取得与受托银行的协助与配合,这对保障出口货款的安全及时收回具有重要作用。

出口托收结算方式的会计处理手续,主要包括交单的处理和收妥结汇等两个环节。这些环节是托收业务处理过程中进行会计核算,实行会计管理与监督的基本环节。

1. 交单的处理和核算

出口商委托托收行代收货款时,应备妥出口托收单据,填具"无证出口托收申请书",连同出口单据一并送交托收行办理托收。在托收申请书上应由出口商注明收款方式、交单条件和其他有关收款事项。托收行审单后,根据申请书的要求,填制"出口托收委托书",注明货款收妥后的处理办法,连同有关单据寄交国外代收行委托收款。

托收行在寄出"出口托收委托书"及有关单据时,为表示代表物权的单据已经寄出,而货款尚未收妥而对进出口各方的权责关系,应通过"应收出口托收款项"和"出口托收款项"对转科目进行核算,其会计分录如下:

借:应收出口托收款项(外币)
　　贷:出口托收款项(外币)

"应收出口托收款项"属资产类科目。凡受客户或银行同业委托,代向付款人收取贸易或非贸易项下款项,用此科目核算,它反映托收行对外所拥有收取票款的权益。

"出口托收款项"属负债类科目。凡受客户或银行同业委托,代向付款人收取贸易或非贸易项下款项,用此科目核算,它反映托收行对内所负的责任。

以上两个科目互为对转科目。

2. 收妥结汇的核算

出口托收款项一律实行收妥结汇。商业银行接到国外代收行收妥货款的报单或授权书通知后,与出口商办理结汇。其会计分录如下:

借:出口托收款项(外币)
　　贷:应收出口托收款项(外币)
借:存放境外同业或有关科目(外币)
　　贷:货币兑换——汇买价(外币)
借:货币兑换——汇买价(人民币)
　　贷:吸收存款——活期存款××户(人民币)

如出口托收遇到国外付款人拒付时,应核销上述对转科目。

第八节　进口贸易业务的核算与管理

贸易进口付汇是国家外汇支出的重要方面,随着贸易进出口结售汇制度的执行,对于一般贸易进口用汇,只要有进口合同和境外金融机构的支付通知,就可以到商业银行购汇。这极大地调动了进口商参与国际贸易的积极性,给予了进口商公平竞争的平等地位,对促进我国对外贸易的开展起着重要作用。目前,我国进口业务的结算方式主要有信用证、进口代收和汇款三种结算方式,而又以信用证结算方式为主。

一、信用证项下进口业务的核算与管理

进口信用证结算是开证行根据进口商申请开证的要求,向国外出口商(受益人)开立一定金额、在一定期限内按规定条件保证付款的信用证,凭国外寄来的按照信用证条款规定的单据,对国外付款,并向进口商办理结汇的一种结算方式。

进口信用证结算业务的会计处理手续,主要包括开立信用证、修改信用证、审单与付款等三个环节。开证行开立信用证时要通过"应收开出信用证"与"开出信用证"两个科目进行核算,以反映开证行开立信用证后对有关当事人间的责任关系。

(一) 开立信用证的核算

进口商和国外出口商签订贸易合同后,按照合同规定条件,填具"开立信用证申请书",并连同有关批件、证明一同交商业银行申请开立信用证。商业银行接到开证申请书及相关文件,应核实进口商是否在工商行政管理部门注册、具有法人资格、实行独立核算、有自营或代理进出口权、资信状况、偿债能力、进口货物的国内外市场情况、经验素质,以及附属证明文件、进口合同和单据的真实性,经审核同意后,根据进口商的自身情况,酌情收取保证金,并选择信誉高、资本实力雄厚和经营能力强的国外银行作为代理行,签发信用证。信用证采用套写格式,一式数份。第一联为正本,其余各联均为副本。第一、第二联通过海外联行或国外代理行转交出口商,第三联由开证行作信用证额度统计卡,第四、第五联交进口商,通知进口商信用证已签发,其他数联代替凭证及信用证留底账卡等。

随着信用证的签发,开证行对外承担了第一性付款责任。不论即期还是远期信用证,均对此办理相应的转账。其会计分录如下:

借:应收开出信用证(外币)

贷:开出信用证(外币)

"应收开出信用证"属资产类科目,凡开证行接受进口商的申请而对外签发信用证后,用此科目核算,它反映开证行对进口商拥有收取信用证所表明款项的权益。

"开出信用证"属负债类科目,凡开证行接受进口商的申请而对外签发信用证后,用此科目核算,它反映开证行对出口商承担了保证付款的责任。

以上两科目为对转科目。为考核开证总量,更好地安排付款外汇资金头寸,科目数据必须保证准确。

(二)修改信用证的核算

信用证开出后,如因情况变化,进口商提出修改信用证,开证行应予同意,但需协助审核,如审核申请修改的信用证号码、修改后的条款等;然后将修改条款通知海外联行或国外代理行,转送出口商。如出口商要求修改原信用证,经进口商同意后,也可修改,并将修改内容分别与进出口双方及代理行联系,其修改后的增减金额,应通过上述"应收开出信用证"和"开出信用证"科目调整,并在信用证留底账卡上加以批注。

如修改增额,其会计分录如下:

借:应收开出信用证(外币,增加额)

贷:开出信用证(外币,增加额)

如修改减额,其会计分录如下:

借:开出信用证(外币,减少额)

贷:应收开出信用证(外币,减少额)

（三）审单与付款的核算

1. 收单审单

开证行收到国外议付寄单行寄来的单据后,应立即通知进口商,并与原信用证所要求的条款核对,做好收单审单工作。

（1）对单据编写付汇号码、议付寄单行名称、议付寄单行寄单编号,并将信用证号码、付汇号码、议付金额、收单日期等记载于来单登记册上,以便查阅。

（2）对收到的单据份数、种类是否与议付寄单行寄单面函标注的单据种类份数相符。如有缺少或未提示的单据,应立即与议付寄单行联系,告知情况,要求议付寄单行补寄单据。

（3）信用证留底从活卷调出,将来单金额批注在信用证上,并注明日期,结出余额。

（4）检查该证是否已办理担保提货,若已经办理,则不必审单,而将单据内的正本提单及发票相核对,如一切相符,则在提单上注明担保行担保编号,以便进口商从船务公司换回开证行出具的担保函,同时通知进口商直接办理承兑、付款工作。

（5）若没有办理担保提货,则按照单证相符,单单相符的原则审核单据。审核无误后,缮打"进口信用证单据通知书"一式三联。第一联为收到单据通知书,第二联为付款赎单通知书,第三联为通知书银行留存备查。第一、第二联进口全套单据送进口商,进口商审单后在第二联上签注确认承付或拒付理由,并加盖公章退开证行。将第一、第二联通知书通知进口商单据已到,对即期信用证,要求进口商付款赎单;对远期信用证,根据开证行与进口商之间的协议,将单据交给进口商,或要求进口商交纳一定的保证金。由于单据往往代表了物权,因而,须与进口商办好单据交接手续。

2. 付汇

进口商提交海关申报单、涉外付汇申报单及外管局批文、付汇确认书,经开证行审核确认付款后,由开证行按信用证条款规定,在付款登记簿上详细登记信用证号码、付款日期、金额、账户行名称、寄单行名称及业务编号,办理付款或承兑,并对进口商办理结汇。

信用证付款方式,有即期付款和远期付款两种。即期付款信用证支付方式,又可分单到国内审单付款、国外审单主动借记、国外审单电报索汇等数种形式。

（1）即期付款信用证。其具体包括:

一是单到国内审单付款。单到国内审单付款即开证行接到海外联行或国外代理行寄来单据后,立即送交进口商审核,并约定进口商于3日内通知开证行对外结汇付款或提出拒付理由办理拒付。开证行在进口商确认付款后,即对海外联行或国外代理行发出付款通知,同时,对进口商办理结汇转账手续。其会计分录如下:

借:吸收存款——活期存款××户(人民币)
　　贷:货币兑换——汇卖价(人民币)
借:货币兑换——汇卖价(外币)
　　贷:存放境外同业或有关科目(外币)

同时,转销对转科目。其会计分录如下:

借:开出信用证(外币)
　　贷:应收开出信用证(外币)

【例14】　某商业银行分行受某进口公司委托,于2月20日向香港华商公司开出即期信用证一份,金额为HKD 35 000,购买机械器材,信用证由香港国华银行通知,规定支付方式为"单到国内审单付款"。3月10日接到香港国华银行寄来全套单据,金额为HKD35 000及议付费用HKD300,共计HKD35 300,随即通知进口公司。进口公司于3月13日送来确认承付书,全额承付,该行当即办理付汇与结汇手续。设结汇当天港币汇卖价为HKD100＝¥84.46。

① 2月20日开立信用证。其会计分录如下:

借:应收开出信用证　　　　　　　　　　　　　　HKD35 000
　　贷:开出信用证　　　　　　　　　　　　　　HKD35 000

② 3月13日对外付汇。其会计分录如下:

借:吸收存款——活期存款——某进口公司户　　　¥29 814.38
　　贷:货币兑换——汇卖价　　　　　　　　　　¥29 814.38
借:货币兑换——汇卖价　　　　　　　　　　　　HKD35 300
　　贷:存放海外联行——国华商业银行户　　　　HKD35 300
借:开出信用证　　　　　　　　　　　　　　　　HKD35 000
　　贷:应收开出信用证　　　　　　　　　　　　HKD35 000

二是国外审单主动借记付款。国外审单主动借记付款是出口商将有关单据交由议付寄单行审核后,如单据相符,议付寄单行即可主动借记开证行在该行所开立的账户,并将单据连同借记报单一并寄送开证行。在会计核算中,该种方式与上一种方式的差别在于:账户使用不同;由于议付寄单行先行垫款,进口商应负担自国外议付寄单行划款日起至其归还开证行垫款日止的开证行垫款利息。其会计分录如下:

借:吸收存款——活期存款××户(人民币)
  贷:货币兑换——汇卖价(人民币)
借:货币兑换——汇卖价(外币)
  贷:存放境外同业或有关科目(外币)
    利息收入——××利息收入户(外币)

同时,转销对转科目。其会计分录如下:

借:开出信用证(外币)
  贷:应收开出信用证(外币)

三是国外审单电报索汇。国外审单电报索汇是由国外议付寄单行审查单证无误后,并不立即借记开证行账户,而是用电报通知开证行,再由开证行用电汇或信汇方式汇交议付寄单行。该种方法除付款行为表现为授权或主动借记不同,其他与第一种方式完全一致。其会计分录详见第一种方式。

(2)远期付款信用证。远期付款信用证是为进口商提供远期付款的便利,由开证行对出口商提供的一种银行担保,保证出口商提交远期跟单汇票时,在单证相符、单单一致的情况下,开证行给予承兑,并在信用证到期时付款。

远期付款信用证的核算分为两个阶段,即承兑和到期付款。

第一,承兑。开证行收到远期信用证项下进口单据后,将单据连同"进口信用证单据通知书"送交进口商确认到期付款。进口商确认到期付款后,开证行即办理远期汇票的承兑手续,并将已承兑汇票或承兑通知书寄国外议付寄单行。汇票一经承兑,即反映承兑行对国外议付寄单行承担到期付款的责任,也反映承兑行对进口商拥有的权益,对此,应办理承兑时的核算。其会计分录如下:

借:应收承兑汇票款(外币,到期值)
  贷:承兑汇票(外币,到期值)
借:开出信用证(外币,开证金额)
  贷:应收开出信用证(外币,开证金额)

"应收承兑汇票款"属资产类科目,凡进口商办理远期信用证项下进口业务,委托银行对外结算,汇票已经银行承兑,用此科目核算,反映承兑行对进口商所拥有的权益。

"承兑汇票"属负债类科目,凡收到寄来远期信用证项下进口单据,远期汇票已经银行承兑,用此科目核算,反映承兑行对国外议付寄单行承担到期付款的责任。

以上两个科目互为对转科目。

第二,到期付汇。在远期汇票承兑到期时,开证行即办理对国外付款和对进口商结汇扣款手续。其会计分录如下:

借:承兑汇票(外币,到期值)
　贷:应收承兑汇票款(外币,到期值)

其余对外付款对内扣款的手续及分录与即期信用证相同。

【例15】　某商业银行分行受某进口公司委托,于3月5日向美国美洲银行开出不可撤销的远期信用证 HKD30 000,开证条款规定"承兑后 60 天付款"。3月15日,经有关方面同意,信用证修改减额 USD5 000。开证行收到单据经审核相符,送该进口公司确认到期付款。开证行于 4 月 5 日承兑远期汇票,并对议付寄单行寄发"已承兑通知书",通知到期日全额付款。承兑到期,开证行对进口公司办理结汇,对外付汇。设支付日当天美元汇卖价为 USD100 ＝￥658.56。

(1)3月5日开立信用证。其会计分录如下:

借:应收开出信用证　　　　　　　　　　　　　　　　USD30 000
　贷:开出信用证　　　　　　　　　　　　　　　　　USD30 000

(2)3月15日修改信用证。其会计分录如下:

借:开出信用证　　　　　　　　　　　　　　　　　　USD5 000
　贷:应收开出信用证　　　　　　　　　　　　　　　USD5 000

(3)4月5日承兑远期信用证。其会计分录如下:

借:应收承兑汇票款　　　　　　　　　　　　　　　　USD25 000
　贷:承兑汇票　　　　　　　　　　　　　　　　　　USD25 000
借:开出信用证　　　　　　　　　　　　　　　　　　USD25 000
　贷:应收开出信用证　　　　　　　　　　　　　　　USD25 000

(4)6月5日到期付款,办理结汇,对外付款。其会计分录如下:

借：吸收存款——某活期存款——进口公司户　　　　　￥164 640

　　贷：货币兑换——汇卖价　　　　　　　　　　　　￥164 640

借：货币兑换——汇卖价　　　　　　　　　　　　　USD25 000

　　贷：存放境外同业——美洲银行户　　　　　　　　USD25 000

借：承兑汇票　　　　　　　　　　　　　　　　　　USD25 000

　　贷：应收承兑汇票款　　　　　　　　　　　　　　USD25 000

二、进口代收业务的核算与管理

进口代收结算方式是指国外出口商根据贸易合同规定,不通过开立信用证,在货物发运后委托出口地托收银行寄单,通过进口地代收银行向进口商收取货款的一种结算方式。

进口代收结算业务的会计处理手续,主要包括收到国外寄来进口代收单据和确认付款两个环节。

(一)国外寄来进口代收单据的处理

代收行收到国外寄来的进口代收单据后,应将单据编列顺序号,并缮制"进口代收单据通知书",将汇票和单据连同进口代收通知书送进口商审核,请其确认付款。同时,填制有关凭证,进行账务处理。其会计分录如下:

借：应收进口代收款项(外币)

　　贷：进口代收款项(外币)

"应收进口代收款项"属资产类科目,凡代收行收到进口代收单据,接受托收行委托代为向进口商收取款项时,用此科目核算,它反映代收行对进口商拥有收取托收款项的权益。

"进口代收款项"属负债类科目,凡代收行收到进口代收单据,接受托收行委托代为向进口商收取款项时,用此科目核算,它反映代收行对委托人承担了付款的责任。

如进口商不同意承付,应提出拒付理由书,连同单据退还代收行,由代收行转告国外委托行。如提出部分拒付,在取得国外委托行同意后,按实际付款金额办理付款手续,并按部分付款的金额进行相应的转账。拒付时也应转销对转科目。

(二)进口商确认付款

进口商审核同意承付后,将承付确认书交给代收行,通知代收行办理结汇并对外付款。远期汇票经进口商承兑后将已承兑汇票到期日通知国外委托行,待汇票到期日按即期付款手续处理。其会计分录如下:

借：吸收存款——活期存款××户(人民币)
　　贷：货币兑换——汇卖价(人民币)
借：货币兑换——汇卖价(外币)
　　贷：存放境外同业或有关科目(外币)

同时,转销对转科目,其会计分录如下：

借：进口代收款项(外币)
　　贷：应收进口代收款项(外币)

按照国际惯例,代收行须按规定费率计收进口代收手续费,此项费用若按规定由进口商负担的,向进口商计收;如托收委托书上没有明确由谁负担,则从收妥的进口代收款项中扣收等值外汇。出口商如有异议,由交易双方直接交涉,代收行不必过问。

进口代收款项收妥后,须按托收委托书上规定的付款办法及付汇路线划收国外委托行。

第 十 章

商业银行所有者权益的核算与管理

第一节　所有者权益概述

一、所有者权益的含义

所有者权益是指所有者在企业资产扣除负债后由所有者享有剩余权益。公司的所有者权益就是股东权益。商业银行所有者权益反映了所有者对商业银行资产的索取权,是银行资产中扣除债权人权益后由所有者享有的部分。

企业的资产等于负债加上所有者权益,负债和所有者权益在资产负债表都反映在右边,它们都是对企业的资产的要求权,但是,两者存在明显的区别,主要表现在以下几个方面。

（一）性质不同

负债是企业在生产经营或其他事项中发生的债务,是债权人对资产的索取权,是债权人的权益;而所有者权益是企业投资者对企业资产扣除负债后享有剩余权益,即投资者对投入资本及其投入资本运用产生的盈余(或亏损)的权利。

（二）对象不同

负债是企业对债权人承担的经济责任,而所有者权益是企业对投资者承担的经济责任。

（三）偿还期限不同

负债必须按规定的时间和利率支付利息,到期偿还本金;而所有者权益是无限的,在企业经营期间无需偿还,只有在企业破产清算时,其财产在偿还了破产费用、债权人的债务以后,如果有剩余财产,才能还给投资者。

（四）享受的权利不同

负债只享有收回债务本金和按事前约定的利率收回利息的权利，债权人与企业只有债权、债务关系，不能参与企业的经营管理和决策。企业投资人具有法定的管理金融企业和委托他人管理的权利，也具有参与收益分配的权利。

（五）风险和收益的大小不同

负债具有明确的偿还期限、约定的收益率，到期时得到本息，所承担的风险较小，所获得的收益也较低。而投资者拥有参与企业的经营管理和收益分配的权利，实际获得报酬的多少取决于企业的盈利水平和收益分配政策，所承担的风险高，就会获得较高的收益；也可能会承担更大的损失。

（六）计量不同

负债必须在发生时按规定的方法单独予以计量，并根据相关义务所需支出的最佳估计数进行估计；所有者权益的确认主要依赖于其他会计要素，尤其是资产和负债的确认，所有者权益金额的确定也主要取决于资产和负债的计量。

二、所有者权益的构成

所有者权益按其主要的来源包括投资者投入的资本、直接计入所有者权益的利得和损失、留存收益等。

（一）所有者投入的资本

所有者投入的资本是指所有者投入银行资本部分，它既包括构成企业注册资本或者股本部分的金额，也包括投入资本超过注册资本或者股本部分的金额，即资本溢价或者股本溢价这部分投入资本被计入资本公积，并在资产负债表的资本公积项目反映。

资本公积中包括直接计入所有者权益的利得和损失，它是指不应计入当期损益、会导致所有者权益发生增减变动的、与所有者投入资本或者向所有者分配利润无关的利得或者损失。其中利得是指由银行非日常活动所形成的、会导致所有者权益增加的、与所有者投入资本无关的经济利益的流入；损失，是指由银行非日常活动所发生的、会导致所有者权益减少的、与所有者分配利润无关的经济利益的流出。直接计入所有者权益的利得和损失主要包括可供出售金融资产的公允价值变动额、现金流量套期中套期工具利得或损失属于有效套期部分等。

（二）留存收益

留存收益是银行历年实现的净利润留存于企业的部分，主要包括计提的盈余公积和未分配利润。为了防范金融风险，根据商业银行经营业务的特点及高风险性，商业银行需要提取风险准备。风险准备同盈余公积和未分配利润一样都是从净利润中提取的,是企业所得净收益的积累,所以,商业银行提取的风险准备同属于留存收益的范围。

通过所有者权益的划分,可以清晰地反映商业银行资本金的结构。投资者投入商业银行的初始资金,是银行经营的原动力,是银行发展生存的基础。在所有者权益中,投入资本的大小,反映了商业银行所有者对金融企业权力的大小。而资本增值的多少,则从根本上反映商业银行经营期间经营状况的好坏。资本增值与投入资本相比,表明商业银行在经营期间的经济效益高低和经营水平的高低,表明商业银行是否具有竞争的能力。

为了便于投资者和其他报表读者了解商业银行所有者权益的来源及其变动情况,在会计核算中,将商业银行所有者权益分为:实收资本、资本公积、盈余公积、一般风险准备、未分配利润五部分,在资产负债表单独项目予以反映。

第二节 投入资本的分类与核算

一、投入资本的分类

(一)按所有者的性质不同划分

商业银行的投入资本按所有者性质的不同,可以分为国家投资、单位投资、个人投资、外商投资。

国家投资指有权代表国家投资的政府部门或机构以国有资产投入商业银行所形成的资本;单位投资指其他法人单位以其依法可以支配的资产投入商业银行所形成的资本;个人投资指社会个人或银行内部职工以个人合法财产投入银行所形成的资本;外商投资指外国投资者以及我国香港、澳门、台湾地区投资者以其资产投入银行所形成的资本。

(二)按投入资产的形式不同划分

投入资本按照投入资产形式的不同,可以分为货币投资、实物投资、无形资产投资和发行股票等等方式。

投资者以货币形式投入资本时,应按实际到达银行账户的金额和时间入账。实际收到或者存入开户银行的金额超过其在该商业银行注册资本中所占份额的部分,计入资本公积;也可以实物资产的方式出资,当以房屋、机器和建筑物等实物投资时,应以实际收到实物的时间作为资产的入账时间,并按投资各方确认的价值入账。投资前各方应当经过相互协商,并按规定对出资实物进行评估作价,依法办理产权转让手续;还可以采用无形资产的方式出资,如专利权、土地使用权、非专利技术出资等。根据我国公司投资人以无形资产投资时,应按合同、协议约定的金额和时间入账,企业接受的无形资产必须评估作价,并且作价金额不得超过公司注册资本的 20%(高新企业另有规定)。

二、投入资本的相关规定

(一)股份制金融企业

1. 股份制商业银行

股份制商业银行的股本应当在核定的股本总额及核定的股份总额的范围内发行股票或股东出资取得。公司发行的股票,应按其面值作为股本,超过面值发行取得的收入,其超过面值的部分,作为股本溢价,计入资本公积。

2. 境外上市公司以及在境内发行外资股的上市公司

境外上市公司以及在境内发行外资股的上市公司,按确定的人民币股票面值和核定的股份总额的乘积计算的金额,作为股本入账,按收到股款当日的汇率折合的人民币金额与按人民币计算的股票面值总额的差额,作为资本公积处理。

(二)非股份制金融企业

1. 投资者以现金投入的资本

投资者以现金投入的资本,应当以实际收到或者存入企业开户银行的金额作为实收资本入账。实际收到或者存入企业开户银行的金额超过其在该商业银行注册资本中所占份额的部分,计入资本公积。

2. 投资者以非现金资产投入的资本

投资者以非现金资产投入的资本,应按投资各方确认的价值作为实收资本入账。首次发行股票而接受投资者投入的无形资产,应按该项无形资产在投资方的账面价值入账。

3. 投资者投入的外币

投资者投入的外币,合同没有约定汇率的,按收到出资额当日的汇率折合;合同约定汇率的,按合同约定的汇率折合,因汇率不同产生的折合差额,作为资本公积处理。

(三)金融企业对实收资本数额的要求

我国中央银行(中国人民银行)也对设立银行及非银行金融性公司提出了最低的资本限额的要求。

1. 各类银行

设有分支机构的全国性银行的最低实收资本金为 20 亿元人民币;不设立分支机构的全国性银行的最低实收资本金为 10 亿元人民币;区域性银行的最低实收资本金为 8 亿元人民币;合作银行的最低实收资本金为 5 亿元人民币。

2. 各类信托投资公司、财政公司

设立全国性信托投资公司的最低实收资本金为 11 亿元人民币；设立省、自治区、直辖市、计划单列市、经济特区的信托投资公司的最低实收资本金为 5 000 万元人民币；设立融资租赁机构的最低实收资本金为 3 000 万元人民币；设立财务公司的最低实收资本金为 5 000 万元人民币。

所有的商业银行设立时，其实收资本都要按照中国人民银行的规定办理手续。

三、实收资本的核算

商业银行的实收资本是指投资者按照企业章程，或合同、协议的约定，实际投入银行的资本。商业银行应设置"实收资本"或"股本"科目核算投资者按照企业章程，或合同、协议的约定，实际投入银行的资本。账户的贷方登记商业银行实际收到投资者投入的资本、按法定程序结转的资本公积、盈余公积转增资本的增加数；账户的借方一般不作记录，只在规定的范围内或企业破产清理时借记减少数；余额反映的贷方，表示商业银行实有的资本或股本数额。银行收到投资者超过其在注册资本或股本中所占份额的部分，作为资本溢价或股本溢价，在"资本公积"科目核算。该账户按投资者情况进行明细核算。

（一）接受现金资产投资的核算

1. 非股份制商业银行

投资者以现金等投入的资本，应当以实际收到或者存入开户银行的金额，借记银行存款或现金等科目，贷记"实收资本"科目。其会计分录如下：

借：银行存款
    或存放中央银行款项
  贷：实收资本——国家投资
              ——其他单位投资
              ——个人投资

2. 股份制商业银行

股份制商业银行的股本应当在核定的股本总额及核定的股份总额的范围内发行股票或股东出资取得。商业银行发行股票，收到现金等资产时，其会计分录如下：

借：银行存款
    或存放中央银行款项
  贷：股本
    资本公积——股本溢价

（二）接受非现金资产投资核算

1. 接收投入实物资产

商业银行收到投资人以实物形态的投资时,需按照评估确认的价值或合同、协议约定的价值和在注册资本中享有的份额记账。

当收到投资人投入的房屋、汽车、机器设备等固定资产时,其会计分录如下:

　借:固定资产
　　贷:实收资本(或股本)

当收到投资人投入材料等时,其会计分录如下:

　借:原材料
　　应交税费——应交增值税(进项税额)
　　库存商品
　　贷:实收资本(或股本)

2. 以无形资产投入的核算

接受投资者投入的无形资产,应按该项无形资产评估值和在注册资本中享有的份额入账。其会计分录如下:

　借:无形资产
　　贷:实收资本(或股本)

（三）实收资本（股本）的增减变动的核算

商业银行资本(或股本)除下列情况外,不得随意变动,我国企业法人登记管理条例中规定,除国家另有规定外,企业注册资金与实收资本应一致。符合增资条件,并经有关部门批准增资的,在实际取得股东的出资时,登记入账;金融企业按法定程序报经批准减少注册资本的,在实际发还投资时登记入账;采用收购本企业股票方式减资的,在实际购入本企业股票时,登记入账;商业银行应当将因减资而注销股份、发还股款,以及因减资需更新股票的变动情况,在股本账户的明细账及有关备查簿中详细记录。股东按规定转让其出资的,商业银行应当于有关的转让手续办理完毕时,将出让方所转让的出资额,在资本(或股本)账户的有关明细账户及各备查登记簿中转为受让方,当按法定程序减少注册资本。

1. 实收资本（或股本）增加

一般企业增加资本有三个途径:接受投资者追加投资、资本公积和盈余公积转增资本。

非股份制商业银行的资本公积和盈余公积转增资本。其会计分录如下：

借：资本公积
　　盈余公积
　贷：实收资本

股份制商业银行资本公积和盈余公积转增资本。其会计分录如下：

借：资本公积
　　盈余公积
　贷：股本

2. 实收资本（或股本）减少

非股份制商业银行按法定程序报经批准减少注册资本的，在实际发生时，登记入账。其会计分录如下：

借：实收资本
　贷：银行存款
　　　或存放中央银行款项

当股份有限制商业银行采用收购本企业股票方式减资，按股票面值和注销股数计算的股票面值总额冲减股本，按注销库存股的账面余额与所冲减股本的差额冲减股本溢价，股本溢价不足冲减的，再冲减盈余公积直至未分配利润。如果回购股票支付的价款低于面值总额的，所注销库存股的账面余额与所冲减股本的差额作为增加股本的溢价处理。

当股份有限制商业银行回购本企业股票时，购回股票支付的价款大于面值总额，其会计分录如下：

借：库存股
　贷：银行存款（或存放中央银行款项）

同时，注销本企业股票时，其会计分录如下：

借：股本
　　资本公积——股本溢价
　贷：库存股

当股份有限制商业银行回购本企业股票时，购回股票支付的价款低于面值总额，其会计分录如下：

借：库存股
　　贷：银行存款（或存放中央银行款项）

同时，注销本企业股票时，其会计分录如下：

借：股本
　　贷：库存股
　　　　资本公积——股本溢价

第三节　资本公积的分类与核算

一、资本公积的分类

资本公积是企业收到投资者的超出其在企业注册资本（或股本）中所占份额的投资，以及直接计入所有者权益的利得和损失等。资本公积包括资本溢价（或股本溢价）和直接计入所有者权益的利得和损失等。直接计入所有者权益的利得和损失是指不应计入当期损益、会导致所有者权益发生增减变动的、与所有者投入资本或者向所有者分配利润无关的利得或者损失。

（一）资本（股本）溢价

资本溢价（或股本溢价），是企业收到投资者的超出其在企业注册资本（或股本）中所占份额的投资。形成资本溢价（或股本溢价）的原因有溢价发行股票、投资者超额缴入资本等。

（二）其他资本公积

其他资本公积是指除溢价（或股本溢价）以外项目所形成的资本公积，其中主要是直接计入所有者权益的利得和损失。其他资本公积主要包括以下内容。

1. 享有的被投资单位资本公积变动的份额

在长期股权投资采用权益法核算的情况下，被投资单位资本公积发生变动，企业应按持股比例计算享有的份额，计入其他资本公积。

2. 持有至到期投资转换为可供出售金融资产公允价值与账面价值的差额

企业将持有至到期投资转换为可供出售金融资产时，转换日该项持有至到期投资的公允价值与其账面价值的差额，应计入其他资本公积；将可供出售金融资产转换为持有至到期投资，与其相关的应计入其他资本公积的余额，应在该项金融产的剩余期限内进行摊销。

3. 可供出售金融资产的公允价值变动

可供出售金融资产的公允价值高于其账面余额的差额,应计入其他资本公积;反之,应冲减其他资本公积。

4. 自用房地产或存货转换为投资性房地产公允价值与账面价值的差额

企业将自用房地产或存货转换为采用公允价值模式计量的投资性房地产时,转换当日的公允价值大于原账面价值的差额,应计入其他资本公积;处置该项投资性房地产时,应转销与其相关的其他资本公积。

5. 以权益结算的股份支付

企业以权益结算的股份支付换取职工或其他提供服务的,应按权益工具授予日的公允价值计入其他资本公积;在行权日按实际行权的权益工具数量计算确定的金额,转为实收资本和资本溢价。

二、资本公积的核算

为了反映商业银行公积金增减变动情况,应设置"资本公积"科目,这个科目属于商业银行所有者权益类账户。"资本公积"科目用于核算商业银行取得的资本公积情况,贷方登记资本公积的增加数,借方登记因转增资本、直接计入所有者权益损失等引起资本公积的减少数。余额反映在贷方,表示资本公积的结余。同时该科目应按资本公积的形成类别设置明细账。

(一)资本(股本)溢价

资本(或股本)溢价是指商业银行投资者投入的资金超过其在注册资本中所占份额的部分。按有关规定,按投资者所缴付的全部资金,借记有关资产科目,按其认缴的资本金贷记"实收资本"。当发行股票时,按其认购的股票面值总额贷记"股本",大于"实收资本"或"股本"的部分,记入"资本公积——资本(或股本)溢价"。

(1)非股份制商业银行收到投资者投入的资金。其会计分录如下:

借:银行存款(或存放中央银行款项)
　　贷:实收资本(在注册资本中所占份额)
　　　　资本公积(资本溢价)

(2)股份制商业银行溢价发行股票。其会计分录如下:

借:银行存款(或存放中央银行款项)
　　贷:股本(股票面值和核定的股份总额的乘积计算的金额)
　　　　资本公积——股本溢价

注:银行存款即实际收到的金额。

（3）境外上市的商业银行以及在境内发行外资股企业收到股款。其会计分录如下：

借：银行存款等（或存放中央银行款项）
　贷：股本（确定的人民币股票面值和核定的股份总额的乘积计算的金额）
　　　资本公积——股本溢价
注：银行存款即收到股款当日的汇率折合人民币的金额

（二）其他资本公积

1. 资本公积用于转增资本

企业按规定的程序增资时，应按其他资本公积转增资本的数额。其会计分录如下：

借：资本公积
　贷：实收资本

2. 股权投资准备

股权投资准备是指商业银行对被投资单位的长期股权投资采用权益法核算时，因被投资单位直接计入所有者权益的利得和损失等引起的变动。当被投资企业发生计入所有者权益利得时，投资企业按其持股比例计算应享有的份额变动。其会计分录如下：

借：长期股权投资
　贷：资本公积——其他资本公积

当被投资企业发生计入所有者权益损失时，投资企业按其持股比例计算应享有的份额变动作相反的会计分录。

第四节　盈余公积的分类与核算

一、盈余公积的分类与管理

商业银行的盈余公积是按照规定从净利润中提取的积累资金，它包括法定盈余公积金、任意盈余公积金。在计算提取法定盈余公积金的基数时，不应包括企业年初未分配利润。

（一）盈余公积的分类

1. 法定盈余公积金

法定盈余公积金是指商业银行按照规定的比例从净利润中提取的盈余公积。法定盈余公积金按照税后利润的 10% 提取，累计提取达到注册资本的

50％时,可不再提取。

2. 任意盈余公积

任意盈余公积金是金融企业经股东大会或类似机构批准按规定比例从净利润中提取的盈余公积。

(二)盈余公积的管理

商业银行的提取的盈余公积经批准可以用于弥补亏损、转增资本、分配股利等。

1. 弥补亏损

企业发生亏损时,应由企业自行弥补。弥补亏损的渠道有三条:① 用企业发生的亏损可以用以后五年的税前利润弥补;② 用企业发生的亏损经过五年时间仍未全部弥补的,尚未弥补的亏损应用所得税后的利润弥补;③ 用盈余公积弥补亏损。企业以提取的盈余公积弥补亏损时,应当由公司董事会提议,经股东会批准。

2. 转增资本

企业经股东大会决议批准,可以将盈余公积用于转增资本。在转增资本前先要办理增资手续,在实际转增时,要按照转增前实收资本的结构比例,相应增加各投资者对企业的资本投资份额。盈余公积转增资本后,留存的盈余公积的数额不得少于注册资本的 25％。

3. 分配股利

经股东会特别决议也可动用盈余公积分配股利,但是,企业如果有未弥补亏损,必须先用盈余公积补亏,补亏后盈余公积的数额仍符合分配股利条件的,方可进行分配。分配股利后,法定盈余公积的股利率不得超过股票面值的 6％。

二、盈余公积的核算

盈余公积是指商业银行按照有关规定从净利润中提取的企业积累资金。为了加强对盈余公积金的核算和管理,设置"盈余公积"科目,用以核算从净利润中提取的盈余公积。该科目属于所有者权益类,贷方登记提取的盈余公积的数额,借方登记盈余公积的支用和减少的数额,期末贷方余额为提取的盈余公积结余数。企业分别按法定盈余公积、任意盈余公积等进行明细核算。

(一)按规定的比例从净利润中提取盈余公积金

按规定的比例从净利润中提取盈余公积金时,其会计分录如下:

借：利润分配——提取法定盈余公积
　　　　　　——提取任意盈余公积
　贷：盈余公积——法定盈余公积
　　　　　　——任意盈余公积

（二）以盈余公积转增资本金

以盈余公积转增资本金时，其会计分录如下：

　借：盈余公积
　　贷：实收资本（股本）

（三）以盈余公积金弥补损失

以盈余公积金弥补损失时，其会计分录如下：

　借：盈余公积
　　贷：利润分配——盈余公积金补亏

（四）以盈余公积派送新股

以盈余公积金派送新股时，其会计分录如下：

　借：盈余公积
　　贷：股本

（五）以盈余公积分配现金股利或利润

以盈余公积金分配现金股利或利润时，其会计分录如下：

借：盈余公积
　贷：应付股利

第五节　风险准备与未分配利润的核算

一、一般风险准备

一般风险准备是商业银行按照规定从净利润中提取的一般风险准备。商业银行在进行利润分配时，在按当期实现的净利润提取了法定盈余公积、任意盈余公积后，应按一定比例计提一般准备。计提比例由董事会综合考虑商业银行所面临的风险状况等因素确定。提取的一般风险准备是不能用于转增资本。在提取一般风险准备时，其会计分录如下：

借：利润分配——提取一般风险准备
　　贷：一般风险准备

按规定使用一般风险准备弥补亏损时，其会计分录如下：

借：一般风险准备
　　贷：利润分配——一般风险准备补亏

二、未分配利润的核算

未分配利润是商业银行留待以后年度进行分配的结存利润，属于所有者权益的组成部分。

年度终了，商业银行将各财务收入、财务支出科目的余额通过"本年利润"科目结转出当年的净利润，再将"本年利润"科目余额转入"利润分配——未分配利润户"。在按规定作了各种分配后，将"利润分配"科目其他各账户的余额转入"未分配利润"账户。结转后，"未分配利润"账户的贷方余额是未分配利润，如出现借方余额，则表示未弥补亏损。

年度终了，商业银行应将全年实现的净利润，自"本年利润"科目转入"利润分配"科目，其会计分录如下：

借：本年利润
　　贷：利润分配——未分配利润

如为亏损，则作相反会计分录。

同时，将"利润分配"科目下的其他明细科目的余额转入利润分配科目下"未分配利润"明细科目，其会计分录如下：

借：利润分配——未分配利润
　　贷：利润分配——其他明细科目

结转后，除"未分配利润"明细科目外，利润分配科目的其他明细科目应无余额。"未分配利润"明细科目贷方余额为历年来积累的未分配利润，借方余额为历年未弥补的亏损。

第十一章

商业银行收入、成本费用及利润的核算与管理

第一节　收入、成本费用及利润核算的基本要求

一、收入、成本费用及利润核算的重要性

收入、成本费用及利润核算的重要性主要表现如下。

（一）及时掌握货币资金的运动情况

商业银行财务收支活动频繁，表明资金周转速度快。全面、及时地核算财务收支，能够提供资金周转速度、资金运用效率等方面的信息。

（二）保证银行资金、财产的安全

按照国家财经纪律和会计制度的规定，如实反映银行财务收支，并监督收入的合法性和成本费用的合理性，保证国家资金、财产的安全和完整。

（三）客观评价经营效益

商业银行利润是收入减去成本费用的净额，只有积极稳健经营，才能增加收入，提高盈利水平；同时也要求银行合理配置人力、物力、财力，从内部管理中挖掘潜力，勤俭节约，努力减少成本费用。管好财务收支，才能获得更大的经济效益。

（四）正确处理经济利益关系

收入、成本费用和利润的核算，是准确计算税金的依据，是合理分配利润，调动分支机构和员工积极性的基础。

二、收入、成本费用和利润核算的基本要求

为提供真实可靠的财务信息，对收入、成本费用和利润核算的基本要求如下。

（一）按不同的收入来源分别核算

由于商业银行各项财务收入在内容上和纳税上存在着差异，因此，为避免人为地虚增收入或转移收入和逃税，商业银行必须严格区分各项财务收入的范围，分别对利息收入、手续费收入、金融企业往来收入、公允价值变动收益、汇兑收益、其他业务收益、投资收益和营业外收入等进行核算，正确反映各项收入的不同来源，确保各项收入和应纳税额计算的真实完整。

（二）严格执行规定的成本费用开支范围

银行业务经营过程中所发生的支出多种多样，有的计入成本，有的列作营业外支出，也有的在税后利润中列支。因此，财务人员要按制度规定，正确区分各种性质和不同用途的费用开支，凡不属于成本费用开支范围的支出，均不得挤入成本；要防止利用营业外支出科目转移成本费用支出等违反财经纪律的行为。

（三）及时计提税金

根据现行税法的有关规定，银行应缴纳的税金基本上可划分为五类，即：在利润分配科目中列支的所得税；在营业税金及附加科目中列支的营业税、城市维护建设税和教育费附加；在管理费用中列支的房产税、车船税、土地使用税、印花税和奖金税；在在建工程科目中列支的固定资产投资方向调节税（保留税种，2001年1月起停征）；在固定资产科目中列支的车辆购置附加。银行应分别各类税金的列支渠道，及时计提税金，保证各类税金的及时足额上缴。

（四）贯彻权责发生制原则和配比性原则

为了准确反映银行的利润，对收入、成本费用的核算必须贯彻权责发生制原则和配比性原则。即凡属于核算期内的收入、成本费用，不论其是否实际收到和支出，一律作为本期的收入和成本费用列账，不得转移收入、成本费用，或应计的收入、成本费用不入账；凡不属于核算期内的收入、成本费用，即使款项已经收到或付出，也不能纳入本期的收入和成本费用核算，不得虚增收入、成本费用，以确保收入、成本费用的合理配比和利润的真实、准确。

第二节　收入的核算

一、商业银行收入的涵义及确认

（一）商业银行收入的涵义

收入是会计要素之一。根据新企业会计准则精神，商业银行收入是指在日常活动中形成的、会导致所有者权益增加的、与所有者投入资本无关的经济利益的总流入。其中"日常活动"，是指商业银行为完成其经营目标所从事的经常性活动以及与之相关的其他活动。因此,商业银行日常经营活动的最终目的就是获得最大化的利润,而收入则是利润的最基本来源。

（二）商业银行收入实现的确认

商业银行一项经济利益的流入要被确认为收入,必须具备以下条件:

（1）收入是从商业银行的日常活动中产生,而不是从偶发的交易或事项中产生。这是营业收入与营业外收入的最大区别。商业银行收入只能从日常经营过程中产生,其他一些偶然发生的事件,虽然也可以为商业银行带来一定经济利益的流入,但只要这种经济利益的流入不是商业银行日常经营活动带来的,就不能属于商业银行的营业收入。例如,商业银行的利息收入是其为客户提供贷款这一日常活动中产生的,而不是从处置固定资产等非正常活动中产生的。

（2）收入可能表现为资产的增加（如收入发生直接产生现金流入或债权的增加等）,也可能表现为负债的减少（如以手续费收入抵偿债务）,或者两者兼而有之（从手续费收入款项中部分抵偿债务或部分收取现金）。

（3）收入能导致企业所有者权益的增加。商业银行确认收入的前提是经济利益的流入,根据"收入－费用＝利润"的公式,银行取得收入是增加所有者权益的重要内容。

（4）收入只包括商业银行自身经济利益的流入,不包括为第三方或客户代收款项。

收入作为商业银行日常经营活动中所形成的经济利益的总流入,其归根结底是属于银行自身的,最终将增加商业银行的所有者权益,而代收款项不符合这样的性质。如银行代理委托贷款企业收取利息。代收的款项,一方面增加商业银行的资产,一方面增加商业银行的负债,因此,不增加商业银行的所有者权益,也不属于商业银行的经济利益,不能作为商业银行的收入。

（5）收入是一个与成本费用相对应的概念。商业银行的收入是与一定的费用紧密联系的,是银行先期垫付费用的回报。可以说,商业银行在经营过程中的各项耗费是为获得收入而支付的,任何一项收入都是以一定成本费用支出为前提。

二、商业银行营业收入的构成

商业银行的营业收入是指银行在一定时期内对外提供劳务或对外提供特殊商品而取得的收入。按照商业银行经营业务的主次,商业银行营业收入可分为主营业务收入和其他业务收入。一般说来,主营业务收入占商业银行营业收入的比重较大,会对商业银行经济效益产生较大的影响。

新企业会计准则规定:商业银行提供金融商品或服务所取得的营业收入,

主要包括利息收入、手续费及佣金收入、其他业务收入、汇兑损益、公允价值变动损益、投资收益等。

（一）利息收入

利息收入是指商业银行根据收入准则确认的利息收入,包括发放的各类贷款(包括银团贷款、贸易融资、贴现和转贴现融出资金、协议透支、信用卡透支和垫款等)、与其他金融机构(包括中央银行、同业等)之间发生资金往来业务、买入返售金融资产等所取得的利息收入等。

（二）手续费及佣金收入

手续费及佣金收入是商业银行根据收入准则确认的手续费及佣金收入,包括办理结算业务、咨询业务、担保业务、代保管等代理业务以及办理受托贷款及投资业务等取得的手续费及佣金。

（三）其他业务收入

其他业务收入是指商业银行根据收入准则确认的除主营业务以外的其他经营活动实现的收入,包括出租固定资产、出租无形资产、收兑配售贵金属等实现的收入。

（四）汇兑收益

汇兑收益是指商业银行的外币货币性项目因汇率变动而形成的收益。

（五）公允价值变动损益

公允价值变动损益是指商业银行在初始确认时划分为以公允价值计量且其变动计入当期损益的金融资产或金融负债(包括交易性金融资产或金融负债和直接指定为以公允价值计量且其变动计入当期损益的金融资产或金融负债),以及采用公允价值模式计量的衍生工具、套期业务中公允价值变动形成的应计入当期损益的利得或损失。

（六）投资收益

投资收益是指商业银行根据长期股权投资准则确认的投资收益。

三、商业银行营业收入的核算

为了全面反映和监督商业银行营业收入的实现,商业银行应根据其业务经营范围设置相关的营业收入类科目,主要有"利息收入"、"手续费及佣金收入"、"其他业务收入"、"汇兑损益"、"公允价值变动损益"和"投资收益"等科目,并在科目之下设置有关明细账户进行核算。这类收入性质的科目,贷方记录发生的各项收入,会计期末通过这些科目的借方转入"本年利润"科目的贷方,因此,会计期末结转后,此类科目没有余额。

（一）利息收入的核算

利息收入在整个商业银行营业收入中占有极大的比重，是商业银行财务收入的主要来源，也是商业银行经营成果的重要内容。利息收入在会计核算时，设置"利息收入"账户进行核算。"利息收入"科目属损益类科目，专门用于核算本单位发放的各类贷款（包括银团贷款、贸易融资、贴现和转贴现融出资金、协议透支、信用卡透支和垫款等）、与其他金融机构（包括中央银行、同业等）之间发生资金往来业务、买入返售金融资产等所取得的利息收入的增减变动情况。"利息收入"科目贷方反映到期实收的利息和到期应收未收到的利息；期末利息收入结转利润时，借记本科目，贷记"本年利润"科目。余额应反映在贷方，期末结转利润后，本科目应无余额。

1. 利息收入的明细科目

"利息收入"科目的明细科目可设置为：① 存放同业利息收入；② 存放中央银行利息收入；③ 发放贷款及垫款利息收入；④ 买入返售金融资产利息收入；⑤ 其他利息收入等。

2. 利息收入的账务处理

（1）当期收到利息的核算。商业银行在计息当期划收利息时，填制有关凭证，办理转账。其会计分录如下：

借：吸收存款——××户
　　贷：利息收入——××利息收入户

（2）计提应收利息的核算。按权责发生制原则，凡属于银行本期应收取的利息，应确认收入的实现，计入当期损益。依据新企业会计准则的规定，资产负债表日，商业银行应按合同约定的名义利率计算确定的应收利息的金额，按收入准则或金融工具确认和计量准则计算确定的利息收入金额，差额调整相应科目。其会计分录如下：

借：应收利息或买入返售金融资产
　　　贷款——溢价
　　贷：利息收入——××利息收入户

或　　借：应收利息或买入返售金融资产
　　　贷：利息收入——××利息收入户
　　　　贷款——折价

实际收到利息时，其会计分录如下：

借：吸收存款——××户

　　贷：应收利息

（3）利息收入结转利润的核算。期末，利息收入结转利润时，其会计分录如下：

借：利息收入——××利息收入户

　　贷：本年利润

（二）手续费及佣金收入的核算

手续费及佣金收入也是商业银行财务收入的主要来源之一。其结算方式可以采用现金结算，也可以采用转账结算。由于手续费及佣金收入不同于其他营业收入，所以，在会计核算中单独设置"手续费及佣金收入"科目进行核算。

"手续费及佣金收入"科目，属于损益类科目，专门用于核算商业银行包括办理结算业务、咨询业务、担保业务、代保管等代理业务以及办理受托贷款及投资业务等取得的手续费及佣金，代理买卖证券、代理承销证券、代理兑付证券、代理保管证券、代理保险业务等代理业务以及其他相关服务实现的手续费及佣金收入的增减变动情况。"手续费及佣金收入"科目贷方反映发生的各项手续费及佣金收入；期末结转利润时，借记本科目，贷记"本年利润"科目。本科目余额应反映在贷方，期末结转利润后，本科目应无余额。

1. 手续费及佣金收入的明细科目

"手续费及佣金收入"科目的明细科目可设置为：① 结算手续费收入；② 佣金收入；③ 业务代办手续费收入；④ 基金托管收入；⑤ 咨询服务收入；⑥ 担保收入；⑦ 受托贷款手续费收入；⑧ 代保管收入等。

2. 手续费及佣金收入的账务处理

商业银行收取手续费及佣金的时间根据具体情况而定，既可定期收取，也可逐笔向有关单位和个人收取。收取手续费及佣金的方式有现金和转账结算两种。

（1）确认手续费及佣金收入时，其会计分录如下：

借：应收账款或代理承销证券款等科目

　　贷：手续费及佣金收入——××收入户

（2）实际收到手续费及佣金收入时，其会计分录如下：

借：现金或存放中央银行款项或结算备付金或吸收存款等科目——××户

　　贷：应收账款等科目

（3）期末余额结转利润时，其会计分录如下：

借：手续费及佣金收入——××收入户

贷：本年利润

（三）其他业务收入的核算

其他业务收入是商业银行除主营业务收入外的其他经营活动实现的收入，包括出租固定资产、出租无形资产等实现的收入。商业银行（租赁）出租固定资产取得的租赁收入，应在"租赁收入"科目核算，不在本科目核算。

其他业务收入应在全部款项收妥后才予以确认，并通过设置"其他业务收入"科目进行核算。"其他业务收入"科目属于损益类科目。贷方反映发生的其他业务收入；期末将本科目的余额结转利润时，借记本科目，贷记"本年利润"科目。本科目余额应反映在贷方，期末结转利润后，本科目应无余额。

1. 其他业务收入的明细科目

"其他业务收入"科目的明细科目可设置为：① 出租固定资产收入；② 出租无形资产收入等。

2. 其他业务收入的账务处理

（1）商业银行确认的其他业务收入，其会计分录如下：

借：应收账款等科目

贷：其他业务收入——××收入户

（2）期末结转利润时，其会计分录如下：

借：其他业务收入——××收入户

贷：本年利润

（四）汇兑收益的核算

汇兑收益是商业银行经营外汇买卖、外币兑换以及结售汇业务过程中，有效利用利率、汇率变动而取得的收益。

汇兑收益应根据买入、卖出价差和汇率变动的净收益确认。为了核算汇兑收益的增减变动情况，商业银行设置"汇兑收益"科目进行核算。"汇兑收益"科目属于损益类科目，借方反映因汇率变动而产生的汇兑损失，贷方反映因汇率变动而产生的汇兑收益；"货币兑换"各外币明细科目的期末余额，应按照期末汇率折合为记账本位币。期末将本科目的余额结转利润时，借记本科目，贷记"本年利润"科目。本科目余额应反映在贷方，期末结转利润后，本科目应无余额。

（1）期末按照期末汇率折合的记账本位币金额与"货币兑换——记账本位币"科目余额之间的差额，如为贷方余额，其会计分录如下：

借：货币兑换——记账本位币
    贷：汇兑收益——××收益户

如为借方余额，其会计分录如下：

借：汇兑收益——××收益户
    贷：货币兑换——记账本位币

（2）期末结转利润时，其会计分录如下：

借：汇兑收益——××收益户（本币）
    贷：本年利润（本币）

（五）公允价值变动损益的核算

商业银行对于交易性金融资产或金融负债和直接指定为以公允价值计量且其变动计入当期损益的金融资产或金融负债，以及采用公允价值模式计量的衍生工具、套期业务中公允价值变动形成的应计入当期损益的利得或损失，通过设置"公允价值变动损益"科目进行核算。"公允价值变动损益"科目属于损益类科目，按照交易性金融资产、交易性金融负债、投资性房地产等进行明细核算。借方反映因公允价值变动而产生的损失，贷方反映因公允价值变动而产生的收益；期末将本科目的余额结转利润时，借记本科目，贷记"本年利润"科目。本科目余额应反映在贷方，期末结转利润后，本科目应无余额。

1. 交易性金融资产或采用公允价值模式计量的衍生工具等的核算

（1）在资产负债表日，商业银行对于按交易性金融资产或采用公允价值模式计量的衍生工具等的公允价值高于其账面余额的差额，其会计分录如下：

借：交易性金融资产——公允价值变动
    贷：公允价值变动损益

若公允价值低于其账面余额的差额，则作相反的会计分录。

（2）出售交易性金融资产或采用公允价值模式计量的衍生工具时，其会计分录如下：

借：存放中央银行款项等科目（按实际收到的金额）
    投资收益（差额）
    贷：交易性金融资产——公允价值变动（按其账面余额）

或　　借：存放中央银行款项等科目（按实际收到的金额）

　　　　　贷：交易性金融资产——公允价值变动（按其账面余额）

　　　　　　投资收益（差额）

同时，按"交易性金融资产——公允价值变动"科目余额，借记或贷记本科目，贷记或借记"投资收益"科目。其会计分录如下：

　　　　借：公允价值变动损益

　　　　　贷：投资收益

或　　借：投资收益

　　　　　贷：公允价值变动损益

2. 交易性金融负债的核算

（1）资产负债表日，交易性金融负债的公允价值高于其账面余额的差额，其会计分录如下：

　　　　借：公允价值变动损益

　　　　　贷：交易性金融负债——公允价值变动

若公允价值低于其账面价值的差额，则作相反的会计分录。

（2）出售交易性金融负债时，其会计分录如下：

　　　　借：交易性金融负债——公允价值变动（按其账面余额）

　　　　　投资收益（差额）

　　　　　贷：存放中央银行款项或结算备付金等科目（按实际支付的金额）

或　　借：交易性金融负债——公允价值变动（按其账面余额）

　　　　　贷：存放中央银行款项或结算备付金等科目（按实际支付的金额）

　　　　　　投资收益（差额）

同时，按"交易性金融负债——公允价值变动"科目的余额，借记或贷记本科目，贷记或借记"投资收益"科目。其会计分录如下：

　　　　借：公允价值变动损益

　　　　　贷：投资收益

或　　借：投资收益

　　　　　贷：公允价值变动损益

3. 期末结转利润时，其会计分录如下

　　　　借：公允价值变动损益

　　　　　贷：本年利润

（六）投资收益的核算

投资收益是指商业银行根据长期股权投资准则确认的投资收益或投资损失。商业银行对外投资的目的是为了给企业本身带来经济利益和其他利益。

为了核算商业银行处置交易性金融资产、交易性金融负债、可供出售金融资产实现的损益,商业银行的持有至到期投资和买入返售金融资产在持有期间取得的投资收益和处置损益,设置"投资收益"科目进行核算。"投资收益"科目属于损益类科目,按照投资项目进行明细核算,余额反映在贷方。发生应收及收到股利、利息时,借记"其他应收款"、"长期投资"等科目,贷记本科目。期末本科目余额结转利润时,借记本科目,贷记"本年利润"科目。期末结转利润后,本科目应无余额。

1. 长期股权投资的核算

（1）长期股权投资采用成本法核算的,商业银行应按被投资单位宣告发放的现金股利或利润中属于本企业的部分,借记"应收股利"科目,贷记本科目。其会计分录如下：

借：应收股利
　　贷：投资收益

属于被投资单位在取得投资前实现净利润的分配额,应作为投资成本的收回,贷记"长期股权投资"科目。其会计分录如下：

借：应收股利
　　贷：长期股权投资

（2）长期股权投资采用权益法核算的,资产负债表日,应按根据被投资单位实现的净利润或经调整的净利润计算应享有的份额,借记"长期股权投资——损益调整"科目,贷记本科目。其会计分录如下：

借：长期股权投资——损益调整
　　贷：投资收益

被投资单位发生亏损、分担亏损份额超过长期股权投资而冲减长期权益账面价值的,借记"投资收益"科目,贷记"长期股权投资——损益调整"。其会计分录如下：

借：投资收益
　　贷：长期股权投资——损益调整

发生亏损的被投资单位以后实现净利润的,企业计算的应享有的份额,如有未确认投资损失的,应先弥补未确认的投资损失,弥补损失后仍有余额的,借记"长期股权投资——损益调整"科目,贷记本科目。其会计分录如下:

借:长期股权投资——损益调整
　　贷:投资收益

2. 出售长期股权的核算

(1) 出售采用成本法核算的长期股权投资时,其会计分录如下:

借:银行存款或存放中央银行款项等科目(按实际收到的金额)
　　贷:长期股权投资(按其账面余额)
　　　　应收股利(按尚未领取的现金股利或利润)
　　　　投资收益(差额)

或　　借:银行存款或存放中央银行款项等科目(按实际收到的金额)
　　　　投资收益(差额)
　　　　贷:长期股权投资(按其账面余额)
　　　　　　应收股利(按尚未领取的现金股利或利润)

对于原已计提减值准备的,将借记"银行存款"科目改为"长期股权投资减值准备"科目。

(2) 出售采用权益法核算的长期股权投资时,除上述账务处理外,还应按处置长期股权投资的投资成本比例结转原记入"资本公积——其他资本公积"科目的金额,借记或贷记"资本公积——其他资本公积"科目,贷记或借记本科目。其会计分录如下:

借:资本公积——其他资本公积
　　贷:投资收益

或　　借:投资收益
　　　　贷:资本公积——其他资本公积

3. 投资收益结转利润的核算

期末"投资收益"科目贷方余额结转利润时,其会计分录如下:

借:投资收益
　　贷:本年利润

如果期末"投资收益"科目为借方余额,则为投资损失,期末结转"本年利润"科目时,会计分录则相反。

四、商业银行营业外收入的核算

营业外收入是指商业银行发生的与其经营业务活动无直接关系的各项收入。主要包括：处置非流动资产利得、非货币性资产交换利得、债务重组利得、罚没利得、政府补助利得、确实无法支付而按规定程序经批准后转作营业外收入的应付款项等。这些收入的形成，并不是商业银行经营某项业务而产生的，和商业银行业务没有直接联系，因此，归为营业外收入。

为了核算上述各项营业外收入项目的增减变动情况，设置"营业外收入"科目进行核算。"营业外收入"科目属于损益类科目，按照营业外收入项目进行明细核算。贷方反映发生的各项营业外收入。期末将本科目的余额结转利润时，借记本科目，贷记"本年利润"科目。该科目余额应反映在贷方。期末结转利润后，本科目应无余额。

（一）营业外收入的明细科目

"营业外收入"科目的明细科目可设置为：① 处置非流动资产利得；② 非货币性资产交换利得；③ 债务重组利得；④ 罚没利得；⑤ 政府补助利得；⑥ 确实无法支付的应付款项等。

（二）营业外收入的账务处理

发生各项营业外收入时，根据有关凭证编制借、贷方记账凭证。其会计分录如下：

借：现金或应付账款或待处理财产损溢或固定资产清理等科目
　　贷：营业外收入——××收入户

期末本科目余额结转利润时，其会计分录如下：

借：营业外收入——××收入户
　　贷：本年利润

第三节　成本费用的核算

一、商业银行成本费用的概念

商业银行的营业成本是指在从事业务经营活动过程中所发生的同业务经营有关的各项支出，包括利息支出、手续费及佣金支出和其他业务支出等项目。

商业银行的业务及管理费用是指商业银行在业务经营和管理过程中所发生的各项费用，包括折旧费、业务宣传费、业务招待费、电子设备运转费、钞币运送费、安全防范费、邮电费、劳动保护费、外事费、印刷费、低值易耗品摊销、职工工资、差旅费、水电费、修理费、职工教育经费、工会经费、税金、会议费、诉讼费、公证费、咨询费、无形资产摊销、长期待摊费用摊销、取暖降温费、聘请中介机构费、技术转让费、绿化费、董事会费、财产保险费、劳动保险费、待业保险费、住房公积金、物业管理费、研究费用等。

商业银行的营业成本和费用，是以货币价值的形式表现出来，共同构成商业银行的成本。银行的成本反映了银行为经营而耗费的货币数量，是计算商业银行经营成果的基础。

为了保证商业银行损益的真实性，只有同商业银行业务经营活动有关的各项支出，才能计入成本；同商业银行业务经营无关的支出，如固定资产盘亏、毁损、报废净损失，各种赞助、捐赠支出、各项罚款等，均不能计入商业银行成本，而应在商业银行的营业外支出或税后利润中列支。

要正确区分成本和费用的开支范围，认真遵循一致性原则，注意使成本支出同收入保持合理配比，这是加强商业银行财务管理的重要内容，也是正确进行财务收支核算、真实反映商业银行成本的主要方面。

二、商业银行经营费用的确认

商业银行应遵循权责发生制和收入费用配比原则确认经营费用。依据权责发生制，凡属本期发生的费用，无论其款项是否支付，均确认为本期费用；反之，不属于本期发生的费用，即使其款项在本期支付，也不能确认为本期的费用。因此，商业银行必须分清本期经营费用和下期经营费用，不得任意预提和摊销费用。所谓配比原则，是根据收入与费用的内在联系，要求将一定时期内的收入与取得该收入所发生的费用在同一期间进行确认和计量。因此，商业银行经营费用的确认是与经营收入密切相关的。

根据收入与费用的相关程度，费用可以分为以下三类。

（一）直接费用

直接费用是指直接为取得营业收入而发生的费用，即与当期的营业收入有直接因果关系的费用，如利息支出、手续费及佣金支出等。在确认营业收入的当期，就可以直接确认这些营业费用。

（二）期间费用

期间费用是指那些仅仅有助于当期营业收入的实现，或者数额不大，不便于或不值得在各期分配的费用，如业务招待费等。期间费用在发生时即可确认为费用，与当期的营业收入相配比。

（三）跨期费用

跨期费用是指受益期限在一个会计期间以上的费用，即应当按照配比原则，按规定方法在受益期间进行分配的费用，如固定资产折旧费等。跨期费用发生后不能直接确定为当期费用，要采用系统而合理的方法，将资产成本在各受益期内进行分摊，计入各期费用，从各期收入中得到补偿。

三、商业银行成本费用的内容

商业银行的成本费用按照与经营业务的关系，可分为营业支出、营业税金及附加、营业外支出等三大类。

（一）营业支出

1. 利息支出

利息支出是指商业银行由于吸收的各种存款（单位存款、个人存款、信用卡存款、特种存款和转贷款资金等）、与其他金融机构（中央银行、同业等）之间发生资金往来业务、卖出回购金融资产等产生的利息支出以及按期分摊的未确认融资费用等。

2. 手续费及佣金支出

手续费及佣金支出是指商业银行发生的各项手续费、佣金等支出。

3. 业务及管理费

业务及管理费是指商业银行在业务经营和管理过程中所发生的各项费用，包括折旧费、业务宣传费、业务招待费等在内的各项费用。

4. 其他业务支出

其他业务支出是指商业银行除主营业务活动以外的其他经营活动所发生的支出，包括出租固定资产的累计折旧、出租无形资产的累计摊销等。

（二）营业税金及附加

营业税金和附加是指商业银行经营活动发生的营业税、消费税、城市维护建设税、资源税和教育费附加等相关税费。

（三）营业外支出

营业外支出是指商业银行发生的与其经营活动无直接关系的各项净支出，包括处置非流动资产损失、非货币性资产交换损失、债务重组损失、罚款支出、捐赠支出、非常损失等。

四、商业银行成本费用的核算

（一）营业支出的核算

营业支出是商业银行在经营业务活动过程中发生的各种支出，包括利息支出、手续费及佣金支出、业务及管理费和其他业务支出等项目。商业银行营业支出是在当期营业收入中能够得以补偿的成本性支出。因此,对上述支出发生时必须及时、准确地进行核算。

由于商业银行业务活动种类繁多,性质不同,无法一一介绍每类活动的核算。因此,仅以商业银行主要业务为例,说明其会计核算。

1. 利息支出的核算

利息支出是商业银行吸收的各种存款、与其他金融机构之间发生资金往来业务、卖出回购金融资产等产生的利息支出以及按期分摊的未确认融资费用。为反映利息支出的增减变动情况,设置"利息支出"科目进行核算。"利息支出"科目属于损益类科目,按照利息支出项目进行明细核算。预提应付利息时,借记本科目,贷记"应付利息"科目;实际支付各项利息时,借记本科目或"应付利息"科目,贷记"库存现金"等有关科目;余额应反映在借记,期末本科目的余额结转利润时,借记"本年利润"科目,贷记本科目。随期末结转利润,本科目应无余额。

(1)利息支出的明细科目。"利息支出"科目的明细科目为:① 同业存放利息支出;② 向中央银行借款利息支出;③ 吸收存款利息支出;④ 卖出回购金融资产利息支出;⑤ 发行债券利息支出;⑥ 其他利息支出等。

(2)利息支出的账务处理:

① 发生利息支出时,其会计分录如下:

借:利息支出——××利息支出户
　　贷:库存现金(或××活期存款)——××户

② 预提应付利息时,商业银行在资产负债表日,按金融工具确认和计量准则计算确定的各项利息费用的金额,借记本科目,按合同约定的名义利率计算确定的应付利息的金额,贷记"应付利息"、"卖出回购金融资产款"等科目,按其差额,借记或贷记"吸收存款——溢折价"等科目。其会计分录如下:

借:利息支出——××利息支出户
　　吸收存款——折价
　贷:应付利息(或卖出回购金融资产)

或　借:利息支出——××利息支出户
　　贷:应付利息(或卖出回购金融资产)
　　　　吸收存款——溢价

③ 实际支付已预提的应付利息时,其会计分录如下:

借：应付利息

　　贷：吸收存款——××户

④ 期末结转利润时，其会计分录如下：

借：本年利润

　　贷：利息支出——××利息支出户

2. 手续费及佣金支出的核算

手续费及佣金支出是商业银行发生的各项手续费、佣金等支出。手续费及佣金支付方式有两种：一是现金支付；二是转账支付。

为了反映手续费及佣金支出的增减变化情况，设置"手续费及佣金支出"科目。该科目属于损益类科目，按照支出类别进行明细核算。发生各项手续费及佣金支出时，借记本科目，贷记有关科目；期末本科目余额结转利润时，借记"本年利润"科目，贷记本科目。余额应反映在借方，期末结转利润后，本科目应无余额。

(1) 手续费及佣金支出的明细科目。"手续费支出"科目的明细科目可设置为：① 手续费支出；② 佣金支出；③ 证券经纪业务支出；④ 其他支出等。

(2) 手续费及佣金支出的账务处理：

① 发生手续费及佣金支出时，其会计分录如下：

借：手续费及佣金支出——××手续费支出户

　　贷：存放中央银行款项（或存放同业或现金或应付账款等科目）

② 期末按"手续费及佣金支出"科目余额结转时，其会计分录如下：

借：本年利润

　　贷：手续费及佣金支出——××手续费支出户

3. 业务及管理费用的核算

业务及管理费用是指商业银行在业务经营和管理过程中所发生的各项费用，包括的费用如上所述。

为了核算营业费用的增减变动情况，设置"业务及管理费用"科目。该科目属于损益类科目，按照费用项目进行明细核算。发生各项费用时，借记本科目，贷记"库存现金"、"应付职工薪酬"、"应付税费"、"其他应付款"等有关科目；期末本科目余额结转利润时，借记"本年利润"科目，贷记本科目。有余额应反映在借方，期末结转利润后，本科目应无余额。

(1) 营业费用的明细科目。由于营业费用的项目繁杂，因此，"业务及管理费用"科目按费用项目进行明细核算,其明细科目可设置为:① 业务宣传费;② 业务招待费;③ 业务管理费等。

（2）营业费用的账务处理。

第一,业务宣传费。商业银行为了更好地开展业务,必须做好宣传工作,以吸引客户。如设置定点宣传栏、印发宣传资料、配合有关业务不定期上街宣传等,在这些活动中发生的业务宣传费实行比例控制。业务宣传费应按期如实列支,不得预提。发生宣传费时,其会计分录如下:

借:业务及管理费用——业务宣传费户
　　贷:银行存款(或库存现金)

第二,业务招待费。业务招待费是商业银行业务经营的合理需要而发生的公关费用。业务招待费实行分档次按比例控制,必须当期如实列支,不得预提。发生业务招待费时,其会计分录如下:

借:业务及管理费用——业务招待费户
　　贷:银行存款(或库存现金)

第三,业务管理费。业务管理费是商业银行在业务管理工作中发生的各项费用。业务管理费包含的内容很多,一般根据费用的具体项目设置更详细的明细账进行核算。发生业务管理费时,其会计分录如下:

借:业务及管理费用——××费用户
　　贷:应付工资(或应付福利费或其他应付款等科目)

上述有关业务宣传费、业务招待费、业务管理费等,在期末应按规定结转本年利润。结转时,其会计分录如下:

借:本年利润
　　贷:业务及管理费用——××费用户

4. 其他业务支出的核算

其他业务支出是指商业银行除主营业务活动以外的其他经营活动所发生的支出,包括出租固定资产的累计折旧、出租无形资产的累计摊销等。

为了反映其他业务支出的增减变化情况,设置"其他业务支出"科目。该科目属于损益类科目,按照其他业务支出的种类进行明细核算。发生各项其他业务支出时,借记本科目,贷记有关科目;期末本科目余额结转利润时,借记"本年利润"科目,贷记本科目。余额应反映在借方,期末结转利润后,本科目应无余额。

（1）其他业务支出的明细科目。"其他业务支出"科目的明细科目可设置为：① 出租固定资产的累计折旧；② 出租无形资产的累计摊销等。

（2）其他业务支出的账务处理：

① 发生其他业务支出时，其会计分录如下：

借：其他业务支出——××户

　　贷：累计折旧或累计摊销等科目

② 期末按"其他业务支出"科目余额结转时，其会计分录如下：

借：本年利润

　　贷：其他业务支出——××户

（二）营业税金及附加的核算

营业税金和附加是指商业银行经营活动发生的营业税、消费税、城市维护建设税、资源税和教育费附加等相关税费。商业银行必须根据国家税法的规定，按适用税率或费率交纳各种税收或附加费，主要有营业税、城市维护建设税和教育费附加。

营业税是国家对以营利为目的的企业单位或个人就其营业收入和提供劳务收入而征收的一种税收。它是按照营业额和规定的税率计算应纳税额。根据税法规定，商业银行作为经营货币信用业务的特殊企业，也应向国家税务机关缴纳营业税款和其他税款，依法纳税是商业银行的义务。目前商业银行以其营业收入扣除金融企业往来收入为缴纳营业税的计税依据。其计算公式如下：

应纳营业税＝（营业收入－金融企业往来收入）×营业税率

城市维护建设税是国家为加强城市维护建设，扩大和稳定城市维护建设资金的来源而征收的一个税种，其性质属于附加税。商业银行应以缴纳的营业税为课税对象，缴纳城市维护建设税。其计算公式如下：

城市维护建设税＝应纳营业税额×适用税率

教育费附加是为了加快发展地方教育事业，扩大地方教育的来源而征收的一个税种。教育费附加是以商业银行实际缴纳营业税额的一定比例计交的用于地方教育事业的费用附加。其计算公式如下：

教育费附加＝应纳营业税额×适用费率

为了核算反映营业税金及附加的增减变动情况，设置"营业税金及附加"

科目。该科目属于损益类科目,用于核算商业银行缴纳的按规定计算确定的与经营活动相关的税费。期末终了,按规定计算出本期应纳的各项税金,借记本科目,贷记"应交税费"科目;结转利润时,借记"本年利润"科目,贷记本科目。余额应反映在借方,期末结转利润后,本科目应无余额。房产税、车船使用税、土地使用税、印花税在"管理费用"等科目核算,不在本科目核算。

1. 营业税金及附加的明细科目

"营业税金及附加"科目的明细科目可设置为:① 营业税;② 城市维护建设税;③ 教育费附加等。

2. 营业税金及附加的账务处理

(1)商业银行期末计提应纳营业税金及附加时,其会计分录如下:

借:营业税金及附加
　　贷:应交税费——应交营业税户
　　　　　　　　——应交城市维护建设税户
　　　　　　　　——教育费附加户

(2)商业银行实际交纳营业税金及附加时,其会计分录如下:

借:应交税费——应交营业税户
　　　　　　——应交城市维护建设税户
　　　　　　——教育费附加户
　　贷:存放中央银行款项

(3)期末结转利润时,其会计分录如下:

借:本年利润
　　贷:营业税金及附加

(三)营业外支出的核算

营业外支出是指商业银行发生的与业务经营无直接关系的各项净支出,包括:处置非流动资产损失、非货币性资产交换损失、债务重组损失、罚款支出、捐赠支出、非常损失等。

为了核算反映实际发生的与业务经营没有直接关系的各项支出,设置"营业外支出"科目。该科目属于损益类科目,按照支出项目进行明细核算。发生各项营业外支出时,借记本科目,贷记"库存现金"等有关科目。期末本科目余额结转利润时,借记"本年利润"科目,贷记本科目。余额平日在借方,反映商业银行发生的营业外支出的累计数额,随着结转利润后,本科目应无余额。

1. 营业外支出的明细科目

商业银行按规定在"营业外支出"科目下,按支出项目设置明细科目:① 处置非流动资产损失;② 非货币性资产交换损失;③ 债务重组损失;④ 罚款支出;⑤ 捐赠支出;⑥ 非常损失等。

2. 营业外支出的账务处理

(1) 发生各项营业外支出时,根据有关凭证,编制借、贷方记账凭证。其会计分录如下:

借:营业外支出——××户
　　贷:库存现金(或待处理财产损溢或固定资产清理等科目)

(2) 期末本科目余额结转利润时,其会计分录如下:

借:本年利润
　　贷:营业外支出——××户

第四节　利润及利润分配的核算

一、商业银行利润及利润分配概述

（一）利润与利润分配

利润是指商业银行在一定会计期间的经营成果,其包括收入减去费用后的净额、直接计入当期利润的利得和损失等。它是商业银行经营成果的综合反映,是衡量商业银行经营管理的重要综合指标。它反映了商业银行在一定会计期间的经营业绩和获利能力,反映了商业银行的投入产出效率和经济效益,有助于商业银行投资者和债权人据此进行盈利预测,评价商业银行经营绩效,做出正确的决策。

利润分配是通过确定的利润分配原则,对商业银行实现的利润按一定程序进行分配,或对亏损进行弥补。

利润与利润分配的关系是:利润是商业银行在一定时期财务成果的综合反映,而利润分配则是对利润的归结,反映为国家积累、商业银行积累、向投资者分配的关系。利润是利润分配的基础,没有利润也就不存在利润分配;而利润分配则是商业银行财务成果的延伸,通过利润分配使商业银行形成积累或弥补亏损,增强经营后劲,以取得更佳的经济效益。

（二）商业银行利润的作用

在我国,商业银行与其他企业一样,都是讲究经济效益的,并且商业银行利润不仅是自身存在和发展的基础,也是我国财政收入的重要组成部分,所以加强对商业银行的利润管理,不仅对商业银行经营管理乃至对整个国民经济的建设都有重要作用。

1. 利润及其计量可反映商业银行的主要经营成果

会计上的利润确定包括收入和费用的配比,而收入和费用又是银行经营活动的主要表现,通过利润的计量,能够较全面地反映出商业银行的经营过程及其成果。

2. 利润是纳税的基础

无论是我国还是西方国家,均以实现的利润作为纳税的基础,而税收是国家预算收入的主要来源,是确保国家机构正常运转的主要支柱。

3. 利润是投资者进行投资决策的重要因素

投资人的主要目的在于获取既定风险条件下的最大投资报酬率,存款人则要了解商业银行归还存款的可靠性,这涉及到对商业银行获利能力的判断。利润指标正是商业银行获利能力的一个重要显示器,直接反映银行的盈余水平和获利能力,是投资者进行投资决策必不可少的重要信息。

4. 利润是进行财务预测的重要手段

投资者、存款人和其他有关人士需要了解商业银行的货币资金流入量的有关信息,以此推断未来货币资金流入量的时间分布。而商业银行过去经营活动所带来的利润额在预测未来的货币资金流量或盈利水平过程中,起着非常有用的作用,特别是利润构成中的营业利润,是在同样经营条件下可重复再生的利润,具有较大的预测价值。

5. 利润是经营效率的衡量标尺

商业银行的利润数字可以反映经营管理者的工作业绩和经营效率,因为财务报表的一个目标是向报表使用者提供判断和评价经营者有效利用资源以实现商业银行主要经营目标的能力,而利润指标包含有直接达到主要经营目标的努力和成就。

二、商业银行利润的组成

根据新《企业会计准则》的规定,商业银行利润由营业利润、利润总额和净利润组成。

(一) 营业利润

营业利润是商业银行主要的利润来源,它是日常经营活动所产生的利润,是利润总额的主要组成部分,能够比较清楚地反映经营者的经营业绩。商业银行的营业利润是营业收入减去营业成本和业务及管理费用加上公允价值变动净收益、投资净收益和汇兑净收益后的净额。其计算公式如下：

$$\frac{营业}{利润} = \frac{营业}{收入} - \frac{营业}{成本} - \frac{业务及}{管理费用} - \frac{营业税金}{及附加} - \frac{资产减}{值损失}$$

$$+ \frac{公允价值}{变动净收益} + \frac{投资}{净收益} + \frac{汇兑}{净收益}$$

营业利润包括公允价值变动净收益、投资净收益和汇兑净收益，这是商业银行与企业的主要区别。由于商业银行是进行资金融通的特殊企业，所经营的是特殊商品——货币，使得外汇业务、投资业务成为的重要业务之一，其收益属于商业银行正常经营收入，在商业银行利润组成中占到较大的比重。因此，商业银行的公允价值变动净收益、投资净收益和汇兑净收益应该被包括在营业利润里，公允价值变动净收益、投资净收益和汇兑净收益也在损益表中的营业收入项目内反映。

（二）利润总额

利润总额是指营业利润减去营业税金及附加，加上营业外收入，减去营业外支出后的金额。其计算公式如下：

$$利润总额 = 营业利润 + 营业外收入 - 营业外支出$$

这里的营业外收入和营业外支出，是指商业银行发生的与经营业务活动无直接关系的各项收入和各项支出。这些收入或支出是日常经营活动以外偶然发生的，而且各项收入和支出之间彼此独立，没有相互对应关系。营业外收支虽然不是商业银行经常发生的经济利益的流动，但它是商业银行利润的组成部分，对商业银行的利润总额和净利润都有一定影响。

（三）净利润

净利润是指扣除资产损失后的利润总额减去所得税后的余额。其计算公式如下：

$$净收益 = 利润总额 - 所得税$$

所得税是指商业银行应计入当期损益的所得税费用。

三、商业银行所得税费用的核算

（一）所得税费用核算的基本要求

1. 递延所得税资产、递延所得税负债的确认。

所得税费用核算是以企业的资产负债表及其附注为依据，结合相关账簿资料，分析计算各项资产、负债的计税基础，通过比较资产、负债的账面价值与其计税基础之间的差异,确定应纳税暂时性差异和可抵扣暂时性差异。

资产的账面价值大于其计税基础或者负债的账面价值小于其计税基础,产生应纳税暂时性差异;资产的账面价值小于其计税基础或者负债的账面价值大于其计税基础,产生可抵扣暂时性差异。按照税法规定允许抵减以后年度利润的可抵扣亏损,视同可抵扣暂时性差异。

按照暂时性差异与适用所得税税率计算的结果,确定递延所得税资产、递延所得税负债以及相应的递延所得税费用。其中,确认由可抵扣暂时性差异产生的递延所得税资产,应当以未来期间很可能取得用来抵扣可抵扣暂时性差异的应纳税所得额为限,该应纳税所得额为未来期间企业正常生产经营活动实现的应纳税所得额,以及因应纳税暂时性差异在未来期间转回相应增加的应税所得,并应提供相关的证据。

2. 递延所得税资产、递延所得税负债的转回

递延所得税负债和递延所得税资产确认后,相关的应纳税暂时性差异或可抵扣暂时性差异于以后期间转回的,应当调整原已确认的递延所得税资产、递延所得税负债以及相应的递延所得税费用。

3. 所得税费用在利润表中的列示

利润表中应当单独列示所得税费用。所得税费用由两部分内容构成:一是按照税法规定计算的当期所得税费用(当期应交所得税),二是按照上述规定计算的递延所得税费用,但不包括直接计入所有者权益项目的交易和事项以及企业合并的所得税影响。

所得税费用核算的关键在于确定资产、负债的计税基础,资产、负债的计税基础一经确定,即可计算暂时性差异并在此基础上确认递延所得税资产、递延所得税负债以及递延所得税费用。

（二）资产、负债的计税基础

1. 资产的计税基础

资产的计税基础是指企业收回资产账面价值过程中,计算应纳税所得额时按照税法规定可以自应税经济利益中抵扣的金额。通常情况下,资产取得时其入账价值与计税基础是相同的,后续计量因会计准则规定与税法规定不同,可能造成账面价值与计税基础的差异。例如,各项资产如发生减值,提取的减值准备。按照会计准则规定,资产的可变现净值或可收回金额低于其账面价值时,应当计提相关的减值准备;税法规定,企业提取的减值准备一般不能税前抵扣,只有在资产发生实质性损失时才允许税前扣除,产生了资产的账

面价值与计税基础之间的差异即暂时性差异。

2. 负债的计税基础

负债的计税基础是指负债的账面价值减去未来期间计算应纳税所得额时按照税法规定可予抵扣的金额。一般而言,短期借款、应付票据、应付账款、其他应交款等负债的确认和偿还,不会对当期损益和应纳税所得额产生影响,其计税基础即为账面价值。某些情况下,负债的确认可能会涉及损益,进而影响不同期间的应纳税所得额,使得其计税基础与账面价值之间产生差额,如因或有事项确认的预计负债。会计上对于预计负债,按照最佳估计数确认,计入相关资产成本或者当期损益。按照税法规定,与预计负债相关的费用多在实际发生时税前扣除,该类负债的计税基础为零,形成会计上的账面价值与计税基础之间的暂时性差异。商业银行应于每个资产负债表日,对资产、负债的账面价值与其计税基础进行分析比较,两者之间存在差异的,按照重要性原则,确认递延所得税资产、递延所得税负债及相应的递延所得税费用。商业银行合并等特殊交易或事项中取得的资产和负债,应在购买日比较其入账价值与计税基础,计算确认相关的递延所得税资产或递延所得税负债。

(三)所得税费用的计算

商业银行在计算确定当期应交所得税以及递延所得税费用(或收益)以后,利润表中的所得税费用为两者之和。即:所得税费用=当期所得税费用+递延所得税费用(-递延所得税收益)。

(四)递延所得税的特殊处理

某些情况下,递延所得税产生于直接计入所有者权益的交易或事项,或者产生于商业银行合并中因资产、负债的账面价值与其计税基础之间的差异。这类交易或事项中产生的递延所得税,不影响利润表中确认的所得税费用,其所得税影响应视情况分别确认。

1. 直接计入所有者权益的交易或事项产生的递延所得税

直接计入所有者权益的交易或事项的所得税影响,无论是对当期所得税的影响还是递延所得税的影响,均应计入所有者权益。

2. 商业银行合并中产生的递延所得税

因会计准则规定与税法规定,对企业合并类型的划分标准不同,某些情况下会造成合并中取得资产、负债的入账价值与其计税基础的差异。因合并产生的应纳税暂时性差异或可抵扣暂时性差异的影响,应在确认递延所得税负债或递延所得税资产的同时,相应调整合并中应予确认的商誉。

（五）所得税费用的核算

1. 账户设置

为了核算反映商业银行根据所得税准则确认的应从当期利润总额中扣除的所得税费用，设置"所得税"科目。该科目属于损益类科目，按照"当期所得税费用"、"递延所得税费用"进行明细核算。发生各项所得税费用时，借记本科目，贷记"库存现金"等有关科目。期末本科目余额结转利润时，借记"本年利润"科目，贷记本科目。余额平日在借方，随着结转利润后，本科目应无余额。

商业银行对所得税费用进行会计处理时，应设置如下账户：①"应交税费——应交所得税"账户：核算应交未交所得税费用；②"所得税"账户：核算计入当期损益的所得税费用；③"递延所得税资产"账户：核算递延所得税资产的发生及转回；④"递延所得税负债"账户：核算递延所得税负债的发生及转回。

2. 所得税费用的账务处理

商业银行在计算出当期应交所得税金额、确认的递延所得税资产、确认的递延所得税负债、确认的递延所得税资产的变动和确认的递延所得税负债的变动之后，即应进行相应的账务处理。

（1）资产负债表日，企业按照税法计算确定的当期应交所得税金额，其会计分录如下：

借：所得税——当期所得税费用
　　贷：应交税费——应交所得税

（2）在确认相关资产、负债时，根据所得税准则确认的递延所得税资产，其会计分录如下：

借：递延所得税资产
　　贷：所得税——递延所得税费用(或资本公积——其他资本公积)

根据所得税准则确认的递延所得税负债，其会计分录如下：

借：所得税——递延所得税费用(或资本公积——其他资本公积)
　　贷：递延所得税负债

（3）资产负债表日，根据所得税准则确认的递延所得税资产变动，若变动大于"递延所得税资产"科目余额的差额时，其会计分录如下：

借：递延所得税资产
　　贷：所得税——递延所得税费用(或资本公积——其他资本公积)

若变动小于"递延所得税资产"科目余额的差额时,则作相反的会计分录。

(4) 资产负债表日,根据所得税准则确认的递延所得税负债变动,若变动大于"递延所得税负债"科目余额的差额时,其会计分录如下:

借:所得税——递延所得税费用(或资本公积——其他资本公积)
　　贷:递延所得税负债

若变动小于"递延所得税负债"科目余额的差额时,则作相反的会计分录。

(5) 期末本科目余额结转利润时,其会计分录如下:

借:本年利润
　　贷:所得税——××户

四、商业银行利润分配政策

根据我国有关法规的规定,一般商业银行每期实现的净利润,首先是弥补以前年度尚未弥补的亏损,然后应按下列顺序进行分配:① 提取法定盈余公积。② 提取法定公益金(从事存贷款业务的商业银行,按规定提取的一般准备也应作为利润分配处理;外商投资商业银行应当按照法律、行政法规的规定,按净利润提取储备基金、企业发展基金、职工奖励及福利基金等)。③ 应付优先股股利。这是指商业银行按照利润分配方案分配给优先股股东的现金股利。④ 提取任意盈余公积。这是指商业银行按照规定提取任意盈余公积。⑤ 应付普通股股利。这是指商业银行按照利润分配方案分配给普通股股东的现金股利。商业银行分配给投资者的利润,也在本项目核算。⑥ 转作资本(或股本)的普通股股利。这是指商业银行按照利润分配方案以分派股票股利的形式转作的资本(或股本)。商业银行以利润转增的资本,也在本项目核算。

可供投资者分配的利润,在经过上述分配后,即为未分配利润(或未弥补亏损)。未分配利润可留待以后年度进行分配。如发生亏损,可以按规定由以后年度利润进行弥补。商业银行未分配的利润(或未弥补的亏损)应当在资产负债表的所有者权益项目中单独反映。

五、利润及利润分配的核算

商业银行一般应按月计算利润,按月计算利润有困难的,可以按季或者按年计算利润。与此同时,还应计算每一会计期间的所得税费用,并按照国家的有关规定,计算交纳所得税。对于实现的利润和利润分配情况,商业银行应当分别核算,利润及利润分配各项目应当设置明细账,进行明细核算。商业银行提取的法定盈余公积、法定公益金(或提取的储备基金、银行发展基金)、分配的优先股股利、提取的任意盈余公积、分配的普通股股利、转作资本（或股本）的普通股股利，以及年初未分配利润（或未弥补亏损）、期末未分配利润（或未弥补亏损）等，均应在利润分配表中分别列项予以反映。

（一）本年利润的核算与结转

为了反映商业银行利润的形成过程和组成内容，应当设置"本年利润"科目，对每期实现的净利润（或发生的净亏损）进行核算。

"本年利润"科目属所有者权益科目。期末，将各项损益类科目的余额，转入"本年利润"科目。将收入类科目的余额，转入"本年利润"科目的贷方；将支出类科目的余额，转入"本年利润"科目的借方。最后，结平各项损益类科目。结转后，"本年利润"科目如为贷方余额，表明收入大于支出，即为本期利润总额；"本年利润"科目如为借方余额，表明收入小于支出，则为本期亏损总额。

年度终了，将"本年利润"科目的余额全数转入"利润分配——未分配利润"账户。结转后，该账户无余额。

商业银行结转"本年利润"科目期末（月末、季末、年末）余额的方法有两种：① 账结法；② 表结法。按照规定，应按季计算盈亏，年终结转损益。

1. 采用"账结法"结转商业银行利润

"账结法"是指通过设置"本年利润"科目，核算当年实现的利润或亏损总额，商业银行利润直接在"本年利润"科目中结转并反映出来。

商业银行应于每月月末（季末）将各损益类科目的余额转入"本年利润"科目，结转后，各损益类账户余额为零。然后结算出"本年利润"科目借、贷方发生额的差额，如果是贷方差额，即为本期的利润额，以及本年累计利润总额；如果为借方差额，则为本期的亏损额，以及本年累计亏损总额。

商业银行结转损益类各科目时，其会计分录如下：

借：利息收入
　　手续费及佣金收入
　　租赁收入
　　其他业务收入
　　汇兑收益
　　公允价值变动损益
　　投资收益
　　营业外收入
　贷：本年利润

借：本年利润

　　贷：利息支出

　　　　手续费及佣金支出

　　　　其他业务支出

　　　　业务及管理费用

　　　　营业税金及附加

　　　　营业外支出

　　　　所得税

年终通过"本年利润"结出的利润（或亏损）总额应全数转入"利润分配"科目下设立的"未分配利润"账户。

年终决算日按规定结平"本年利润"科目时，其会计分录如下：

借：本年利润

　　贷：利润分配——未分配利润户

或　　借：利润分配——未分配利润户

　　　　贷：本年利润

结转后，"本年利润"科目无余额。

"账结法"的优点是各月均可通过"本年利润"科目提供其当期利润额，记账业务程序完整。但从实用角度讲，采用"账结法"增加了编制结转损益分录的工作量。

2. 采用"表结法"结转商业银行利润

"表结法"是指在月末、季末计算利润（或亏损）时，不通过"本年利润"账户，而是通过编制损益表直接计算出来，反映本期现实的利润或亏损。这种"表结法"用于月末和季末对利润的反映。

如果采用"表结法"每月结账时，损益类各科目的余额，不需要结转到"本年利润"科目，只是在年度终了进行年度决算时，才用"账结法"结出损益类各科目的全年累计余额及其构成情况。所以，每月结账时，只要结出各损益类科目的累计余额，就可以直接根据这些余额，逐项填入"损益表"，通过"损益表"计算出从年初到本月末为止的本年累计利润，然后，减去上月末本表中的本年累计利润数，就是本月份的利润或亏损总额。

在采用"表结法"的情况下，每月、每季编制资产负债表时，如果平时不进行利润分配，表内"未分配利润"项目应填制"损益表"中的利润总额与"未分配利润"科目余额的合计数；如果平时进行利润分配，应根据"损益表"中的"利润总额"与"利润分配"的差额来填制资产负债表中的"未分配利润"项目。

"表结法"在平时直接在利润表结转,省去了转账环节并可以从科目余额得出本年累计的指标,同时并不影响利润表的编制及有关损益指标的利用。

综上所述,采用"表结法"计算利润,"本年利润"科目平时不用,年终使用;采用"账结法",每月使用"本年利润"科目。无论采用哪种方法,年度终了时,都必须将"本年利润"科目结平,转入"利润分配——未分配利润"科目。结转后,"本年利润"科目应无余额。

年末转账,如为盈利,其会计分录如下:

　　借:本年利润
　　　贷:利润分配——未分配利润户

如为亏损,则会计分录如下:

　　借:利润分配——未分配利润户
　　　贷:本年利润

（二）利润分配的核算

利润分配是将商业银行所实现的利润总额,按照有关法规和投资协议所确认的比例,在国家、商业银行、投资者之间进行分配。商业银行实现的利润总额,首先要依法缴纳所得税,税后利润才能按规定的分配顺序进行分配。

1. 利润总额的调整

根据制度规定,商业银行的利润总额在依法纳税前可以进行调整。调整方法是:

（1）盈亏互补。按照国家规定,如果商业银行年度中发生亏损,允许用交纳所得税前的利润弥补,但连续弥补期不得超过五年,五年内未能连续弥补完的亏损,只能用交纳所得税后的利润弥补。

（2）按照国家有关规定允许商业银行在交纳所得税前增减有关收入或支出的项目,如对上年决算按国家规定进行调整;为避免对投资收益重复征税,在确定应税利润时,对已税收益加以扣除等。

2. 商业银行利润分配的顺序

商业银行缴纳所得税后,在抵补商业银行已缴纳的在成本和营业外支出中无法列支的有关惩罚性或赞助性支出,以及弥补商业银行以前年度亏损的基础上,可对税后利润进行分配,但必须遵循下述分配顺序:① 提取法定盈余公积金;② 提取公益金;③ 应付优先股股利;④ 提取任意盈余公积;⑤ 应付普通股股利;⑥ 转作资本(或股本)的普通股股利。

3. 利润分配的核算

(1) 会计科目的设置。为了加强利润分配的核算,应设置"利润分配"科目。该科目属于所有者权益类,用于核算按规定分配的利润或应弥补的亏损和历年分配(或补亏)后的结存余额。借方反映各种利润分配事项,贷方反映抵减利润分配的事项,年末借方余额表示未弥补的亏损总额,贷方余额表示累计未分配利润总额。

"利润分配"科目的明细科目可设置为:① 提取法定盈余公积;② 提取法定公益金;③ 应付优先股股利;④ 提取任意盈余公积;⑤ 应付普通股股利;⑥ 转作股本的普通股股利;⑦ 盈余公积转入;⑧ 风险准备转入;⑨ 提取风险准备;⑩ 未分配利润等。

(2) 利润分配的账务处理。商业银行按规定进行利润分配时,根据业务内容将已分配的金额分别记入"利润分配"科目所属各明细科目的借方或贷方。年度终了,将"本年利润"转入"利润分配——未分配利润",同时,将"利润分配"科目其他明细科目的余额均转入"未分配利润"明细科目,结转后,"利润分配"科目下除"未分配利润"明细科目外,其他明细科目均无余额。"利润分配——未分配利润"若有贷方余额,反映历年累积的未分配利润数额;若有借方余额,则反映历年累积的未弥补亏损数额。具体核算如下:

第一,利润结转的核算。

将年度实现的利润总额转入"利润分配"账户,其会计分录如下:

借:本年利润

　　贷:利润分配——未分配利润户

如果是亏损总额,则作相反的会计分录。

第二,抵补各项滞纳金、罚款、罚息的核算。

为了用利益机制限制和约束商业银行的违规行为,国家规定,商业银行因各种违规行为所受的处罚在其税后利润中列支,不得计入成本,其会计分录如下:

借:利润分配——罚没损失户

　　贷:其他应付款

支付各项罚款、罚息时,其会计分录如下:

借:其他应付款

　　贷:存放中央银行款项(或有关科目)

第三,盈余公积补亏的核算。

用盈余公积补亏损,其会计分录如下:

借:盈余公积
　　贷:利润分配——盈余公积补亏户

第四,提取法定盈余公积的核算。

提取法定盈余公积金,其会计分录如下:

借:利润分配——提取法定盈余公积户
　　贷:盈余公积——盈余公积金户

提取公益金,其会计分录如下:

借:利润分配——提取法定公益金户
　　贷:盈余公积——公益金户

第五,向优先股股东、普通股股东等投资者分配利润的核算。

支付优先股股东、普通股股东等投资者股利,其会计分录如下:

借:利润分配——应付优先股(普通股)股利户
　　贷:应付利润

第六,提取一般风险准备的核算。

提取一般风险准备,其会计分录如下:

借:利润分配——提取风险准备户
　　贷:一般风险准备

第七,按上顺序全部分配完毕后,要将"利润分配"科目所有已分配利润各明细的余额结转到"未分配利润"明细科目,其会计分录如下:

借:利润分配——未分配利润户
　　贷:利润分配——罚没损失户
　　　　　　——提取法定盈余公积户
　　　　　　——提取法定公益金户
　　　　　　——应付优先股(普通股)股利户
　　　　　　——提取任意盈余公积户
　　　　　　——提取风险准备户

第十二章

商业银行年终决算及财务报表

第一节 年度决算概述

我国银行的会计年度,根据会计法的规定,每年从 1 月 1 日起至 12 月 31 日止为一个会计年度,并规定每一个会计年度要办理一次决算。凡实行独立核算的行、处,以每年 12 月 31 日为银行的年度决算日,办理年度决算。非独立核算单位的处、所,则通过并账或并表方式,由其管辖行负责合并办理年度决算。各独立核算单位决算完毕后,要逐级汇总到上级行,最后由总行办理全行的汇总年度决算。

一、年度决算的意义

银行的年度决算是根据日常会计记录,运用会计核算资料,通报表资料全面总结和分析全年银行各项业务活动情况和考核经营成果的一项综合性工作。真实、完整、及时地做好年度决算这项工作,对于分析了解全年业务和财务活动情况,对于考核计划、总结工作经验,提高银行经营管理水平,保证会计工作质量,充分发挥银行会计的作用,都具有重要的意义。

(一)做好年度决算工作,有助于提高银行经营管理水平

银行的年度决算,是在日常账簿记录的基础上,运用核实、整理、调整等方法,把会计核算资料变成具有内在联系的年度综合指标体系,然后通过报表形式和必要的文字说明反映出来的。年度决算是对一年的银行业务活动和财务成果的总结和说明。根据年度决算,可以了解银行经营活动的全貌,掌握银行资产、负债及所有者权益的状况,可以检查各项计划的执行情况,可以分析资金的运用效益,预测业务的发展趋势,考核银行经济指标的完成情况,从而衡量银行工作所取得的成绩和存在的问题,以便总结经验,吸取教训,采取措施,

改进工作,推动银行改善经营、提高管理水平。

（二）做好年度决算工作,有助于加强宏观控制和调节

银行是全国范围的信贷、结算、现金出纳和外汇收支的中心。因此,银行会计日常记录的各项业务活动资料,是国民经济各部门、各单位经济活动的综合反映。银行办理年度决算,不仅是银行本身一年来的会计核算总结,而且是与国民经济各部门、各单位密切相联系的。通过年度决算,将一年来的账簿资料加以核实和整理,按全国统一会计科目进行归属,利用报表形式按行逐级汇总,可以集中地、系统地、全面地反映整个国民经济资金活动的综合情况,也可以通过对数据的分析,了解国家信贷资金的供求变化,使银行资金更好地适应国民经济发展的需要,为国家宏观经济决策提供信息资料,从而充分发挥银行调节社会经济生活、控制经济运行的作用。

（三）做好年度决算工作,可以检查银行对国家的方针、政策的贯彻执行情况

银行在办理各项业务核算过程中,直接体现国家的方针、政策的贯彻执行情况。因此,通过系统整理的年度决算资料,可以检查银行贯彻执行国家的方针、政策的情况,也可以为国家制定方针、政策和指导工作提供参考数据。

（四）做好年度决算工作,有助于提高会计工作质量

银行在办理年度决算过程中,要对全年银行业务活动和财务活动进行一次全面的核实和整理。所谓核实,是指账簿记录的内容同实际情况进行核对,包括银行与各开户单位对账,以及银行内部账据核对、账实核对、账账核对、账款核对和利息核对等。所谓整理,就是根据核实结果,发现差异,查明原因,进行调整,使会计记录与实际相一致。然后根据核实、整理的资料,编制数字真实和内容完整的年度决算报表,并使账表一致,完全相符。

通过核实、整理和总结检查,肯定日常会计工作的成绩,发现存在的问题,提出改进会计工作的措施,可以进一步提高会计工作的质量。

二、年度决算的步骤和要求

银行年度决算,按照工作的步骤,大体可分为两部分:（1）决算准备工作。（2）决算日办理结账、轧计损益和编制会计报表。

由于年度决算是会计工作的全面总结,涉及面广,政策性强,工作量大,质量要求高。其基本要求如下。

（一）坚持集中统一领导,各方密切配合的原则

银行的年度决算,是银行的一项综合性工作。它的数据资料、考核指标、报表体系,涉及会计、计划、信贷、出纳、行政等各个职能部门。因此,银行的年

度决算必须由行长集中统一领导,以会计部门为主,在各职能部门密切配合下进行。

(二)坚持会计核算资料的真实性、准确性和可靠性

会计核算的数字、资料必须真实、准确地反映银行业务和财务收支活动,绝不能篡改会计数据,伪造会计资料,搞虚假的会计平衡。因此,会计资料必须保证真实、准确和可靠。

(三)坚持会计报表编制的完整性、及时性和统一性

会计报表是年度决算的数字说明,必须按照财政部门和银行统一规定的要求进行编制。无论是全国统一规定的会计报表,还是银行内部规定的会计报表,都要真实、完整、及时地编报,不能任意取舍,不能漏填、漏报,而且必须在规定时间内编制完成,及时报送。

第二节　年度决算的准备工作

为了保证年度决算按时按质完成,一般在每年第四季度开始后着手进行年度决算的准备工作。其中总行要颁发办理当年决算工作的通知,提出当年决算中应注意的事项和相应的处理原则或要求,以便各基层行处有统一的遵循,保持上下一致。各分行则应根据总行通知精神,结合辖内具体情况,提出年度决算的具体要求,组织和督促辖内各独立会计核算单位,正确、及时办理年度决算。基层银行除按总行和分行下达的通知和要求布置办理外,应着重做好下列各项准备工作。

一、清理资金

(一)清理贷款资金

年度决算前,会计部门要与信贷部门密切配合,对各项贷款进行全面核对,力争如期收回或办理转期手续。如有逾期的,要通知信贷部门催收,对无法收回的呆滞贷款,应按上级行有关规定办理。

(二)清理结算资金

年度决算前,应对发出的和代收的委托收款、托收承付、商业汇票、代签银行汇票、应解汇款等结算资金进行全面清理。该划出的款项及时划出,应收回的要积极催收。对于应解汇款,则应积极联系解付,如经多方查找,确实无法解付并超过规定期限的,应按规定办理退汇。

(三)清理存款资金

在各类存款中,由于多种原因,有的存款户长期不发生收付活动。对这类

存款户,要逐户清理,查清原因,主动与有关部门联系,及时妥善处理,办理并户和销户手续。如对确实无法联系的"不动户",可按银行有关规定,转作其他应付款处理。

（四）清理内部资金

清理内部资金,主要是指清理其他应付款、其他应收款、待摊费用等。决算前,要逐项进行清理,该上交的上交,该收回的收回,该报损的报损,该转收益的转收益,该摊销的摊销,使内部资金减少到最低限度,经过清理,暂时无法解决的,要注明原因,以备日后查考和清理。

二、清理账务

（一）全面检查会计科目的运用情况

会计科目是各项业务核算分类的依据。只有正确运用,才能通过会计记录正确、真实地反映银行业务活动和财务收支状况,保证统一的核算口径和统一的会计核算指标,为信息使用者和经济管理工作者提供切实可靠的有关数据。在年度决算前,要检查当年各会计科目的应用情况。若发现科目运用不当,应立即进行调整。

（二）全面核对内外账务

为了保证决算质量,真实反映各项业务和财务活动情况,银行的内外账务必须做到真实、准确,切实做到账账、账款、账据、账实、账表、内外账务六相符。年度决算前,要对银行内部所有的账、簿、卡、据等进行一次全面检查和核对。检查和核对的内容是:各科目总账余额与分户账金额合计是否相符,贷款余额与借款借据金额是否相符,贵金属、外币等账面记载与库存实物是否相符,各存贷款科目余额与单位账户余额是否相符,库存现金账面结存数与实际库存现金结存数是否相符。如发现不符,应及时查明原因,在决算前予以更正。

（三）清理联行账务

对联行往来应认真进行清理。对其他商业银行之间的跨系统转汇款项,应及时办理清算以防积压.若有问题,应及时查清。

三、清理财产物资

（一）清查实物库存

对出售的凭证、有价单证和重要空白凭证进行一次全面清查,库存余额与实际库存要保持一致。如发现溢耗余缺等情况,应查明原因,按规定程序调整账面金额,做到账实相符。

（二）清理固定资产及低值易耗品

对房屋、器具、设备等固定资产以及各种低值易耗品应配合有关部门进行清查。凡未入账的应登记入账,已入账设卡的要逐一核对清楚。若发现余缺情况,应按规定予以处理,以保证账、卡、实物三相符。

四、核实收支

(一)复查利息计算是否正确

利息是银行财务收支的重要内容,关系到国家的方针、政策,涉及银行、企业的经济核算和群众的切身利益。因此,计息必须正确无误。对应计息的存贷款,均应将利息结算到 12 月 20 日止,对以前各季已结算的利息,应进行复查或检查。检查利率使用、积数计算、利息计算是否正确。如发现错计、漏计、重计等情况,应予以补收或补付,以保证利息计算正确无误。

(二)检查各项费用

费用开支直接关系到银行成本。在年度决算前,要对各项费用进行一次全面清查。主要检查费用是否按规定标准开支,费用列支项目是否正确,有无扩大开支范围、挤占业务支出等情况。如发现支付和摊销不符合准则制度或违反财经纪律,则要查明原因,予以纠正,以保证费用的正确核算。

(三)核实其他财务收支

除营业收支外,对其他非营业收支、金融机构往来收支等也要进行一次全面清查核实。发现不符,及时调整账务。

五、试算平衡

为了保证年度决算工作顺利进行,必须验证整个账务是否平衡。

在资金、账务、财产、收支核实的基础上,各办理决算的基层银行应根据 11 月底各科目总账的累计发生额和余额,编制试算平衡表。如果不平衡,应查明原因,以求平衡,为年终正式编制年度决算奠定坚实的基础。

第三节　年度决算工作的基本内容

银行的年度决算日规定在每年 12 月 31 日。无论是否例假日,均为银行的决算日。这一天对外营业终了后,根据决算日的有关数据,调整当日账务,结转损益,办理新旧账务的结转。主要工作如下。

一、核实年终账务、库存和结转损益

(一)全面核对账务

决算日这一天银行照常营业,当日发生的全部账务应于当日全部入账,收到的联行凭证或同城交换的票据应当日处理完毕,跨系统汇款要当日办理转汇清算,不得留待下年,以正确反映当年业务活动。中国人民银行与商业银行之间有关业务的划拨凭证,应纳入当日账内,保证双方各账户的存欠余额一致。决算日银行对外业务终了,当日账务处理结束,应将各科目总账与明细账进行全面、细致地核对,做到账账相符,以确保年度决算报表数字的准确性。

（二）检查各项库存

决算日营业终了,应由各行、处领导和有关人员,对库存现金、贵金属、外币以及其他重要的有价单证和有价物的实存数等,进行检查和核对,做到账款、账实相符。

（三）调整贵金属、外币记账价格

银行在决算日,黄金、外币的牌价如有变动,应按规定价格调整账面余额,其差额列入有关损益账户。

（四）结转损益

决算日营业终了,各基层独立会计核算单位的内外账务必须全部处理完毕,将财务收支各科目的总账、明细账的账面余额核对相符,根据各收入科目的分户账余额,按户分别填制转账借方传票,与本年利润科目的贷方对转;根据各支出科目的分户账余额,按户填制转账贷方传票,与本年利润科目的借方对转。各收入和各支出科目结转后,如果本年利润科目的余额在贷方,则为全年利润数;反之,本年利润科目的余额在借方,则为全年亏损数。

二、新旧账务的结转

各银行在决算日全部账务核对相符和结出全年损益后,应及时办理新旧账务的结转,更换新账页,为新年度启用新账做好准备。

（一）销账式账页的结转

对逐笔记入、逐笔销账的丁种账页,应先在旧账页未销各笔的销账日期栏内,加盖"结转下年"戳记,然后将未销各笔逐一过入新账页,并结出余额,在摘要栏加盖"上年结转"戳记。对新账页的记账日期,不论是在年终决算日内办理结转,还是在新年度开业前办理结转,应一律写新年度1月1日。对户名及发生日期均按旧账页抄转,以便查考。

（二）一般分户账页的结转

银行甲、乙、丙种格式的一般分户账的结转,应先在旧账页的最后一行余额下,加盖"结转下年"戳记,然后将最后余额过入新账页,并在新账页日期栏写明新年度1月1日,摘要栏则加盖"上年结转"戳记。此外,对余额已结清的账户,一般在在各账页最后一行的下面划一道红线,并在账页上加盖"结清"

戳记。

（三）总账的结转

总账平时每年更换一次，年终结转时，只将旧账余额过入新账的"上年底余额"栏内即可，其余手续比照月度结转方法处理。

年度决算结束后，不再使用的旧账页，应分别科目按账号顺序整理并装订成册，标明名称、年度、科目及编号等，按会计档案保管办法的规定，入库保管。

三、编报财务报告

决算日结束后，银行应在决算日或新年度开始后的最短期间内进行财务报告的编报工作，并按规定时间逐级审核汇总上报。商业银行年度决算报告工作主要是编制年度决算的会计报表及报表附注。会计年报主要有：业务状况报告表、资产负债表、利润表、现金流量表、所有者权益变动表及其附表等。商业银行的决算年报，一方面根据内部管理的需要，在系统内逐级汇总到总行，另一方面要按统一会计报表的要求，编制统一会计报表向系统外同级有关部门，如人民银行、财税、审计等部门报送。

第四节　财务报告概述

一、财务报告的意义

财务报告是银行向有关各方面及国家有关部门提供财务状况和经营成果的书面文件，是会计核算工作的结果，是银行经营活动的总结。

银行通过日常的记账、算账工作，把各项经济业务分类地登记在会计账簿中，这对于反映和控制日常经济业务和财务收支情况以及加强经济管理，是十分必要的。在账簿中记录的会计信息，虽然比会计凭证反映的信息更加条理化、系统化，但就某一会计期间经济活动的整体情况来说，所提供的信息仍是分散的、部分的会计信息，因而不能集中地揭示和反映该会计期间经营活动和财务收支的全貌。为了进一步发挥会计的职能作用，还必须定期对日常核算资料进行整理、分类、计算和汇总，编制成财务报告，以便集中概括地、系统全面地向有关方面报告活动的总体情况。由此可见，编制财务报告是会计工作一项重要内容，对于提高会计信息效用、加强银行经营管理和国民经济管理，都有重要的意义。

银行定期编制的财务报告，是以一定的指标体系，集中反映银行的资产、负债、信贷收支、成本费用、损益和现金流量等情况，特别是偿债能力和变现能力以及各种业务的风险程度，从而既为银行的管理者、投资者以及财政、税务、国有资产管理等政府管理部门和其他有关方面提供必要的财务信息,也为报表使用者了解、衡量、评价银行的财务状况、经营业绩以及银行的信誉等情况提供重要依据。财务报告所提供的信息,可以为银行未来的经营规划、决策提供可靠的依据,以利于加强和改善经营管理;国家经济宏观管理部门可以利用银行提供的财务报告,考核国民经济总体的运行情况,据以作出宏观调控的决策;投资者可以通过银行的财务报告,了解银行的财务状况,分析银行的偿还能力和盈利能力,作为投资、融资等决策的依据。

二、商业银行财务会计报告的组成

财务报告是商业银行向有关各方面及国家有关部门提供财务状况和经营成果和现金流量等会计信息的书面文件,是会计核算工作的结果,是银行经营活动的总结。财务报表是财务会计报告的核心,也称为会计报表。会计报表的信息是会计确认、计量和报告的直接结果,其编制受到会计准则或会计制度的严格制约。商业银行应当按照《企业会计准则》、《金融企业会计制度》的规定,编制并对外提供真实、完整的财务报告。

商业银行对外提供的财务会计报告的内容、会计报表的种类和格式、会计报表附注的主要内容在《企业会计准则》、《金融企业会计制度》中都有统一的规定,而商业银行内部管理需要的会计报表,则由银行自行规定内容、种类、格式等。商业银行的财务报告至少应当由下列内容组成。

(一)会计报表

商业银行对外提供的会计报表包括:资产负债表、利润表、现金流量表、所有者权益(或股东权益,下同)变动表以及其他有关附表。

(二)会计报表附注

会计报表的附注是对资产负债、利润表、现金流量表、所有者权益变动表等报表中列示的文字或明细资料,以及对未能在这些报表中列示项目进行说明,帮助报表的使用者理解会计报表的内容。商业银行会计报表附注应包括:商业银行的基本情况;财务报表编制基础;遵循企业会计准则的声明;重要会计政策和会计估计;会计政策和会计估计变更以及差错更正的说明;对已在资产负债表、利润表、现金流量表和所有者权益变动表中列示的重要项目的进一步说明,包括终止经营税后利润的金额及其构成情况等;或有和承诺事项、资产负债表日后非调整事项、关联方关系及其交易等需要说明的事项;应当在附注中披露在资产负债表日后、财务报告批准报出日前提议或宣布发放的股利总额和每股股利金额(或向投资者分配的利润总额);有助于理解和分析会计报表需要说明的其他事项。

三、财务会计报告的种类

财务报表是财务会计报告的核心,是将财务信息传递给企业外界报表使用者的主要手段。但财务报告比财务报表提供的信息范围要大得多,财务会计报告除了财务报表,还包括很多在财务报表中无法直接列示的信息,如财务指标分析信息、财务预测信息、经济环境对企业经营成果和财务状况的影响、企业管理者对企业业绩的说明及评价等。财务会计报告可以根据需要,按照不同的标准进行分类。

（一）按经济内容不同

财务会计报告可分为会计报表、会计报表附注。会计报表主要包括资产负债表、利润表、现金流量表、所有者权益变动表,这些报表中的信息是会计确认、计量和报告的直接结果,总括反映金融企业的财务状况、经营成果和现金流量的报告文件。会计报表附注是为帮助理解商业银行会计报表的内容而对有关项目所作的详细解释和补充说明,它是财务会计报告的重要组成部分,体现了充分披露原则。

（二）按编报时间不同

可以分为中期报告和年度报告。中期报告是以短于一个完整会计年度的报告期间为基础编制的财务报告,包括:月度、季度、半年度财务会计报告等(股份制商业银行应编制半年报即中期财务报告,半年报比年报提供的资料略为简单)。年度财务会计报告是指年度终了对外提供的财务会计报告,年报要求揭示完整、反映全面。

中期报告和年度报告中应包括资产负债表、利润表、现金流量表、所有者权益变动表等、会计报表附注;而季度和月度的财务会计报表不包括会计报表附注,也不包括会计报表中的现金流量表,仅包括资产负债表和利润表(国家另有规定的除外)。

（三）会计报告按其报送的对象不同

可以分为对外财务报告和对内财务会计报告。外部报告是企业定期向外部报告使用者(如政府部门、投资者、债权人)报送的会计报告,这类报告是按企业计准则和有关的会计制度编制的,有统一的格式和指标体系,经过独立审计后对外报送。对内财务会计报告一般是因商业银行内部管理需要而编制的,其内容、种类、格式等由商业银行自行规定。

（四）会计报告按编报范围不同

可以分为个别财务会计报告和集团财务会计报告。个别财务会计报告是以本级商业银行为编报主体,反映其本身的财务状况、经营成果和现金流量的报告文件。集团的财务会计报告是以总行为金融企业集团,将企业集团内部母子公司之间的投资、销售等形成的债权债务和收入费用抵销后编制的财务会计报告。报表由母公司合并编制,综合了所有控股子公司会计报表的有关内容,反映整个企业集团经营成果和财务状况的会计报表。

四、编制财务报告的基本要求

为了真实、正确地反映银行的财务状况和经营活动成果,保证财务报告所提供的信息能够满足使用者的需要,商业银行必须按照一定的程序、方法和统一的要求进行编制。银行在编制财务报告过程中,应该做到以下几点。

（一）以持续经营为基础

商业银行应当以持续经营为基础根据实际发生的交易和事项,按照企业会计准则的规定进行确认和计量,在此基础上编制财务报表。不应以附注披露代替确认和计量。管理层应当评价企业的持续经营能力,对持续经营能力产生重大怀疑的,应当在附注中披露导致对持续经营能力产生重大怀疑的影响因素。

（二）一致性

财务报表项目的列报应当在各个会计期间保持一致,不得随意变更,但下列情况除外：① 会计准则要求改变财务报表项目的列报。② 企业经营业务的性质发生重大变化后,变更财务报表项目的列报能够提供更可靠、更相关的会计信息。

（三）重要性

在财务报表中列报的项目中,性质或功能不同的项目,应当在财务报表中单独列报,性质或功能类似的项目,其所属类别具有重要性的,应当按其类别单独列报。重要性是指财务报表的某项目的省略或者错报会影响使用者据此作出经济决策的,该项目具有重要性。

（四）完整性

完整性的主要表现是：① 在财务报表中的资产项目和负债项目的金额、收入项目、费用项目的金额不得相互抵销,但满足抵销条件的除外；② 当期财务报表的列报,至少应当提供所有列报项目上一可比会计期间的比较数据；报表项目的列报发生变更的,需要在附注中说明；③ 财务报表中必须披露的内容包括：编报的金融企业的名称、财务报表涵盖的会计期间、人民币金额单位、编报的范围；④ 商业银行至少应当按年编制财务报表,年度财务报表涵盖时间短于一年的,在披露时应说明原因。

五、年报的编制

现将年度决算报表中主要报表的格式、内容和编制方法进行介绍如下。

（一）业务状况报告表

1. 业务状况报告表的内容和格式

业务状况报告表是商业银行主要的年度决算报表。其格式如图表 12-1 所示：

图表 12-1

业务状况报告表

年度决算　　　　　　　　　年　　月　　日填制　　　　　　共　　页第　　页

科目代号	科目名称	上年末余额		本年发生额		本年末余额	
		借方	贷方	借方	贷方	借方	贷方
		（位数）	（位数）	（位数）	（位数）	（位数）	（位数）

行长　　　　　　会计　　　　　　出纳　　　　　　复核　　　　　　制表

业务状况报告表是年度会计报表中的主要报表。它反映银行全年的业务状况和结果，说明银行在办理业务中的资金是从哪里来又是怎样运用的，是检查银行贯彻执行方针、政策方面的重要数据资料。

业务状况报告表的结构，可以分为三大部分：① 表首，包括报表名称、决算年度、编报银行、编报日期、报表页数等项。② 表身，是报表的核心，由科目代号、科目名称、上年末余额、本年发生额和本年末余额各栏组成。③ 签证，列有编审报表的有关人员应填签的名称栏。只有各经办人员分别盖章后，报表编制才算全部完成。

2. 业务状况报告表的编制

业务状况报告表是根据决算日结转损益以后的各科目总账编制的。各科目总账的上年末余额、本年累计发生额、本年末余额，应分别填入业务状况报告表的有关栏内。各科目上年末余额，必须与上一年业务状况报告表的数字衔接；各科目上年末余额加减本年发生额，必须与本年末余额一致。当年新增的科目，应无上年末余额；本年已停止使用的科目，应无本年末余额。借贷双方反映余额的科目，不得轧差反映。互相对应的科目，其有关数字必须相等；表上各栏借贷双方合计数，应各自平衡。如发现差错，应立即查明改正。

（二）资产负债表

1. 资产负债表的内容和格式

资产负债表是反映商业银行在某一特定时期财务状况的报表。它反映商业银行在某一特定日期所拥有或控制的经济资源、所承担的现时义务和所有者对净资产的要求权。我国商业银行的资产负债表采用账户式结构，即报表的基本结构分为左右两方：左方列示资产各个项目，反映全部资产的分布及存在形态；右方列示负债和所有者权益各个项目，反映全部负债和所有者权益的内容及构成情况。资产按照流动资产和非流动资产两大类别在资产负债表中反映，并进一步按性质分项列示：现金、存放中央银行款项、贵金属等顺序排列。负债的项目按清偿时间的先后顺序排列：向中央银行借款、拆入资金、交易性金融负债等负债的性质确定报表项目。资产负债表左右双方平衡，即资产总计等于负债和所有者权益总计。商业银行资产负债表的格式，如表 12-2 所示。

图表 12-2

资 产 负 债 表

编制单位：　　　　　　　年　　月　　日　　　　　　　单位：元

资　　　产	期末余额	年初余额	负债及所有者权益	期末余额	年初余额
资产			负债		
现金及存放中央银行款项			向中央银行借款		
存放同业款项			同业及其他金融机构存放款项		
贵金属			拆入资金		
拆出资金			交易性金融负债		
交易性金融资产			衍生金融负债		
衍生金融资产			卖出回购金融资产款		
买入返售金融资产			吸收存款		
应收利息			应付职工薪酬		
发放贷款和垫款			应交税费		
可供出售金融资产			应付利息		
持有到期投资			预计费用		
长期股权投资			应付债券		

（续表）

资　　产	期末余额	年初余额	负债及所有者权益	期末余额	年初余额
投资性房地产			递延所得税负债		
固定资产			其他负债		
中长期贷款			负债合计		
无形资产			所有者权益		
递延所得税资产			实收资本（或股本）		
其他资产			资本公积		
			减：库存股		
			盈余公积		
			一般风险准备		
			未分配利润		
			所有者权益（或股东权益）合计		
资　产　总　计			负债及所有者权益合计		

2. 资产负债表的编制

资产负债表的编制是以日常会计核算记录的数据为基础进行归类、整理和汇总，加工成报表项目的过程。资产负债表各项目都列有"期末余额"和"年初余额"两个栏目，是一种比较资产负债表。

"年初余额"的填列方法如下：

"年初余额"栏内各项目数字，应根据上年末资产负债表"期末余额"栏内所列数字填列。如果本年度资产负债表规定的各个项目的名称和内容同上年度不相一致，应对上年年末资产负债表各项目的名称和数字按照本年度的规定进行调整，按调整后的数字填入本表"年初余额"栏内。

"期末余额"的填列方法如下：

(1)"现金及存放中央银行款项"项目，应根据"库存现金"和"银行存款""存放中央银行款项"科目三个总账科目的期末余额合计数填列。

(2)"存放同业款项"项目，反映商业银行与同业进行资金往来而发生的存放于同业的款项，应根据"存放同业款项"科目的期末余额填列。

(3)"贵金属"项目，反映商业银行在国家允许范围内买入的黄金等贵重金属数量,应根据"贵金属"科目的期末余额填列。

(4)"拆出资金"项目,反映商业银行与其他金融企业之间的资金拆借业务,应根据"拆出资金"科目的期末余额填列。

(5)"交易性金融资产"项目,反映商业银行持有为交易目的持有债券投资、股票投资、基金投资、权证投资等交易性金融资产的公允价值,应根据"交易性金融资产"科目的期末余额填列。

(6)"衍生金融资产"项目,应根据"衍生工具"的科目期末借方余额、"套期工具"期末借方余额、"被套期项目"期末借方余额的合计数填列。

(7)"买入返售金融资产"项目,反映商业银行按返售协议约定先买入再按固定价格返售给卖出方的票据、证券、贷款等金融资产所融出的资金,应根据"买入返售金融资产"科目期末余额填列。

(8)"应收利息"项目,反映商业银行发放贷款、持有至到期投资、可供出售金融资产、存放中央银行款项、拆出资金、买入返售金融资产等应收取的利息,应根据"应收利息"科目的期末余额填列。

(9)"发放贷款和垫款"项目,反映商业银行按规定发放的各种客户贷款,包括质押贷款、抵押贷款、保证贷款、信用贷款等,还包括按规定发放的银团贷款、贸易融资、协议透支、信用卡透支、转贷款以及垫款等,应根据"发放贷款和垫款"所属明细科目的期末余额分析填列。

(10)"可供出售金融资产"项目,反映商业银行持有的可供出售金融资产的价值,包括划分为可供出售的股票投资、债券投资等金融资产,应根据"可供出售金融资产"科目的期末余额填列。

(11)"持有至到期投资"项目,反映商业银行持有至到期投资的摊余价值,应根据"持有至到期投资"所属明细科目的期末余额抵减"持有至到期投资减值准备"科目余额后分析填列。

(12)"长期股权投资"项目,反映商业银行持有的采用成本法和权益法核算的长期股权投资,应根据"长期股权投资"科目的期末余额抵减"长期股权投资减值准备"科目余额后的净值填列。

(13)"投资性房地产"项目,反映商业银行投资性房地产的价值,包括采用成本模式计量的投资性房地产和采用公允价值模式计量的投资性房地产,应根据"投资性房地产"科目的期末余额抵减"投资性房地产减值准备"科目余额后的净值填列。

(14)"固定资产"项目,反映商业银行持有固定资产的原价企业,应根据"固定资产"科目的期末余额减去"累计折旧"、"固定资产减值准备"备抵科目余额后的净值填列。

（15）"无形资产"项目，反映商业银行持有的无形资产，包括专利权、非专利技术、商标权、著作权、土地使用权等，应根据"无形资产"科目的期末余额减去"累计摊销"、"无形资产减值准备"备抵科目余额后的净值填列。

（16）"递延所得税资产"项目，反映商业银行根据所得税准则确认的可抵扣暂时性差异产生的所得税资产，应根据"递延所得税资产"科目的期末余额填列。

（17）"其他资产"项目。反映商业银行除上述以外的各项资产，如长期待摊费用、存出保证金、应收股利、抵债资产等，应根据所发生的其他资产科目期末余额合计数分析填列。

（18）"向中央银行借款"项目，反映商业银行从中央银行借入的款项，应根据"向中央银行借款"科目的期末余额填列。

（19）"同业及其他金融机构存放款项"项目，反映商业银行与同业进行资金往来而发生的同业存放于本银行的款项以及吸收的境内、境外金融机构的存款，应根据"同业存放款项"科目所属明细科目的期末余额填列。

（20）"拆入资金"项目，反映商业银行从境内、境外金融机构拆入的款项，应根据"拆入资金"科目的期末余额填列。

（21）"交易性金融负债"项目，反映商业银行承担的交易性金融负债的公允价值吸收存款，应根据"交易性金融负债"科目的期末余额填列。

（22）"衍生金融负债"项目，应根据"衍生工具"的科目期末贷方余额、"套期工具"期末贷方余额、"被套期项目"期末贷方余额等科目合计数填列。

（23）"吸收存款"项目，反映事业银行吸收的除同业存放款项以外的其他各种存款，包括单位存款（包括企业、事业单位、机关、社会团体等）、个人存款、信用卡存款、特种存款、转贷款资金和财政性存款等，应根据"吸收存款"科目的所属的"本金"、"利息调整"等明细科目期末余额计算填列。

（24）"卖出回购金融资产款"项目，反映商业银行按回购协议卖出票据、证券、贷款等金融资产所融入的资金，应根据"卖出回购金融资产款"科目的期末余额填列。

（25）"应付职工薪酬"项目，反映商业银行根据有关规定应付给职工的各种薪酬，应根据"应付职工薪酬"科目期末余额填列。

（26）"应交税费"项目，反映商业银行按照税法规定计算应交纳的各种税费，应根据"应交税费"科目的期末余额填列。

（27）"应付利息"项目，反映商业银行按照合同约定应支付的利息，包括吸收存款、分期付息到期还本的长期借款、企业债券等应支付的利息,应根据"应付利息"科目的期末余额填列。

(28)"预计负债"项目,反映商业银行根据或有事项等相关准则确认的各项预计负债,包括对外提供担保、未决诉讼、产品质量保证、重组义务、亏损性合同以及固定资产和矿区权益弃置义务等产生的预计负债,应根据"预计负债"科目的期末余额填列。

(29)"应付债券"项目,反映商业银行为筹集(长期)资金而发行的债券本金和利息,应根据"应付债券"科目的明细科目期末余额分析填列。

(30)"递延所得税负债"项目,反映商业银行根据所得税准则确认的应纳税暂时性差异产生的所得税负债,应根据"递延所得税负债"科目的期末余额填列。

(31)"其他负债"项目,反映商业银行除上述以外的各项负债,如"长期应付款"、"存入保证金"、"应付股利""其他应付款"等,应根据所发生的其他负债科目期末余额合计数分析填列,"长期应付款"应减去"未确认融资费用"科目期末余额后的净值填列。

(32)"实收资本"或"股本"项目,反映商业银行实际收到的资本总额,应根据"实收资本"科目期末余额填列。

(33)"资本公积"项目,反映商业银行收到投资者出资超出其在注册资本或股本中所占的份额以及直接计入所有者权益的利得和损失等,应根据"资本公积"科目期末余额减去"库存股"期末借方余额后的净值填列。

(34)"盈余公积"项目,反映商业银行的资本公积和盈余公积的期末余额,应根据"盈余公积"科目的期末余额填列。

(35)"一般风险准备"项目,反映商业银行按规定从净利润中提取的一般风险准备,应根据"一般风险准备"科目的期末余额填列。

(36)"未分配利润"项目,反映商业银行盈利中尚未分配的部分,应根据"本年利润"和"利润分配"科目的余额计算填列,未弥补的亏损应在本项目内用"一"号表示。

(三)利润表

1. 利润表的内容和格式

利润表是反映商业银行在一定的会计期间经营成果的会计报表。通过编制利润表,可以如实的反映商业银行实现的收入、发生的费用,以及应当计入当期利润的利得和损失的金额及其构成等情况,可以帮助财务报表的使用者全面了解商业银行的经营成果,并用以考核银行利润计划完成情况,对银行未来的经营情况及获利能力进行科学的预测。

利润表的结构分为单步式和多步式两种。商业银行利润表一般采用多步式结构。构成利润的主要内容分为营业收入、营业利润、利润总额、净利润、每股收益五个方面,各项目之间通过分步式的加减关系,最后计算出净利润。将营业利润放在首位,突出了营业收入的重要性,以利于报表使用者进行相关的分析。商业银行利润表的具体格式,如图 12-3 所示:

图表 12-3

利 润 表

编制单位:　　　　　　　　年　　月　　日　　　　　　　　　单位:元

项　　　　目	本期金额	上期金额
一、营业收入		
利息净收入		
利息收入		
利息支出		
手续费及佣金净收入		
手续费及佣金收入		
手续费及佣金支出		
投资收益(损失以"一"号填列)		
其中:对联营企业和合营企业的投资收益		
公允价值变动收益(损失以"一"号填列)		
其他业务收入		
二、营业支出		
营业税金及附加		
业务及管理费		
资产减值损失		
其他业务成本		
三、营业利润(亏损以"一"号填列)		
加:营业外收入		
减:营业外支出		
四、利润总额(亏损以"一"号填列)		
减:所得税费用		

（续表）

项　　　　目	本期金额	上期金额
五、净利润（亏损以"－"号填列）		
六、每股收益		
（一）基本每股收益		
（二）稀释每股收益		

2. 利润表的编制

编制利润表时，应根据审查无误的会计账簿中的有关资料进行编制。本表各项目均需填列"本期金额"和"上期金额"两栏："上期金额"栏内各项数字，应根据上年度利润表的"本期金额"栏内所列数字填列，如果上年度利润表中的项目名称和内容与本年度利润表不相一致，应对上年度利润表项目的名称和数字按本年度的规定进行调整；"本期金额"栏内各期数字，除"基本每股收益"和"稀释每股收益"项目外，应当按照各损益类科目的发生额分析填列。

表内各项目的内容和填列方法如下：

（1）"营业收入"项目，反映商业银行经营业务取得的各种收入的总额，应根据"利息净收入"、"手续费及佣金净收入"、"投资收益"、"公允价值变动收益"、"汇兑收益"、"其他营业收入"等项目汇总计算填列。

（2）"利息收入"项目，反映商业银行根据收入准则确认的利息收入，应根据"利息收入"所属明细科目期末发生额合计数填列。

（3）"利息支出"项目，反映商业银行发生的利息支出，应根据"利息支出"所属明细科目期末发生额合计数填列。

（4）"手续费及佣金收入"项目，反映商业银行确认的手续费及佣金收入，应根据"手续费及佣金收入"科目所属明细科目期末发生额合计数填列。

（5）"手续费及佣金支出"项目，反映商业银行发生的与其经营活动相关的各项手续费、佣金等支出，应根据"手续费及佣金支出"科目所属明细科目期末发生额合计数填列。

（6）"投资收益"项目，反映商业银行确认的投资收益和投资损失，应根据"投资收益"科目的发生额分析填列。

（7）"公允价值变动收益"项目，反映商业银行进行交易性金融资产、交易性金融负债，以及采用公允价值模式计量的投资性房地产、衍生工具、套期保值业务中公允价值变动形成的应计入当期损益的利得或损失，应根据"公允价值变动收益"所属明细科目期末发生额合计数分析填列。

(8)"汇兑收益"项目,反映商业银行发生外币交易因汇率变动而产生的汇兑收益,应根据"汇兑收益"科目期末发生额填列。

(9)"其他营业收入"项目,反映商业银行确认的除主营业务以外的其他经营活动实现的收入,包括开办如咨询服务等业务收取的其他营业收入等,应根据"其他营业收入"所属明细科目期末发生额合计数填列。

(10)"营业支出"项目,反映商业银行各项营业支出的总额,应根据"营业税金及附加"、"业务及管理费用"、"资产减值准备"、"其他营业成本",等项目汇总计算填列。

(11)"营业税金及附加"项目,反映商业银行按规定缴纳应由经营收入负担的各种税金及附加费,应根据"营业税金及附加"科目期末发生额填列。

(12)"业务及管理费"项目,反映商业银行在业务经营和管理过程中所发生的各项费用,应根据"业务及管理费"科目期末发生额分析填列。

(13)"资产减值准备"项目,反映商业银行根据资产减值等准则计提各项资产减值准备所形成的损失,应根据"资产减值准备"科目期末发生额填列。

(14)"其他业务成本"项目,反映商业银行除主营业务活动以外的其他经营活动所发生的支出、采用成本模式计量的投资房地产的累计折旧或累计摊销等,应根据"其他营业成本"科目期末发生额填列。

(15)"营业利润"项目,反映商业银行当期的经营利润(即营业收入减营业支出),如发生经营亏损也在本项目反映,发生的亏损以"一"号表示。

(16)"营业外收入"项目,反映商业银行发生的与其经营活动无直接关系的各项净收入,应根据"营业外收入"所属明细科目期末发生额合计数填列。

(17)"营业外支出"项目,反映商业银行发生的与其经营活动无直接关系的各项净支出,应根据"营业外支出"所属明细科目期末发生额合计数填列。

(18)"利润总额"项目,反映商业银行当期实现的全部利润(或亏损)总额(即营业收入减营业支出加营业外收入减营业外支出)。如为亏损,则以"一"号表示。

(19)"所得税费用"项目,反映商业银行根据所得税准则确认的应从当期利润总额中扣除的所得税费用,应根据"所得税费用"科目期末发生额填列。

(20)"净利润"项目,反映商业银行的利润总额减去所得税费用后的余额(即利润总额减所得税费用)。

(21)"每股收益"项目,反映普通股或潜在普通股已公开交易的商业银行,以及正处于公开发行普通股或潜在普通股过程中的商业银行还应当在利润表中列示每股收益信息,其中基本每股收益、稀释每股收益按规定计算填列。

（四）现金流量表

1. 现金流量表的内容和格式

现金流量表是反映商业银行在一定会计期间的现金和现金等价物流入、流出情况的报表。其报表的结构分为主表和附注两个部分。主表是按不同业务活动对银行现金流量影响的不同,分别列示各类业务活动的现金流入量、现金流出量和现金净流量。通过现金收入和现金支出的主要类别反映来自经营活动的现金流量。附注是对主表信息的补充说明和验证,便于报表编制者对现金流量表编制过程的验算以及报表使用者对现金流量表信息的分析和理解。

商业银行的现金流量主要由经营活动产生的现金流量、投资活动产生的现金流量以及筹资活动产生的现金流量组成。

（1）经营活动产生的现金流量。经营活动是指金融企业除投资活动和筹资活动以外的所有交易或事项,包括对外发放的贷款和收回的贷款、吸收的存款和支付的存款本金、同业存款及存放同业款项、向其他金融企业拆借的资金、利息收入和利息支出、收回的已于前期核销的贷款等。

经营活动产生的现金流量是金融企业通过运用所拥有的资产自身创造的现金流量,主要是与企业净利润有关的现金流量。通过现金流量表中反映的经营活动产生的现金流入和流出,说明企业经营活动对现金流入和流出净额的影响程度。

（2）投资活动产生的现金流量。投资活动是指金融企业长期资本以及不包括在现金等价物范围内的投资的购建和处置。包括取得或收回权益性证券的投资、购买或收回债券投资、购建和处置固定资产、无形资产和其他长期资产等。

投资活动产生的现金流量中不包括作为现金等价物的投资,作为现金等价物的投资属于现金自身的增减变化,如购买还有一个月到期的债券等,都属于现金内部各项目转换,不会影响现金流量净额的变动。通过现金流量表中反映的投资活动产生的现金流量,可以分析企业通过投资获取现金流量对企业现金流量净额的影响程度。

（3）筹资活动产生的现金流量。筹资活动是指导致金融企业资本及债务规模和构成发生变化的活动,包括吸收权益性资本、发行债券、借入资金、支付股利、偿还债务等。

通过现金流量表中筹资活动产生的现金流量,可以分析金融企业筹资的能力以及筹资产生的现金流量对企业现金流量净额的影响程度。

我国企业现金流量表采用报告式结构,分类反映经营活动产生的现金流量、投资活动产生的现金流量和筹资活动产生的现金流量,最后汇总反映企业某一期间现金及现金等价物的净增加额。商业银行现金流量表的格式,如图表 12-4 所示。

图表 12-4

现 金 流 量 表

编制单位:　　　　　　　年　　月　　日　　　　　　　单位:

项　　目	本年度	上年度
一、经营活动产生的现金流量		
客户存款和同业存放款项净增加额		
向中央银行借款净增加额		
向其他金融机构拆入资金净增加额		
收取利息、手续费及佣金的现金		
收到的其他与经营活动有关的现金		
经营活动现金流入小计		
客户贷款及垫款净增加额		
存放中央银行和同业款项净增加额		
支付手续费及佣金的现金		
支付给职工以及为职工支付的现金		
支付各种税费		
支付的其他与经营活动有关的现金		
经营活动现金流出小计		
经营活动现金产生的现金流量净额		
二、投资活动产生的现金流量		
收回投资所收到的现金		
取得投资收益收到的现金		
收到的其他与投资活动有关的现金		
投资活动现金流入小计		

（续表）

项　　目	本年度	上年度
投资支付的现金		
购建固定资产、无形资产和其他长期资产所支付的现金		
支付的其他与投资活动有关的现金		
投资活动现金流出小计		
投资活动产生的现金流量净额		
三、筹资活动产生的现金流量		
吸收投资收到的现金		
发行债券所收到的现金		
收到的其他与筹资活动有关的现金		
筹资活动现金流入小计		
偿还债务所支付的现金		
分配股利、利润或偿付利息支付的现金		
支付的其他与筹资活动有关的现金		
筹资活动现金流出小计		
筹资活动产生的现金流量净额		
四、汇率变动对现金流量的影响额		
五、现金及现金等价物净增加额		
加:期初现金及现金等价物余额		
六、期末现金及现金等价物余额		

现金流量表的附注格式,如图表 12-5 所示。

图表 12-5

项　　目	本期金额	上期金额
一、现金		
其中:库存现金		
可随时用于支付的银行存款		
可随时用于支付的存放中央银行款项		

（续表）

项　　　　目	本期金额	上期金额
存放同业存款		
拆放同业存款		
二、现金等价物		
其中：三个月内到期的债券投资		
三、期末现金及现金等价物余额		
其中：母公司或集团内子公司使用受限制的现金和现金 　　　等价物		

2. 现金流量表的编制

（1）直接法。通过现金收入和现金支出的主要类别直接反映银行经营活动中的现金流量。一般是以利润表中的营业收入为起算点，调整与经营活动有关项目的增减变动，然后计算出经营活动产生的现金流量。有关现金流量的信息可以通过下列途径之一取得：① 银行会计记录；② 根据有关项目对利润表中的营业收入、营业成本及其他项目进行调整。

（2）间接法。以本期净利润为起算点，调整不涉及现金的收入、费用、营业外收支等有关项目的增减变动，计算出经营活动产生的现金流量。

（3）其他方法。金融企业可以采用工作底稿或 T 形账户法，也可以根据有关科目记录分析填列。

一般采用直接法编报的现金流量表的主表，便于分析银行经营活动现金流量的来源和用途，预测银行现金流量的未来前景；采用间接法编报现金流量表的附表，便于对净利润与经营活动现金净流量进行比较，了解净利润与经营活动现金流量差异的原因，从现金流量的角度分析净利润的质量。银行应当同时采用直接法和间接法两种方法编报现金流量表。

（五）所有者权益变动表

1. 所有者权益变动表的内容和格式

所有者权益变动表是指反映构成所有者权益各组成部分当期增减变动情况的报表。当期损益、直接计入所有者权益的利得和损失以及与所有者的资本交易导致的所有者权益的变动应当分别列示。在所有者权益变动表中，企业至少应当单独列示反映下列信息的项目：① 净利润；② 直接计入所有者权益的利得和损失项目及其总额；③ 会计政策变更和差错更正的累积影响金额；④ 所有者投入资本和向所有分配利润等；⑤ 提取的盈余公积；⑥ 实收资本或股本、资本公积、盈余公积、未分配利润的期初和期末余额及其调节情况。

所有者权益变动表的格式,如图表 12-6 所示:

2. 所有者权益变动表的编制

所有者权益变动表的填列方法如下:

(1)"上年年末余额"项目,反映商业银行上年资产负债表中实收资本(或股本)、资本公积、库存股、盈余公积、未分配利润的年末余额。

(2)"会计政策变更"、"前期差错更正"项目,分别商业银行企业采用追溯调整法处理的会计政策变更的累积影响金额和采用追溯重述法处理的会计差错更正的累积影响金额。

(3)"本年增减变动额"项目。

①"净利润"项目,反映使用银行当年实现的净利润(或净亏损)金额。

②"直接计入所有者权益的利得和损失"项目,反映商业银行当年直接计入所有者权益的利得和损失金额。其中:"可供出售金融资产公允价值变动净额"项目,反映商业银行持有的可供出售金融资产当年公允价值变动的金额;"权益法下被投资单位其他所有者权益变动的影响"项目,反映金融企业对按照权益法核算的长期股权投资,在被投资单位除当年实现的净损益以外其他所有者权益当年变动中应享有的份额。"与计入所有者权益项目相关的所得税影响"项目,反映商业银行根据《企业会计准则第 18 号——所得税》规定应计入所有者权益项目的当年所得税影响金额。

③"所有者投入和减少资本"项目,反映商业银行当年所有者投入的资本和减少的资本。其中:"所有者投入资本"项目,反映商业银行接受投资者投入形成的实收资本(或股本)和资本溢价或股本溢价;"股份支付计入所有者权益的金额"项目,反映商业银行处于等待期中的权益结算的股份支付当年计入资本公积的金额。

④"利润分配"项目,反映商业银行当年的利润分配金额。其中:"提取盈余公积"项目,反映商业银行按照规定提取的盈余公积;"一般风险准备"项目,反映商业银行按规定提取一般风险准备;"对所有者(或股东)的分配"项目,反映对所有者(或股东)分配的利润(或股利)金额。

⑤"所有者权益内部结转"项目,反映商业银行构成所有者权益的组成部分之间的增减变动情况。其中:"资本公积转增资本(或股本)"项目,反映商业银行以资本公积转增资本或股本的金额。"盈余公积转增资本(或股本)"项目,反映商业银行以盈余公积转增资本或股本的金额。"盈余公积弥补亏损"项目,反映商业银行以盈余公积弥补亏损的金额。

图表 12-6

所有者权益变动表

编制单位：　　　　　年度　　　　　单位：元

项目	本年金额							上年金额						
	实收资本（或股本）	资本公积	减:库存股	盈余公积	一般风险准备	未分配利润	所有者权益合计	实收资本（或股本）	资本公积	减:库存股	盈余公积	一般风险准备	未分配利润	所有者权益合计
一、上年末余额														
加：会计政策变更														
前期差错更正														
二、本年年初余额														
三、本年增减变动金额（减少以"-"号填列）														
（一）净利润														
（二）直接计入所有者权益的利得和损失														
1. 可供出售金融资产公允价值变动净额														
（1）计入所有者权益的金额														
（2）转入当期损益的金额														
2. 现金流量套期工具公允价值变动净额														
（1）计入所有者权益的金额														
（2）转入当期损益的金额														

（3）计入被套期项目初始确认金额中的金额

3. 权益法下被投资单位其他所有者权益变动的影响

4. 与计入所有者权益项目相关的所得税影响

5. 其他

上述（一）和（二）小计

（三）所有者投入和减少资本

1. 所有者投入资本

2. 股份支付计入所有者权益的金额

3. 其他

（四）利润分配

1. 提取盈余公积

2. 提取一般风险准备

3. 对所有者（或股东）的分配

4. 其他

（五）所有者权益内部结转

1. 资本公积转增资本（或股本）

2. 盈余公积转增资本（或股本）

3. 盈余公积弥补亏损

4. 一般风险准备弥补亏损

5. 其他

四、本年年末余额

（六）商业银行报表的附注

1. 商业银行报表附注的内容和格式

会计报表附注是财务报表不可或缺的组成部分，是对在资产负债表、利润表、现金流量表和所有者权益变动表等报表中列示项目的文字描述或明细资料，以及对未能在这些报表中列示项目的说明等。商业银行应当按照规定披露附注信息，主要包括下列内容：① 商业银行的基本情况；② 财务报表的编制基础；③ 遵循企业的会计准则的声明；④ 重要的会计政策和会计估计；⑤ 会计政策和会计估计变更以及差错更正的说明；⑥ 报表重要项目说明；⑦ 或有事项的披露；⑧ 资产负债表日后事项比照一般企业进行披露；⑨ 关联方关系及其交易比照一般企业进行披露；⑩ 风险管理。此外，还包括对交易性金融资产、衍生工具、可供出售金融资产持有至到期投资、其他资产，以及交易性金融性负债、卖出回购金融资产、手续费及佣金净收入、公允价值变动收益、业务及管理费、分部报告与重要内容的披露。

现金及存放中央银行款项的披露格式，如图表 12-7 所示。

图表 12-7

现金及存放中央银行款项的披露

项　　　目	期末账面余额	年初账面余额
库存现金		
存放中央银行法定准备金		
存放中央银行超额存款准备金		
存放中央银行的其他款项		
合　　　计		

拆出资金的披露格式，如图表 12-8 所示。

图表 12-8

项　　　目	期末账面余额	年初账面余额
拆放其他银行		
拆放非银行金融机构		
减：贷款损失准备		
拆出资金账面价值		

交易性金融资产(不含衍生金融资产)的披露格式,如图表 12-9 所示:

图表 12-9

项　　　　　目	期末公允价值	年初公允价值
债券		
基金		
权益工具		
其他		
合　　　计		

买入返售金融资产的披露格式,如图表 12-10 所示。

图表 12-10

项　　　　　目	期末账面余额	年初账面余额
证券		
票据		
贷款		
其他		
减:坏账准备		
买入返售金融资产账面价值		

贷款和垫款按个人和企业分布情况的披露格式,如图表 12-11 所示。

图表 12-11

项　　　　　目	期末账面余额	年初账面余额
个人贷款和垫款		
——信用卡		
——住房抵押		
——其他		
企业贷款和垫款		
——贷款		
——贴现		
——其他		

（续表）

项 目	期末账面余额	年初账面余额
贷款和垫款总额		
减:贷款损失准备		
其中:单项计提数		
组合计提数		
贷款和垫款账面价值		

贷款和垫款按担保方式分布情况的披露格式,如图表 12-12 所示。

图表 12-12

项 目	期末账面余额	年初账面余额
信用贷款		
保证贷款		
附担保物贷款		
其中：抵押贷款		
质押贷款		
……		
贷款和垫款总额		
减：贷款损失准备		
其中：单项计提数		
组合计提数		
贷款和垫款账面价值		

吸收存款的披露格式,如图表 12-13 所示。

图表 12-13

项 目	期末账面余额	年初账面余额
活期存款		
——公司		
定期存款(含通知存款)		
——公司		
其他存款(含汇出汇款、应解汇款等)		
合 计		

利息净收入的披露格式,如图表 12-14 所示。

图表 12-14

项　　　　目	本期发生额	上期发生余额
利息收入		
——存放同业		
——存放中央银行		
——拆出资金		
——发放贷款及垫款		
其中:个人贷款和垫款		
公司贷款和垫款		
票据贴现		
——买入返售金融资产		
——债券投资		
——其他		
其中:已减值金融资产利息收入		
利息支出		
——拆入资金		
——吸收存款		
——同业存放		
——向中央银行借款		
——卖出回购金融资产		
——发行债券		
——其他		
利息净收入		

2. 商业银行报表附注的编制

以上这些附表和附注,有助于报表的使用者更加全面地了解和把握银行的财务状况并作出相关决策。应按照《企业会计准则第 37 号——金融工具列报》第 25～45 条的相关规定进行披露。

第十三章

商业银行财务分析

第一节　财务会计报告分析的作用

　　财务会计报告分析是指以财务报表和其他资料为依据和起点,采用专门方法,了解过去、评价现在、预测未来,系统地分析和评价企业过去和现在的经营成果、财务状况及其变动情况,帮助相关部门进行决策。财务分析的基本功能就是将大量的报表数据转换成对决策有用的特定信息,从而减少决策的不确定性。

　　一般来说,财务会计报告分析的总目标是评价、研究企业的财务能力,包括对企业经济能力的评估和对企业盈利能力的评估,也就是说,需要评价过去的经营业绩,衡量现在的财务状况,预测未来的发展趋势。因此,财务会计报告分析有利于评价和研究企业的财务状况和经营成果,揭示企业财务活动和经营管理活动中存在的矛盾和问题,为企业高层管理人员提供改善经营管理的方法和线索;有利于预测企业未来的报酬和风险,为投资人、债权人和经营者的决策提供帮助;有利于考核企业预算完成情况,评价经营管理人员的业绩,为完善合理的激励机制提供帮助。

第二节　财务会计报告分析的方法

　　财务会计报告分析方法是完成财务分析的方式和手段,主要包括以下几种。

一、比率分析法

　　比率分析法是以指标间存在的关联关系为基础,通过计算比率,来考察、计量和评价商业银行财务状况、经营成果和现金流量的分析方法，是最常用的一种分析方法。采用比率分析法时，要把分析对比的数值通过计算变成相对数，计算出各种比率指标后再进行比较分析。由于采用相对数作为比较基础，剔除了绝对数的影响，比率分析法适用于比较不同规模的商业银行的财务状况和经营业绩，因此在财务分析中得到了广泛运用。

采用比率分析法应注意保证对比指标的相关性，对比指标相关才能评价有关的经营、财务活动是否合理，计算不相关的指标没有意义。同时，和比较分析法一样，计算比率的对比指标在计算时间、计算标准上应当口径一致。

二、比较分析法

比较分析法是通过计算同一经济指标的数量差异来分析其变动程度。常用的有实际与计划、本期实际与上期实际、本期实际与同期国内外先进水平相比较。

应用比较法时，比较的指标在内容、时间、计算方法和计价标准上应当口径一致，必要时应将有关指标按照同一口径折算后再进行比较。

三、趋势分析法

趋势分析法是将两期或者连续数期财务报告中的相同指标或者比率进行对比，以确定其增减差异和变动趋势的分析方法。采用这种方法可以揭示金融企业财务状况和经营业绩的动态变动趋势，有助于查找引起变动的原因、变动的性质和预测商业银行未来的经营、财务状况。

同其他分析方法一样，使用趋势分析法时，各个时期指标的计算口径应当一致。同时，要注意剔除偶然性因素对经营和财务活动产生的特殊影响，必要时应当对价格变动因素加以调整。

四、因素分析法

因素分析法是通过分析影响财务指标的各项因素，并计算各项因素对指标影响的程度，用以说明本期实际与计划或基期相比，财务指标发生变动或差异的主要原因的一种分析方法。进行因素分析法最常用的有连环替代法和差额计算法两种方法。连环替代法是通过顺次逐个地替代影响因素，计算各因素变动对指标变动影响程度的一种因素分析方法；差额分析法是连环替代法在实际应用中的一种简化方法，其特点是先计算每个因素的差额，然后按照连环替代的顺序，依次计算各因素的影响数额。

第三节 财务会计报告分析的内容

商业银行财务会计报告分析的内容非常广泛，主要包括以下几个方面。

一、盈利能力分析

盈利能力分析主要是分析商业银行的各项财务能力,是企业财务分析的重点。企业盈利能力的强弱直接影响到企业的偿债能力、资本结构和企业现金流量,主要财务指标有资产收益率、权益净利率、盈利能力等。

(一)资产收益率

该比率反映资产的回报能力,是衡量商业银行盈利状况的最重要指标。该比率越高,说明商业银行在增收节支方面做得越好。资产收益的计算公式如下:

$$资产收益率=净利润÷总资产$$

(二)权益收益率

该比率表示所有者权益所能取得的净利润,不但可反映企业从盈利中增加资本的潜力以及资本运用效率的大小,而且决定了股东收益的多少,股东中主要是普通股东的投资回报率。权益收益率的计算公式如下:

$$权益收益率=净利润÷所有者权益$$

(三)盈利性资产比率

该比率反映盈利性资产在总资产中的比重。盈利性资产占总资产的比重越高,说明该商业银行越有发展潜力。盈利性资产比率的计算公式如下:

$$盈利性资产比率=盈利性资产÷总资产$$

(四)成本率

该比率反映商业银行取得营业收入与耗费成本之间的关系。总成本在利润表上反映为营业支出和其他类型的支出。成本率上升说明商业银行每单位营业收入中耗费的成本上升,盈利减少;反之,成本率下降表明商业银行每单位营业收入中耗费的成本下降,盈利增加。因此,成本率反映了商业银行控制成本和增加盈利水平的能力。成本率的计算公式如下:

$$总成本÷营业收入×100\%$$

(五)利差率

利差率是商业银行净利息收入和盈利资产相比所得到的比率。商业银行的盈利资产是指能够获得外部利息收入的资产。商业银行的收入主要来源于盈利资产。现金、固定资产、递延资产项目一般不带来外部利息收入,因此不属于盈利资产。用净利息收入和盈利资产进行对比,可以分析商业银行盈利资产的获利能力。利差率的计算公式如下:

$$利差率＝净利息收入÷盈利资产×100\%$$
$$＝[(利息收入－利息支出)÷盈利资产]×100\%$$

（六）每股收益

该比率是衡量上市商业银行盈利能力的最重要的财务指标，它反映了普通股的获利水平。但是，在分析每股收益时，应注意以下几点：一是每股收益不能反映股票含有的风险。每股收益水平相同的股票，其含有的风险往往是不一样的；二是股票是一个"份额"概念，不同于商业银行股票的市价和净资产，因此不能简单比较每股收益来评价不同商业银行的盈利水平；三是每股收益多，并不意味着多分红。是否分红除了受盈利水平影响外，还取决于商业银行的现金流量状况和公司的股利政策。每股收益的计算公式如下：

$$每股收益＝净利润÷报告期末普通股份总数$$

二、偿债能力分析

偿债能力分析主要是分析商业银行在债务到期时可用现金还本付息的能力。偿债能力分析又分为短期偿债能力分析和长期偿债能力分析，短期偿债能力分析又叫流动性分析。通过对企业偿债能力的分析，企业的管理者可以科学地制定投融资策略，而企业的债权人也可以正确地制定贷款决策。偿债能力分析的主要财务指标有流动比率、资产负债率、资产周转比率等。

（一）流动比率

该比率反映商业银行的资金流动速度，是衡量商业银行流动资产抵偿流动负债能力的通用比率，该比率越高，抵债能力越强。但流动比率过大，则表明未能使流动资产得到充分利用。流动比率的计算公式如下：

$$流动比率＝流动资产÷流动负债$$

（二）资产周转比率

该比率反映商业银行资产的生产能力，比率越高表明生产能力越强，偿付债务的能力也就越强。资产周转比率的计算公式如下：

$$资产周转比率＝总收入÷总资产$$

三、资产风险水平分析

资产风险水平分析主要分析商业银行在经营过程中，面临着市场风险、违约风险和操作风险等诸多风险。衡量商业银行风险水平的主要指标有：资本风险比率、利率风险比率和贷款风险比率。

（一）资本与资产比率

一般而言，该比率越高，其抵御风险的能力越高，存款人的利益更有保障，但是比率过高也不足取。国际上普遍认为理想的比率应当在 5%～8% 或 9% 之间。资本与资产比率计算公式如下：

$$资本与资产比率＝资本总额÷资产总额×100\%$$

（二）资本与贷款比率

该比率说明银行资本在某种程度上可以用于保护银行免受贷款风险的威胁。国际上一般认为该比率在 15% 左右为宜。资本与贷款比率计算公式如下：

$$资本与贷款比率＝资本总额÷贷款总额×100\%$$

（三）资本与存款比率

该比率有助于防止因存款的过度增长导致银行负债过重，有助于鼓励银行保持充足的资本和较高的支付能力，加强安全防范。该比率一般以 10% 为宜，低于 10% 表明银行资本不足或存款过多，往往被认为银行信用过度膨胀，容易出现经营风险。资本与存款比率计算公式如下：

$$资本与存款比率＝资本总额÷存款总额×100\%$$

（四）利率风险比率

$$利率风险比率＝利率敏感性资产÷利率敏感性负债$$

该公式中，利率敏感性资产指市场利率变化时利息收入也相应变化的资产，如可变利率贷款；利率敏感性负债指市场利率变化时利息支出也相应变化的负债。利率风险是市场利率的变动对商业银行的资产收益和负债成本带来的不利影响。

（五）不良贷款比率

该比率是衡量贷款风险的综合指标，贷款的质量对银行风险水平有很大的影响，不良贷款比重越高，说明银行面临的风险越大。不良贷款比率计算公式如下：

$$不良贷款比率＝不良贷款总额÷贷款总额×100\%$$

四、发展能力分析

发展能力分析主要是分析商业银行未来的增长能力，这是企业的所有者和债权人最关注的问题。指标主要有资本增长率、资产增长率、营业利润增长率以及员工素质提升情况等。

（一）资本增长率

该比率表示本年资本比上年资本的增长幅度，反映了商业银行的资本增长速度。资本增长速度直接决定了金融企业市场占有份额及抗风险能力的强弱。资本增长率计算公式如下：

$$资本增长率＝本年资本增长额÷上年资本总额$$

（二）营业利润增长率

该比率表示本年营业利润比上年的增长幅度，该比率越高，说明商业银行经营效果越好。营业利润增长率计算公式如下：

$$营业利润增长率＝本年营业利润增长额÷上年营业利润总额$$

第十四章

商业银行或有事项的处理

或有事项是由于过去的交易或事项而形成的,是一种具有较大不确定性的经济事项。随着我国社会主义市场经济的发展,或有事项这一特定经济现象,已越来越多地存在于银行的经营活动中,并对银行的财务状况和经营成果产生较大影响。因此,为了使会计报表使用者获得充分、详细的信息,规范或有事项的会计核算和相关信息披露显得十分重要。

第一节 或有事项的概念

一、或有事项

或有事项是指过去的交易或事项形成的一种状况,其结果须通过未来不确定事项的发生或不发生予以证实。一般企业常见的或有事项有:商业票据背书转让或贴现、未决诉讼、未决仲裁、债务担保、产品质量保证等。对于银行来说,或有事项主要表现为与金融工具相关的以及银行业务产生的如长期承诺、或有损失、诉讼、非正常风险、不确定事项、备用信用证及其类似事项等。或有事项具有以下基本特征。

(一)或有事项是过去的交易或事项形成的一种状况

或有事项作为一种状况,是由银行过去的交易或事项而引起的。如未决诉讼虽是正在进行当中的诉讼,但它是银行因过去的经济行为起诉其他单位或被其他单位起诉引起的,是现存的一种状况,不是将要存在的某种状况。或有事项是现存的状况,说明或有事项是资产负债表里的一种客观存在。它的结果对银行是产生有利影响还是不利影响,或虽已知是有利影响或不利影响,但影响有多大,只能由未来发生的交易或事项来确定,现在尚不能完全肯定。

由于或有事项是由过去的交易或事项而形成的状况,因此,未来可能发生的自然灾害、未来可能发生的交通事故、未来可能发生的经营亏损等事项不是或有事项。

（二）或有事项具有不确定性

或有事项内含不确定性指的是或有事项的结果具有不确定性。

1. 或有事项的结果是否发生具有不确定性

例如,银行为其他单位提供债务担保,如果被担保方到期无力还款,那么银行将负连带责任。对于银行而言,担保事项构成其或有事项,但最后它是否应履行连带责任,在担保协议达成时是不能确定的。又如有些未决诉讼,被起诉的一方是否败诉,有时是难以确定的。

2. 或有事项的结果即使预料会发生,但具体发生的时间或发生的金额具有不确定性

例如,某银行因其经营违规而被起诉,如无特殊情况,该银行很可能败诉。但是,在诉讼成立时,该银行因败诉将支出多少金额,或支出发生在何时,是难以确知的。或有事项的这种不确定性,是其区别其他不确定性会计事项的重要特征。像我们所熟悉的折旧提取,虽然涉及对固定资产残值和使用年限的估计,带有一定的不确定性,但固定资产原值本身是确定的,其价值最终要转移到产品中去也是确定的,因此,固定资产折旧不是或有事项。类似地,计提短期投资跌价准备、长期投资减值准备等,均不属于或有事项。

（三）或有事项的结果只能由未来发生的事项确定

或有事项的结果,在或有事项发生时,是难以证实的。这种不确定性的消失,需要由未来不确定事项的发生或不发生来证实。比如,银行的未决诉讼,其最终结果只能随案情的发展,由判决结果来确定。又如,银行为其他单位提供债务担保,如果被担保单位不能在债务到期时偿还债务,则银行需要履行偿还债务的连带责任。但该担保事项是否真的会要求银行履行偿还债务的连带责任,一般只能看被担保单位的未来经营情况和偿债能力。如果被担保单位经营情况和财务状况良好,且有较好的信用,那么银行将不需要履行该连带责任。或有事项的结果只能由未来发生的事项证实的特征,说明或有事项具有时效性。也就是说,随着影响或有事项结果的因素发生变化,或有事项最终会转化为确定事项。

（四）影响或有事项结果的不确定因素不能由银行控制

或有事项本身具有的不确定性,从一个侧面说明了影响或有事项结果的不确定因素不能由银行控制。以上述债务担保为例,担保银行将来是否会因

提供担保而履行连带责任,不是银行所能控制得了的。未决诉讼的最终结果如何,也不是银行能控制的。

二、或有负债

或有负债是与或有事项相关的重要概念。或有负债指过去的交易或事项形成的潜在义务,其存在须通过未来不确定事项的发生或不发生予以证实;或过去的交易或事项形成的现时义务,履行该义务不是很可能导致经济利益流出企业或该义务的金额不可能可靠地计量。或有负债具有以下基本特征。

(一)或有负债由过去的交易或事项产生

或有负债是过去的交易或事项形成的。比如,某年 12 月 20 日,甲银行状告乙银行侵犯了其利益。至某年 12 月 31 日,法院还没有对诉讼案进行公开审理,乙银行是否败诉尚难判断。对于乙银行而言,一项或有负债已经形成。它是由过去事项(乙银行"可能侵犯"甲银行的利益并受到起诉)形成的。

(二)或有负债的结果具有不确定性

或有负债包括两类义务:① 潜在义务;② 特殊的现时义务。

或有负债作为一项潜在义务,其结果如何只能由未来不确定事项的发生或不发生来证实。比如,某年 12 月 20 日,甲银行因故与乙银行发生经济纠纷,并且被乙银行提起诉讼。直到该年末,该起诉讼尚未进行审理。由于案情复杂,相关的法律法规尚不健全,从该年末看,诉讼的最后结果如何尚难确定。该年末,甲银行承担的义务就属于潜在义务。

或有负债作为特殊的现时义务,其特殊之处在于:该现时义务的履行不是很可能导致经济利益流出银行,或者该现时义务的金额不能可靠地计量。其中,"不是很可能导致经济利益流出企业"指的是,该现时义务导致经济利益流出银行的可能性不超过 50%(含 50%)。比如,某年 12 月 20 日,甲银行与乙企业签订担保合同,承诺为乙企业的三年期项目贷款提供担保。由于担保合同的签订,甲银行承担了一项现时义务。但是,承担现时义务并不意味着经济利益将很可能因此而流出甲银行。如果该年度乙企业的财务状况良好,则说明甲银行履行连带责任的可能不大。也就是说,从该年度看,甲银行不是很可能被要求流出经济利益以履行该义务。为此,甲银行应将该现时义务作为或有负债披露。所谓"金额不能可靠地计量"指的是,该现时义务导致经济利益流出企业的"金额"难于预计。这一特殊性表明,作为现时义务的或有负债其结果是不确定的。比如,某年 12 月 20 日,甲银行某员工因违反交通规则造成严重交通事故,致使某单位员工受伤。事件发生后,银行得知此事并承诺负担一切赔偿费用。直到 12 月 31 日,事态还在发展中,赔偿费用难以预计。此时,银行承担了现时义务,但义务的金额不能可靠地计量。

三、或有资产

或有资产指过去的交易或事项形成的潜在资产,其存在须通过未来不确定事项的发生或不发生予以证实。或有资产具有以下基本特征。

(一) 或有资产由过去的交易或事项产生

或有资产是过去的交易或事项形成的。比如,某年 12 月 20 日,甲银行状告乙银行侵犯了其利益。至该年 12 月 31 日,法院还没有对诉讼案进行公开审理,甲银行是否胜诉尚难判断。对于甲银行而言,将来可能胜诉而获得的资产属于一项潜在资产,它是由过去事项(乙银行"可能侵犯"甲银行的专利权并受到起诉)形成的。

(二) 或有资产的结果具有不确定性

或有资产是一种潜在的资产,随着经济情况的变化,其是否会形成银行真正的资产,须通过不完全由银行控制的未来不确定事项的发生或不发生才能证实。沿用以上例子,甲银行的或有资产,是否真的会转化成其真正的资产,要由诉讼案的调解或判决结果确定。如果终审判决结果是甲银行胜诉,那么或有资产便"消失"了;相反,还应承担一项支付诉讼费的义务。

第二节　或有事项的确认、计量、核算和披露

一、或有事项的确认

在一般情况下,或有事项涉及两方或多方,相关的义务和权利是对称的,即对一方来说是义务事项,对相应的另一方或多方则是权利事项。因此,或有事项的确认不能只限于或有事项产生的义务的确认而忽视或有事项所产生的权利的确认。然而,或有事项作为不确定的会计事项,对银行所造成的影响具有不确定性,从会计核算的谨慎性原则出发,对于不确定的义务,只要符合一定的条件就应确认;对于不确定的权利,则不予确认。因此,或有事项的确认所解决的只是与或有事项相关的义务应在符合什么条件时确认为负债这一问题。根据或有事项准则的规定,如果与或有事项相关的义务同时符合以下条件,银行应将其确认为负债:① 该义务是银行承担的现时义务;② 该义务的履行很可能导致经济利益流出银行;③ 该义务的金额能够可靠地计量。

(一) 该义务是银行承担的现时义务

"该义务是银行承担的现时义务"是指或有事项有关的义务为银行承担的现时义务而非潜在义务。比如,甲银行的一名司机因违反交通规则造成严重

交通事故,为此,甲银行将要承担赔偿义务。在这个例子中,违章事项发生后,甲银行随即承担的是一项现时义务。又如,甲公司与乙银行发生经济纠纷,调解无效。甲公司遂于某年 12 月 30 日向法院提起诉讼。至该年底,法院尚未判决,但法庭调查表明,乙银行的行为违反了国家的有关经济法规。这种情况表明,对乙银行而言,一项现时义务已经产生。

(二)该义务的履行很可能导致经济利益流出银行

各种"可能性"对会计处理的影响程度是不同的,其对应的概率是:"基本确定"指发生的可能性为"大于 95％但小于 100％";"很可能"指发生的可能性为"大于 50％但小于或等于 95％";"可能"指发生的可能性为"大于 5％但小于或等于 50％";"极小可能"指发生的可能性为"大于零但小于或等于 5％"。

所谓"该义务的履行很可能导致经济利益流出银行",指的是履行因或有事项产生的现时义务时,导致经济利益流出银行的可能性超过 50％但尚未达到基本确定的程度。银行因或有事项承担了现时义务,并不说明该现时义务很可能导致经济利益流出银行。比如,某年 8 月 1 日,丙银行与丁企业签订协议,承诺为丁企业的两年期银行借款提供全额担保。对于丙银行而言,由于担保事项而承担了一项现时义务。这项义务履行是否很可能导致经济利益流出银行,需依据丁企业的经营情况和财务状况等因素来定。假定某年末,丁企业财务状况良好,此时如果没有其他特殊情况,一般可以认定丁企业不会违约,从而丙银行履行承担的现时义务不是很可能导致经济利益流出;假定该年末,丁企业的财务状况恶化,且没有迹象表明可能发生好转。此种情况出现,表明丁企业很可能违约,从而丙银行履行承担的现时义务将很可能导致经济利益流出银行。

(三)该义务的金额能够可靠地计量

所谓"该义务的金额能够可靠地计量",指的是因或有事项产生的现时义务的金额能够合理地估计。由于或有事项具有不确定性,因此,因或有事项产生的现时义务的金额也具有不确定性,需要估计。要对或有事项确认一项负债,相关现时义务的金额应能够可靠估计。

比如,甲银行(被告)涉及一桩诉讼案。根据以往的审判案例推断,甲银行很可能要败诉,相关的赔偿金额也可以估算出一个范围。这种情况下,可以认为甲银行因未决诉讼承担的现时义务的金额能够可靠地估计,从而应对未决诉讼确认一项负债。但是,如果没有以往的案例可与甲银行涉及的诉讼案作比照,而相关法律条文又没有明确解释,那么即使甲银行可能败诉,在判决以前通常也不能推断现时义务的金额能够可靠估计。对此,甲银行不应对未决诉讼确认一项负债。

二、或有事项的计量

或有事项的计量所涉及的问题是,当与或有事项有关的义务符合确认为负债的条件时,应以多少金额确认。根据或有事项准则规定,因或有事项而确认的负债的金额,应是清偿该负债所需支出的最佳估计数。此外,银行因履行或有事项所形成的义务,还可能从第三方或其他方获得补偿。因此,或有事项的计量主要涉及两个问题:① 最佳估计的确定;② 预期可获得的补偿的处理。

(一) 最佳估计数的确定

1. 所需支出存在一个金额范围

根据或有事项准则的规定,当清偿因或有事项而确认的负债所需支出存在一个金额范围,则最佳估计数应按该范围的上、下限金额的平均数确定。比如,某年 12 月 25 日,甲银行因合同违约而涉及一桩诉讼案。根据银行的法律顾问判断,最终的判决很可能对甲银行不利。该年底,甲银行尚未接到法院的判决,因诉讼须承担的赔偿金额也无法准确地确定。不过,据专业人士估计,赔偿金额可能是 80 万元至 100 万元之间的某一金额。根据或有事项准则的规定,甲银行应在该年底的资产负债表中确认一项金额为 90 万元的负债。

2. 所需支出不存在一个金额范围

根据或有事项准则的规定,当清偿因或有事项而确认的负债所需支出不存在一个金额范围,则最佳估计数应按如下方法确定:

(1) 或有事项涉及单个项目时,最佳估计数按最可能发生金额确定。"涉及单个项目"指或有事项涉及的项目只有一个,比如一项未决诉讼、一项未决仲裁或一项债务担保等。比如,甲银行涉及一起诉讼,根据类似案件的经验以及银行所聘律师的意见判断,甲银行在该起诉讼中胜诉的可能性有 40%,败诉的可能性有 60%。如果败诉,将要赔偿 100 万元。在这种情况下,甲银行应确认的负债金额应为最可能发生金额的 100 万元。

(2) 或有事项涉及多个项目时,最佳估计数按各种可能发生额及其发生概率计算确定。"涉及多个项目"指的是或有事项涉及的项目不止一个,比如债务担保。在债务担保中,向银行提出债务偿还要求可能有许多客户。相应地,银行对这些客户负有赔偿义务。比如,某年乙银行开出备用信用证若干件,授信额为 10 亿元。根据以往的经验,乙银行出现客户违约赔付的可能性是:如果出现较小的诚信问题,则须发生的赔付费为授信额的 1%;而如果出现较大的诚信问题,则须发生的赔付费为授信额的 2%。据预测,本年度已开出的备用信用证中,有80%是备而不用,有10%将发生较小诚信问题,另有10%将发生较大诚信问题。据此,该年末乙银行应确认的负债金额如下:

$$(10×1\%)×10\%＋(10×2\%)×10\%＝0.03(亿元)$$

（二）预期可获得的补偿的处理

或有事项准则规定,如果清偿因或有事项而确认的负债所需支出全部或部分预期由第三方或其他方补偿,则补偿金额只能在基本确定能收到时,作为资产单独确认,且确认的补偿金额不得超过所确认负债的账面价值。

可能获得补偿的情况通常有:① 发生交通事故等情况时,银行通常可以从保险公司获得合理的赔偿;② 在某些索赔诉讼中,银行可以通过反诉的方式对索赔人或第三方另行提出赔偿要求;③ 在债务担保业务中,银行在履行担保义务的同时,通常可以向被担保企业提出额外追偿要求。

补偿金额的确认涉及两个问题:① 确认时间。即补偿金额只有在"基本确定"能收到时予以确认;② 确认金额。即确认的金额是基本确定能收到的金额。这里有两点需要注意:第一,补偿金额应单独确认为资产。比如,甲银行因或有事项确认了一项负债50万元;同时,因该或有事项,甲银行还可从乙单位获得35万元的赔偿,且这项金额基本确认能收到。在这种情况下,甲银行应分别确认一项负债50万元和一项资产35万元,而不能只确认一项金额为15万元的负债。第二,确认的补偿金额不应超过所确认的负债的账面价值。沿用以上例子,甲银行所确认的补偿不能超过所确认的负债的账面价值50万元。

三、或有事项的核算和披露

根据或有事项准则的规定,为了正确核算和披露因或有事项而确认的负债,银行应设置"预计负债"科目以及"未决诉讼"、"债务担保"等明细科目进行核算。"预计负债"科目余额应在银行资产负债表负债方单列项目反映,并在会计报表附注中作相应披露;而与所确认负债有关的费用或支出应在扣除确认的补偿金额后,在损益表中反映。

依据上述规定,银行在资产负债表中,对或有事项确认的负债应与其他负债项目区别开来,单独反映;同时,还应在会计报表附注中对各项预计负债形成的原因及金额作相应披露,以使会计报表使用者获得充分、详细的有关或有事项的信息。与此同时,还应确认一项支出或费用。这项支出或费用在利润表中不应单列项目反映,而应与其他费用或支出项目(如"营业费用"、"营业外支出"等)合并反映。如果银行基本确定能获得补偿,在损益表中反映因或有事项确认的费用或支出时,应将这些补偿预先抵减后反映。

（一）或有负债的披露

1. 应披露的或有负债

或有负债无论作为潜在的义务还是现时义务,均不符合负债的确认条件,因而不予确认。但是,如果或有负债符合某些条件,则应予以披露。根据或有事项准则规定,银行应在会计报表附注中披露如下或有负债:① 已贴现商业承兑汇票形成的或有负债;② 未决诉讼、仲裁形成的或有负债;③ 为其他单位提供债务担保形成的或有负债;④ 其他或有负债(不包括极小可能导致经济利益流出银行的或有负债)。

或有负债披露的基本原则是对极小可能导致经济利益流出银行的或有负债一般不予披露,但是,对某些经常发生或对银行的财务状况和经营成果有较大影响的或有负债,即使其导致经济利益流出银行的可能性极小,也应予以披露,以确保会计信息使用者获得足够充分和详细的信息。

2. 对或有负债应披露的内容

根据或有事项准则规定,或有负债应披露的内容包括:或有负债形成有原因;或有负债预计产生的财务影响;获得补偿的可能性。

3. 特殊规定

在涉及未决诉讼、仲裁的情况下,如果按要求披露全部或部分信息预期会对银行造成重大不利影响,则银行可不披露这些信息,但应至少披露未决诉讼、仲裁的形成原因。

（二）或有资产的披露

1. 应披露的或有资产

或有资产作为一种潜在资产,不符合资产确认的条件,应不予确认,因为确认或有资产可能会导致那些可能永远不会实现的收益得到确认。但是,如果或有资产符合某些条件,如或有资产很可能会给银行带来经济利益时,则应予以披露。

2. 对或有资产应披露的内容

根据或有事项准则的规定,银行对或有资产,通常只需披露或有资产的形成原因、预期对银行产生的财务影响等。在进行或有资产披露时,银行应特别谨慎,不能让会计信息使用者误以为所披露的或有资产肯定会实现。

四、或有事项举例

【例1】　某年度,A 银行背书转让了三张汇票,合计 350 万元。它们分别为:被背书人 B 银行,汇票金额 50 万元,到期日为次年 1 月 7 日;被背书人 C

银行,汇票金额为 170 万元,到期日为次年 2 月 3 日;被背书人 D 银行,汇票金额 130 万元,到期日为次年 3 月 18 日。

本例中,A 银行因背书转让汇票而承担了现时义务。为此,本年度末,银行应将由此形成的或有负债予以披露。具体如下:

或有负债

截至本年度末止,本银行背书转让汇票金额合计 350 万元。具体如图表 18-1 所示:

图表 18-1

出票单位	出票日	到 期 日	被背书金额(元)	被背书人
×××	×××	次年 1 月 7 日	50 万元	B 银行
×××	×××	次年 2 月 3 日	170 万元	C 银行
×××	×××	次年 3 月 18 日	130 万元	D 银行

【例2】 某年 12 月 2 日,A 银行批准 B 公司的信用贷款(无担保、无抵押)申请,同意向其贷款 2 500 万元,期限一年,年利率 6.18%。第二年同一天,B 公司的借款(本金和利息)到期。B 公司具有还款能力,但因与 A 银行之间存在其他经济纠纷,而未按时归还 A 银行的贷款。A 银行遂与 B 公司协商,但没有达成协议。于是,A 银行于同年 12 月 28 日向法院提起诉讼。截至该年底止,法院尚未对 A 银行提起的诉讼进行审理。

在本例中,对于 A 银行来说,如无特殊情况,其很可能在诉讼中获胜。因此,在本年度末,A 银行可以作"很可能胜诉"的判断,并预计除可以收回本金和利息外,还可能获得罚息等。假定 A 银行根据规定的标准估计,将来最可能获得包括罚息在内的收入为 28 万元。根据或有事项准则的规定,A 银行应在本年度资产负债表附注中披露一项或有资产 28 万元,同时说明很可能收回 B 公司所欠的贷款本金和利息共计 2 654.5 万元。具体如下:

或有资产

某年 12 月 2 日,B 公司借本行款项到期未还,本金和利息共计 2 654.5 万元。主要原因在于本行存在其他经济纠纷。协商不成,本行遂于某年 12 月 28 日向××法院提起诉讼,要求 B 公司偿还所借本金和利息合计 2 654.5 万元,并支付罚息等费用 28 万元。目前,有关诉讼正在审理之中。

【例3】　某年11月20日,A银行因与B公司签订了互相担保协议,而成为相关诉讼的第二被告。截至该年12月31日,诉讼尚未判决。但是,由于B公司经营困难,A银行很可能要承担还款连带责任。据预计,A银行承担还款金额280万元责任的可能性为70%,而承担还款金额140万元责任的可能性为30%。

本例中,A银行因连带责任而承担了现时义务,该义务的履行很可能导致经济利益流出银行,且该义务的金额能够可靠地计量。根据或有事项准则的规定,A银行应在某年12月31日确认一项负债280万元(最可能发生金额),并在附注中作相关披露。

借:营业外支出——赔偿支出　　　　　　　　　　2 800 000
　贷:预计负债——未决诉讼　　　　　　　　　　　2 800 00

在某年12月31日的资产负债表附注中,A银行应作如下披露:

预计负债

　　B公司因借款逾期未还被××银行起诉。由于与B公司签有互相担保协议,本银行因此负有连带责任。某年12月31日,本银行为此确认了一项负债;金额280万元。目前,相关的诉讼正在审理当中。